智慧图书馆引论

王世伟 著

上海大学出版社
·上海·

图书在版编目(CIP)数据

智慧图书馆引论/王世伟著.—上海：上海大学出版社，2022.6
ISBN 978-7-5671-4485-9

Ⅰ.①智… Ⅱ.①王… Ⅲ.①数字图书馆 Ⅳ.
① G250.76

中国版本图书馆 CIP 数据核字（2022）第 098229 号

出版统筹　邹西礼
责任编辑　时英英
封面设计　柯国富
技术编辑　金　鑫　钱宇坤

智慧图书馆引论
王世伟　著
上海大学出版社出版发行
（上海市上大路99号　邮政编码200444）
（http://www.shupress.cn　发行热线 021-66135112）
出版人　戴骏豪
*
南京展望文化发展有限公司排版
江阴市机关印刷服务有限公司印刷　各地新华书店经销
开本710 mm×1000 mm　1/16　印张19.25　字数325千
2022年7月第1版　2022年7月第1次印刷
ISBN 978-7-5671-4485-9/G·3445　定价　78.00元

版权所有　侵权必究
如发现本书有印装质量问题请与印刷厂质量科联系
联系电话：0510-86688678

序

  从21世纪第二个10年开始,图书馆界对中国智慧图书馆的理论与实践开始逐渐趋向高潮,而2021年3月公布的《中华人民共和国国民经济和社会发展第十四个五年规划和2035年远景目标纲要》中更是明确提出发展智慧图书馆的战略导向,这对中国图书馆事业而言是一件具有重要历史意义的事情。10多年来中国智慧图书馆的理论与实践以及国家战略的诸多信息,都标志着中国智慧图书馆时代正在或已经到来。笔者于2010年从对智慧城市的研究拓展至全球智慧图书馆发展的历史轨迹和性质特点,之后对于智慧图书馆这一命题进行了持续跟踪与深入研究;虽然撰写了一些论文,出版了几部相关的著作和辞典,但这些研究都呈碎片化的状态。为迎接并拥抱智慧图书馆时代,试图为推进这一未来图书馆的新形态建设添砖加瓦,笔者将以往10多年关于智慧图书馆的研究成果汇于一册,于是就有了这本《智慧图书馆引论》。

  在结构安排上,《智慧图书馆引论》打破了研究成果按发表时间先后顺序进行编排的方式,将智慧图书馆研究的内容按专题分为战略篇、特点篇、历史篇和转型篇,以方便读者的阅读和研究。

  《前言》主要是关于"图书馆智慧体是对图书馆有机体的全面超越"命题的思考,从3个方面进行了阐述:一是图书馆有机体与图书馆智慧体的提出与背景;二是图书馆有机体与图书馆智慧体的性质与不同;三是图书馆智慧体是对图书馆有机体的全面超越,分别从读者、馆员、文献、设施、时间、空间等6个维度进行了分析论述。

  "战略篇"主要是关于智慧图书馆历史方位、数字中国背景下图书馆智慧化转型、智慧社会中智慧图书馆建设的新境界、智慧图书馆战略发展以及社会信息化所具有的全域赋能作用的思考和研究等；对新发展阶段、新发展理念、新发展格局、百年未有之大变局以及新冠肺炎疫情影响下的智慧图书馆进行了战略审视。

"特点篇"主要是关于智慧图书馆和融合图书馆的定义及性质特点的研究，同时辨析了智慧图书馆与数字图书馆、复合图书馆、融合图书馆等的联系与区别。

"历史篇"主要是关于智慧图书馆的起源与发展的研究，考证并阐述了智慧图书馆作为未来图书馆新模式的发展轨迹，具体介绍了加快数字中国发展中的中国智慧图书馆建设的历史进程，并从信息文明的起源发展以及数据驱动的历史发展等维度对智慧图书馆进行了研究。

"转型篇"主要是关于智慧图书馆对图书馆服务的全面重塑和图书馆全面更新所带来的一系列变革转型的研究，研究角度较多从人工智能切入，探讨了包括如何解决图书馆服务中的痛点、难点和堵点，如何正确处理以人为本与数据驱动的关系，图书馆员如何积极应对岗位的新变化，如何在智慧图书馆时代形成超能力，如何在智慧图书馆建设中实现智能伦理、科技向善的价值向度，图书馆员如何弘扬智慧工匠精神，如何在构建全程智能服务链中实现全境智能、全域智能和全数智能的三重境界，如何在智慧图书馆建设中实现图书馆文化治理现代化等。

《智慧图书馆引论》的研究是初步的，之所以取这样的书名也是为了抛砖引玉。智慧图书馆建设与发展是一个过程，对于智慧图书馆的研究也将与时俱进。需要说明的是，本书保留了10多年来笔者研究中的时间轨迹，限于特定年月的历史局限和研究水平及专业知识的局限，《智慧图书馆论》肯定存在许多不足，敬请业界方家批评指正！

王世伟

2022年3月26日于上海凯旋北路清水湾

前言

　　21世纪初萌芽的智慧图书馆的创始与发展使我们初步了解认知了图书馆智慧体，目前这种智慧体还在不断成长演进之中，已经并将不断展现出其令人称奇的智慧生命张力，同时也让我们重新回顾审视20世纪30年代提出并在50年代加以完善的图书馆有机体；这种有机体推动了全球图书馆的创新前行，体现出强大的理论与实践相结合的生命力，其对图书馆的系统演绎成为图书馆学发展史上具有里程碑意义的成果。将图书馆智慧体与图书馆有机体进行跨世纪的比较，我们可以发现如下的理论与实践的新认知：图书馆智慧体是对图书馆有机体的全面超越。

一、图书馆有机体与图书馆智慧体的提出与背景

　　无论是图书馆有机体还是图书馆智慧体，都有其各自出现的历史逻辑和所具有的不同性质特征。

（一）图书馆有机体的提出与背景

　　在世界近代意义上的公共图书馆出现半个多世纪之后，印度图书馆学家阮冈纳赞（S·R Ranganathan，1892—1972）在图书馆实践和调研的基础上进行了哲学的思考和逻辑的演绎，提出了名留史册的图书馆五定律。原本研究数学的阮冈纳赞，对图书馆学的基本问题从系统性、整体性、协同性的视野进行了直达基础本源的连续追问："以往从事科学研究的经历使我不乐意去思考和

处理众多的互不相干、支离破碎的信息和经验,难道不能将这些信息和实践经验的集合概括为几条基本原则,难道不能在图书馆工作中运用归纳的方法,难道不能运用演绎法从这些基本原则出发去把握全部已知的实践经验,难道这些基本原则不是必定适用于许多其他尚未出现、尚未被认识的实践,当社会变革带来了基本条件时,难道这些基本原则不会变得十分必要?"①1928年,图书馆学五定律首次在阮冈纳赞的脑海中萌芽并形成雏形,之后经过数年的演讲、验证、修改和完善,他于1931年出版了划时代的《图书馆学五定律》一书,其中提出了图书馆学的第五定律:"图书馆是一个生长着的有机体",并对第五定律作了如下的表述:"生长着的有机体能独自生存,停止生长的有机体将会僵化,直至死亡,这是公认的生物学事实。第五定律使我们注意到这样的事实:作为一种机构的图书馆具有生长着的有机体的一切属性。生长着的有机体吐故纳新、改变大小,形成新的形状和结构。"②有机体原来既用以指称自然界中的生命物体,也用以表示事物中各部分互联协调的统一性。阮冈纳赞借用生物学的概念,将其延伸至图书馆本质特征的认知,用有机体最基本的生命现象来解释图书馆的发展逻辑。《图书馆学五定律》于1931年第1版问世后,20世纪50年代进行了再版。阮冈纳赞在1956年8月再版的《缘起》一章增加了《结果》一节,指出:"本书第一版问世至今,已经过去了四分之一世纪,在这期间,出现了两个根本性的变化:一是'书'的概念广义化,近年来较多地采用'文献'的概念;二是'发展'这个词含义的广义化,它已改变了我原来在讲课中和在《图书馆发展计划(1950年)》及《图书馆图书采购(1953年)》两书中所使用的含义。同时还有这样一个需要解答的问题:到底有没有图书馆学?加之图书馆运动已在许多国家(包括印度)取得了很大进展,为了适应这种变化,我增写了第八章《科学方法、图书馆学以及征服世界的进军》,这一章是本版新增添的内容。"③阮冈纳赞的《图书馆学五定律》展现出图书馆学理性思辨的理论意义和实践指导价值。张树华教授于1986年9月在为本书中

---

① 阮冈纳赞.图书馆学五定律[M].夏云,王先林,郑挺等,译.侯汉清,校.北京:书目文献出版社,1988:2.
② 阮冈纳赞.图书馆学五定律[M].夏云,王先林,郑挺等,译.侯汉清,校.北京:书目文献出版社,1988:308.
③ 阮冈纳赞.图书馆学五定律[M].夏云,王先林,郑挺等,译.侯汉清,校.北京:书目文献出版社,1988:7.

译本所作序言中指出："阮冈纳赞的《图书馆学五定律》一书，总结了图书馆工作的基本规律，指出了图书馆工作的重要原则规范，阐明了图书馆中各种要素和各种工作之间的内在联系，为图书馆工作指明了方向。同时，在图书馆学领域内也提出了许多新的观点，采用了新的研究方法，更加充实和完善了图书馆学的内容，给图书馆学研究开辟了一条新路。因此，这本书在图书馆事业史和图书馆学思想史上均占有重要的地位，甚至可以说是一个重要的里程碑。这就是这本书出版后受到世界各国图书馆学界重视的根本原因。"[1]

（二）图书馆智慧体的提出与背景

进入21世纪，新一代信息技术迭代兴起，互联网、物联网、移动互联网、人工智能等呈群体跃进态势，北欧芬兰等国的大学图书馆敏感地把握并踏准了这一图书馆创新发展的时代节拍，率先提出了智慧图书馆的概念，从不受时空限制被感知的移动服务的角度切入，对图书馆智慧体进行了初步的描述和实践探索；之后欧美和澳大利亚的大学和公共图书馆从搜索引擎的一站式服务、智慧计算等方面进一步充实了图书馆智慧体的内涵。我国学者也自21世纪第一个10年的中期开始，从物联网、手机移动端等方面对图书馆智慧体进行了理论与实践的探索，对图书馆智慧体进行了互联、高效、便捷三大特征的理论概括，指出智慧图书馆具有书书相联、书人相联、人人相联、任何时间可用、任何地点可用、任何方式可用等性质特点。[2] 随着大数据、云计算、5G、区块链、虚拟现实特别是人工智能时代的来临，图书馆智慧体的内涵不断丰富，图书馆智慧体从初步试水到全面推进，相关的研究与实践进入了全新的阶段，数字中国背景下的图书馆智慧化转型已成为业内焦点和热点。笔者在前期研究的基础上，试图对图书馆智慧体作如下的定义：图书馆智慧体是指以万物智联的图书馆人物资源作为关键要素、以泛在便捷应用的网络终端作为重要平台载体、以智慧大脑和人机融合作为驱动力以提升服务效率和管理能级的图书馆一系列成长形态和创新活动。图书馆智慧体以其长生命周期的禀赋，为图书馆生命体的毛细血管持续注入"图书馆+""互联网+"和"智能+"等各类生命

---

[1] 阮冈纳赞.图书馆学五定律[M].夏云，王先林，郑挺等，译.侯汉清，校.北京：书目文献出版社，1988：序9.
[2] 王世伟.国际大都市图书馆服务体系研究[M].北京：国家图书馆出版社，2018：104-123.

体增强基因；通过全要素和全流程赋能，极大地拓展了图书馆的时间和空间、极大地提升了图书馆的服务效能、极大地提升了图书馆的管理和服务水平，为成千上万的图书馆注入了全新动能和创新活力，为服务资源和广大读者塑造出随时可达、随处可用、触手可及、个性便捷、沉浸体验的图书馆服务全新形态和全新模式，正在推动图书馆的整体品质不断向上跃升。

二、图书馆有机体与图书馆智慧体的性质与差异

（一）图书馆有机体的性质与特点

图书馆有机体以其持续的发展与变异为本质特点，并体现出以读者为本的图书馆专业服务追求。这种发展与变异是围绕书、读者、馆员三大要素展开的。从阮冈纳赞五个定律来分析，第一定律强调书（书是为了用的）；第二定律强调读者（每个读者有其书）；第三定律强调书为人人（每本书有其读者），是第一定律的引申和发展，体现出图书馆服务的效用性、广覆盖和主动性；第四定律对图书馆管理与服务提出了许多改革的要求（节省读者和馆员的时间）；第五定律体现出生长着的有机体的吐故纳新、改变大小、种系发育、图书馆体系、保存与服务、类目索引、形成新的形状和结构等属性和含义。

图书馆有机体是基于图书馆物理空间和社会空间的生命体，人流、文献流构成了有机体的主要生命基因，具有发展性和成长性；图书与读者、图书与馆员、图书与图书馆在联系与服务中不断提升优化图书馆的形状与结构，已在一定程度上突破了"书"的载体，既注重期刊中的单篇论文或图书中的部分章节和段落，又将图书馆服务空间延伸拓展至物理空间之外的社会空间，如流动图书馆、关系十分紧密的图书馆等。

（二）图书馆智慧体的性质与特点

我们可以仿照图书馆有机体，对正在发展中的图书馆智慧体的性质特点进行五定律的描述。

1. 书是全媒体的

在图书馆智慧体中，"书"突破了图书馆有机体的书或文献的范畴，逐步形成了"全媒体"的新载体，图书馆正呈现出服务与管理的全程媒体、全息媒体、全员媒体、全效媒体的新形态、新模式和新流程。图书馆服务与管理既基

于传统的文献，又突破了文献的藩篱，图书、文献、数据、信息、知识以及声音、图像、视频、虚拟现实无处不在、无所不及、无人不用，图书馆全媒体服务资源如水银泄地般融入了馆员和读者、服务主体与服务客体、图书馆与社会、线下与线上之间，突破了图书馆的原有边界，使图书馆智慧体形成了与图书馆有机体不同的更具成长性、发展性、融合性、智敏性和自由组配的资源形态、设施样式、服务方式、管理模式和建筑空间。

2. 书与人、物是相互联系融合的

基于书、人、物的万物智联和全要素融合是图书馆智慧体的重要特征，文献流、人流、物流、数据流、知识流构成了智慧体的主要生命基因。如果说，图书馆有机体主要是基于书与人初级形态的互联的话，那么，图书馆智慧体不仅在书与人的互联上突破了时空的局限，同时将这种互联提高至更高级的智能互联形态，而且进一步将互联的范畴拓展至人与物的互联与融合之中，即将读者和图书馆员与图书馆内外的各类服务设施（电脑、书架、书桌、屏幕、电梯、门禁、导引、安防设施、自助值书机、图书分拣机、咨询机器人……）感知互联成为立体的智能网络，形成了图书馆全价值链、全服务链和全管理链，形成了图书馆多重人机融合的服务与管理的新境界。

3. 图书馆智慧大脑在不断发展中越来越聪明

图书馆大脑是图书馆智慧体中的中枢神经，它将以往各自独立的巨量存量孤岛数据和正在海量递增感知的全程数据互联互通起来，高度整合起网、云、数、智、边、端、链等多层次算力资源，并逐步形成可扩展的算力网络及相应的高性能数据计算能力。图书馆智慧大脑的超级联接、超级存储、超级计算，为图书馆提供了可追溯、可计算、动态化、可视化并日益清晰的整体、群体或个体的画像与图谱，使图书馆服务可以预测勾画、精雕细琢、精益求精，以适合的方式提供给需要的读者；通过度身定制、精准推送乃至自主选择和自我获取，实现图书馆服务主体的供给侧对读者服务客体的需求侧的服务创新。

无论是主动了解并精准灵活地对接读者服务的新需求，还是及时为图书馆管理提出有益的建模决策或预测预警，都使图书馆智慧体形成了图书馆有机体所无法企及的服务机理和管理效能；不仅如此，图书馆智慧体还能在自我学习的进程中持续形成更聪明的服务与管理智慧。

4. 图书馆服务无时空和方式限制

图书馆智慧体依托互联的网络平台和智能感知等技术，开启了永不闭馆的服务新模式，将"海内存知己，天涯若比邻"的诗意服务梦想变为现实场景，体现出图书馆无处不在、无时不用的跨时空品质。在突破服务时空限制的同时，馆员和读者也可以借助日新月异的新一代信息技术，使服务与管理的方式和路径更为即时化、个性化、可及化、便捷化、虚拟化。图书馆智慧体对服务时空与方式的突破，极大地推进了图书馆作为服务主体的供给侧改革。

5. 成长着的图书馆智慧体具有无限可能性

图书馆智慧体是融物理空间、网络空间、社会空间和超现实空间为一体的智慧体，各生命基因元素互联互动、交叉融合，形成了万物智联的"机体觉"和全新数字生态，使书链、人链、物链、社会链、网络链、时空链的结构之间实现了六链协同，有了图书馆有机体所不具备的超时空互相穿梭的超强能力和良性互动。如已全新亮相的与有机体时代静电复印机和喷墨或激光打印机完全不同的留声打印机，就是将文字、图像、声音、网络终端等多媒体融为了一体。通过对智慧体神经末梢和毛细血管的全面即时的感知和不断成长的把握，将使图书馆永葆青春活力并不断激发创新潜能，为图书馆服务与管理开拓出更高质量、更强效能、更好服务、更多内容、更为个性、一切皆有可能的创新和可持续发展，体现出"连接释放无限可能"的发展愿景。①

三、图书馆智慧体对图书馆有机体的全面超越

图书馆有机体和图书馆智慧体都具有生命体的特质，但后者的生命力之旺盛是前者所无法比拟的。图书馆智慧体是系统性、整体性、全媒体性、全员性的即时连接和动态显示，是互动性、场景性和可视化的体验与交互，具有全景智能、全域智能和全数智能的禀赋。图书馆智慧体伴随着新一代信息技术的发展而成长，我们可以从读者、馆员、文献、设施、空间、时间等6个维度来观察分析图书馆智慧体对图书馆有机体的全面超越。

（一）从读者维度观察

图书馆有机体中的读者是服务客体，而图书馆智慧体中的读者不仅是服

---

① 康逸，冯俊伟，谢宇智.中国在移动通信领域发挥越来越重要作用——访全球移动通信系统协会会长葛瑞德.新华每日电讯［N］.2022-03-03（06）.

务客体，也可以转换为图书馆服务主体：他们可以通过微博、微信、短视频、线上打卡、弹幕评论、网络互动、频端推送、阅读竞赛等形式，为"每个读者有其书""每本书有其读者""节省读者和馆员的时间"添砖加瓦。读者作为图书馆有机体时代的服务客体，从文献信息检索者和获取者，发展至图书馆智慧体时代同时扮演了文献信息的创造者和提供者的主体角色。

图书馆智慧体继承并创新了读者为本的理念，在读者服务中从以往许多场景的被动等待服务走向个体订单、云端预约的主动服务，并能在服务内容、服务规模、服务先后、服务体验等方面做出以读者为中心的更有温度的全新安排。图书馆智慧体正在不断提升的适老化智慧更新，使图书馆服务具有了全龄友好的更高品质。

图书馆智慧体突破了图书馆有机体基本局限于印刷型阅读的样式，从而在全媒体融合中以神奇的速度让读者获取各类所需文献、信息和数据，让读者选择自己喜欢的阅读路径，并以更适合自己的方式进行浏览乃至深度阅读。

（二）从馆员维度观察

图书馆智慧体使人机融合成为新常态。图书馆员不仅能对图书馆有机体加以传承，更可以在日新月异的智慧技能和智慧服务中增加全新的智慧禀赋与不断提升的数据素养，还可将人文关怀和科技伦理融入人机一体之中。

图书馆智慧体为图书馆员提供了趋于扁平化的管理，图书馆员依托万物智联的网络平台和图书馆大脑，可以突破图书馆有机体的岗位局限，为读者提供一网统管、一台统检、一站统办式的服务。同时，图书馆智慧体给馆员与馆员、馆员与读者乃至读者与读者之间的动态即时互动提供了丰富的想象力和互动通道；甚至图书馆网络平台与社会线上平台也为新一代读者创造了在网络游戏中形成阅读新品质的可能，通过穿越、重构、融合、架空、异能等综合性方法，激发出普通读者的创造潜能；在各类科幻、文创等全媒体内容样式中，馆员与读者可在互动中进行重构和重生，在元宇宙的超现实中为多样阅读打开新的大门。

（三）从文献维度观察

图书馆有机体在文献方面不断购置、剔除并接受捐赠，不断组配整序并调节大小，体现出吐故纳新的特点，从"书是为了保存的"发展至"书是为了用

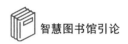

的"的服务与管理宗旨,使书从闭架走向开架;在《图书馆学五定律》1956年的第二版中,阮冈纳赞在第五定律中提出"人们认识到要建立两种图书馆,即保存图书馆和服务图书馆"。[①]图书馆智慧体则在数字图书馆的基础上,进一步推进了存量文献的提质增效,使各类载体文献趋向智能化(数据化)和活化,为图书馆服务提供了可复制、可共享、可无限供给的倍增效益,也使读者的阅读推广可以获得不局限于印刷型文献的全新认知,给图书馆的服务力带来了巨大变革。图书馆智慧体使海量的文献更方便内容检索和按需阅读;在图书馆有机体时代需费九牛二虎之力在书库与开架中寻索文献信息,而在图书馆智慧体时代只需指尖在平台终端上点击,瞬间便可实现信息聚合和文体集合并汇编整序至用户眼前,并可进行字词、主题、文体文献内容和形式等多维度的统计;还可通过增量文献的优化,如通过有声书、数字人文、屏幕显示、光影流书墙、微信公众号等方式形成服务内容的创新,为读者带去文献主题整合、生动立体显示的文献介绍、文献提供和阅读体验。图书馆智慧体在基于图书馆文献典藏特色的基础上,可以实现物质文化遗产和非物质文化遗产的创造性转化和创新性发展,如图书馆的文创产品通过科创出圈,为文旅融合贡献出图书馆的新能量,也形成了主客共享的服务新内容。图书馆智慧体通过不断发展的数字技术和修复技术,不仅坚持了"书是为了用的"的服务观,同时突破了保存图书馆与服务图书馆的建设思路,体现出图书馆作为文化历史记忆的文化自觉,使"书是为了保存的"的价值追求达到了更为安全、更为绿色、更可持续保存的否定之否定的更高境界。

(四)从设施维度观察

如果说图书馆有机体的元素和主体主要聚焦于书(文献)与人(读者与馆员),那么图书馆智慧体的元素和主体则在书与人的基础上,将各类空间、设施资源、管理要素等纳入生命体之中,将智慧注入图书馆硬件和软件及空间的全要素之中,从而使各类设施也具有了不同程度的自主功能和主体性。智能设施的自我学习和自我适应不断增强,使图书馆智慧体可以逐步实现机器替代人力、电脑替代人脑的蝶变。更为令人惊叹的是,图书馆智慧体将全面提升城

[①] 阮冈纳赞.图书馆学五定律[M].夏云,王先林,郑挺等,译.侯汉清,校.北京:书目文献出版社,1988:362.

域、省域、国域一体化图书馆智慧服务平台的服务能力,并进而加强全球图书馆数字资源的开放共享统筹、提升数据共享能力;还可以将智能技术融入图书馆智能回收等绿色发展、机器人巡防等安防监控等全新领域。与此同时,伴随着人工智能等技术的导入,隐私和数据保护的边界及科技向善伦理将被重新定义。

(五)从时间维度观察

基于"书是为了用的"的第一定律,阮冈纳赞在《图书馆学五定律》中讨论了全天开放和日夜开放的问题,指出:"不会允许任何一个图书馆在大多数人上床睡觉、不再使用图书馆之前闭馆,也不会允许任何一个图书馆在人们都起床之后还不开馆。同样,也不会允许任何一个图书馆在全年中的任何一天闭馆——即使是星期天……由于在白天和黑夜任何一刻都会有公民前来查看某些他自己没有收藏的图书,因此理想的安排应当是图书馆一直向公众开放。"① 图书馆有机体时代的这些讨论是极具创新开放价值的服务理念,但难以全面落地。图书馆智慧体的空间从物理空间和社会空间拓展至网络空间,并正呈现出向超现实空间发展的态势。我们可以看到,各类全天候自助值机型的图书馆已在城乡的各类空间中出现,图书馆服务已穿越时空,"永不闭馆""永不落幕"的24/7服务已从愿景变为现实。日益智能化的图书馆的海量数据库存储器可供读者平台接入,随时读取、即检即用。需要补充的是,图书馆有机体时代为读者节约时间的概念,在图书馆智慧体时代有了更多的诠释:越来越智慧的图书馆服务已显现出越来越具有更高质量的"随时可及",让那些"不耐烦"的年轻一代的用户通过图书馆智慧体便可在可接受的时间内获取想要得到的服务,不至于转身离开图书馆。

(六)从空间维度观察

图书馆有机体力图通过公共图书馆的选址、中心图书馆体系以及城市和农村的流动图书馆等方式,突破图书馆物理空间的限制;而图书馆智慧体的云端服务,提供了云读、云展、云约、云播、云讲、云赏、云游……,让图书馆

---

① 阮冈纳赞.图书馆学五定律[M].夏云,王先林,郑挺等,译.侯汉清,校.北京:书目文献出版社,1988:24-25.

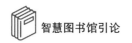

各类服务十分便捷地随处可及。如智慧图书馆的"全景智能"所打造的不落幕的主题展览,既可以通过极佳展陈方式和效果让读者远程参访和观赏,同时也为图书馆节约了线下展陈成本,还为读者观展提供了时空选择上的自由度。图书馆智慧体时代,在基于实体空间服务的同时,以数据主导的新一代线上平台为我们提供了各类资源的远程访问;随着图书馆智慧化的深化发展,城市、地区、国家乃至全球的图书馆服务资源有了更多跨域和跨界合作的可能性。如果说图书馆有机体时代更为重视本馆和本地的馆藏服务资源,那么在图书馆智慧体时代,图书馆服务的着力点将更多地趋向资源共享环境下的服务资源的异地获取。在图书馆智慧体时代,穿越时空的文献提供、参考咨询、主题视频、云端直播、沉浸体验等将层出不穷,图书馆服务已显现出越来越具有更高质量的"随处可及"。

尽管图书馆智慧体全面超越了图书馆有机体,但图书馆有机体依然闪耀着它的理论光芒并对图书馆的实践予以指引;而图书馆智慧体如初春的鲜花琼苞初放,正以它的无比活力为图书馆领域带来万物萌动的春天气息,激荡着图书馆发展的无限潜力,惠及城乡亿万读者。对于图书馆智慧体和图书馆有机体进行世纪回顾与百年前瞻,更增强了我们的文化自信、历史定力、战略思维和专业智慧。中国特色智慧图书馆正以图书馆历史发展的主动精神、以前所未有的智慧之光引领着当代图书馆创新和高质量发展不断向前迈进。

目 录

序 001
前言 001

战 略 篇

重新认知中国智慧图书馆发展的历史方位 003
数字中国背景下的图书馆智慧化转型 014
智慧社会是智慧图书馆发展的新境界 025
智慧图书馆未来发展若干问题的思考 032
信息化具有全域赋能作用 052

特 点 篇

智慧图书馆的三大特点 059
智慧图书馆的四大互联与四大融合 069
智慧图书馆的五大关系 080
融合图书馆的起始发展与性质特点 090

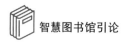

历 史 篇

智慧图书馆是未来图书馆的新模式……105
信息文明的起源发展与图书馆的持续创新……117
数据驱动的图书馆学情报学……128
加快数字发展中的中国智慧图书馆建设……138

转 型 篇

图书馆新环境新理念新模式与新形态……163
人工智能与图书馆服务重塑……184
人工智能与图书馆服务重塑的五个问题……207
人工智能与图书馆更新……226
深化人工智能与图书馆更新的若干问题……238
图书馆应当弘扬智慧工匠精神……256
图书馆全程智能发展的三重境界……267

附录　本书作者有关智慧图书馆研究之成果目录（2010—2022）……286

智慧图书馆引论 ◎ 战略篇

重新认知中国智慧图书馆发展的历史方位

一、引言

  自20世纪90年代初美国国家科学基金会进行了"数字图书馆"（或称"电子图书馆"）的讨论、①21世纪第一个10年欧美大学图书馆提出"智慧图书馆"和"融合图书馆"的概念并进行了初步的实践试验之后，②中国智慧图书馆建设伴随着智慧城市和社会信息化发展的进程，在全国文化资源共建共享工程和城乡总分馆服务体系一体化建设的基础上，理论研究与实践探索逐步展开；在科技革命和产业变革群体跃进的背景下，近20年特别是近10年的智慧图书馆建设可谓风生水起，迈出了令人刮目相看的新步伐。出人意料又在情理之中的是，2021年3月公布的《中华人民共和国国民经济和社会发展第十四个五年规划和2035年远景目标纲要》（以下简称《纲要》）中首次提出了发展"智慧图书馆"和"提供智慧便捷的公共服务"的规划内容，③促使人们重新认知中国智慧图书馆发展的历史方位。就面向未来的中国图书馆事业创新和高质量发展而言，智慧图书馆发展的命题已不是选择题，而成了必答题；也已不能仅局限在图书馆行业发展层面予以思考，而应上升至整个国家发展战略的历史方位上进行审视；智慧图书馆发展已成为当下中国图书馆界心怀"国之大者"的战略思考和实践推进的重要内容。

---

① 刘炜，周德明，王世伟，等.数字图书馆引论［M］.上海：上海科学技术文献出版社，2001：20-21.
② 王世伟.国际大都市图书馆服务体系研究［M］.北京：国家图书馆出版社，2018：104-132.
③ 中国政府网.中华人民共和国国民经济和社会发展第十四个五年规划和2035年远景目标纲要［EB/OL］.（2021-03-13）［2021-03-13］.http://www.gov.cn/xinwen/2021-03/13/content_5592681.htm.

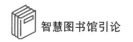 智慧图书馆引论

二、智慧图书馆首次进入国家发展战略

自20世纪90年代后半期开始的中国试验数字图书馆开启了中国数字图书馆建设的实践进程,21世纪初,智慧图书馆(包括融合图书馆)开始进入世界图书馆界的视野,在实践中也出现了一些碎片化的实践探索。自21世纪第二个10年开始,随着新一代信息技术的不断进步和国内外智慧图书馆的不断酝酿试验,中国智慧图书馆的理论探讨和实践探索开始逐渐进入了业界关注的视野并持续升温,人们从原先对智慧图书馆建设的疑虑、观望、等待开始转变为关注、学习、尝试,数字图书馆开始向智慧图书馆转型。《纲要》首次提出发展"智慧图书馆",这是智慧图书馆首次进入国家五年发展规划,这对于中国智慧图书馆发展乃至整个中国图书馆事业的建设都具有重要历史意义。

我们可以回顾一下从20世纪90年代后半期试验数字图书馆起步的国家第九个五年规划(1996—2000)及以后5个五年规划中关于图书馆文化事业发展国家战略导向的历史轨迹。

"九五"至"十四五"规划中关于图书馆事业发展战略导向一览表

规　划	公布时间	具　体　内　容	所在篇章	说　明
九五	1996年3月	开发和利用图书馆信息资源,加强文物的保护和合理利用;加强图书馆、文化馆、博物馆、剧场、音乐厅、美术馆、青少年活动基地、图书发行网点等公共文化设施建设;搞好农村文化网和边疆文化长廊建设。	第九部分《实施可持续发展战略,推进社会事业全面发展》的《文化》部分。①	从文化事业更加繁荣的角度提出开发利用信息资源、加强设施建设和搞好农村文化网及边疆文化长廊建设。

---

① 中国政府网.中华人民共和国国民经济和社会发展"九五"计划和2010年远景目标纲要[EB/OL].(2001-01-02)[2021-09-21]. http://www.npc.gov.cn/wxzl/gongbao/2001-01/02 content_ 5003506.htm.

续 表

规划	公布时间	具 体 内 容	所在篇章	说 明
十五	2001年3月	加强图书馆、博物馆、文化馆、科技馆、档案馆和青少年活动场所等文化设施建设。	第七篇《精神文明》的第二十一章《繁荣社会主义文化提高文化质量》。①	提出提高文化质量的新要求,并继续要求加强图书馆等文化设施建设。
十一五	2006年3月	积极发展文化事业和文化产业,创造更多更好适应人民群众需求的优秀文化产品;加大政府对文化事业的投入,逐步形成覆盖全社会的比较完备的公共文化服务体系;公共文化建设重点工程:文化信息资源共享推进文化资源数字化,以农村为重点促进文化信息资源共享。	第十二篇《加强社会主义文化建设》的第四十四章《加强社会主义文化建设》;专栏17《公共文化建设重点工程》。②	提出覆盖全社会的比较完备的公共文化服务体系并专列了"文化信息资源共享工程",提出推进文化资源数字化和以农村为重点促进文化信息资源共享的具体要求。
十二五	2011年3月	增强公共文化产品和服务供给;公共博物馆、图书馆、文化馆、纪念馆、美术馆等公共文化设施免费向社会开放;注重满足残疾人等特殊人群的公共文化服务需求;建立健全公共文化服务体系;文化事业重点工程:公共文化服务体系建设工程、文化和自然遗产保护工程。	第十篇《传承创新推动文化大发展大繁荣》的第四十四章《繁荣发展文化事业和文化产业》;专栏21《文化事业重点工程》。③	提出图书馆等免费开放政策和建立健全公共文化服务体系,并专列了"公共文化服务体系建设工程"和"文化和自然遗产保护工程"。

---

① 中国政府网.中华人民共和国国民经济和社会发展第十个五年计划纲要[EB/OL].(2001-03-15)[2021-09-21].http://www.gov.cn/gongbao/content/2001/content_60699.htm.
② 中国政府网.中华人民共和国国民经济和社会发展第十一个五年规划纲要[EB/OL].(2006-03-18)[2021-09-21].http://www.gov.cn/gongbao/content/2006/content_268766.htm.
③ 中国政府网.国民经济和社会发展第十二个五年规划纲要[EB/OL].(2011-03-16)[2021-09-21].http://www.gov.cn/zhuanti/2011-03/16/content_2623428_2.htm.

续 表

规划	公布时间	具 体 内 容	所在篇章	说 明
十三五	2016年3月	坚持以人民为中心的工作导向，推进基本公共文化服务标准化、均等化，完善公共文化设施网络，加强基层文化服务能力建设，加快公共数字文化建设，鼓励社会力量参与公共文化服务；文化重大工程：公共文化设施建设、传统文化和自然遗产保护传承、中华典籍整理、全民阅读。	第十六篇《加强社会主义精神文明建设》的第六十八章《丰富文化产品和服务》；专栏25《文化重大工程》。①	提出坚持以人民为中心的工作导向；提出公共文化服务标准化和均等化；提出加快公共数字文化建设；形成了与公共图书馆相关的多项文化重大工程；全民阅读进入五年规划。
十四五	2021年3月	提供智慧便捷的公共服务，积极发展智慧图书馆；提升公共文化服务水平，完善公共文化服务体系，推进公共图书馆免费开放和数字化发展；深入推进全民阅读，建设"书香中国"；社会主义文化繁荣发展工程：全媒体传播和数字文化（分类采集梳理文化遗产数据、建设国家文化大数据体系等）、文化遗产保护体系、中华典籍整理出版、重大文化设施建设（国家文献储备库等）。	第五篇《加快数字化发展建设数字中国》的第十章《加快数字社会建设步伐》；第十篇《发展社会主义先进文化提升国家软实力》的第三十五章《提升公共文化服务水平》；专栏13《社会主义文化繁荣发展工程》。②	首次在国家五年规划的文化发展部分之外提及智慧图书馆发展；提出公共图书馆的数字化发展；再次强调深入推进全民阅读，形成了与公共图书馆相关的多项文化繁荣发展工程。

---

① 中国政府网.中华人民共和国国民经济和社会发展第十三个五年规划纲要［EB/OL］.（2016-03-17）［2021-09-21］.http://www.gov.cn/xinwen/2016-03/17/content_5054992.htm.
② 中国政府网.中华人民共和国国民经济和社会发展第十四个五年规划和2035年远景目标纲要［EB/OL］.（2021-03-13）［2021-03-13］.http://www.gov.cn/xin-wen/2021-03-13/content_5592681.htm.

从"九五"规划实施至"十四五"规划公布的25年的历史发展中，我们可以看到"十四五"规划在国家文化发展战略导向的历史进程轨迹中呈现出以下几个新发展和新特点：一是从开发利用信息资源到推进文化资源数字化并进一步从加快公共数字文化建设到积极发展智慧图书馆和公共图书馆的数字化发展；二是首次在规划的文化发展部分之外提到发展智慧图书馆和智慧便捷的公共服务；三是在国家重大文化工程中首次提出建设国家文化大数据体系。可见，智慧图书馆之所以出现在国家"十四五"规划之中绝非偶然，有其自身的发展环境和发展逻辑，体现出智慧图书馆作为国之大纲和国之大业的国家文化发展战略导向的新思路和新构想。发展智慧图书馆已经并将继续成为图书馆事业创新发展的主动力、图书馆事业更新重塑的主平台、提升读者服务高质量发展的主渠道。

三、建设数字中国中的智慧图书馆

加快数字化发展、建设数字中国成为《纲要》的着力点之一。在互联网、物联网、移动互联网、大数据、云计算、人工智能、5G、区块链、量子信息等新一代信息技术的持续波浪式驱动下，以数字化转型整体驱动生产方式、生活方式和治理方式变革成为中国当代的发展趋势，包括文化领域在内的中国经济社会各领域正在激活数据要素潜能，推进数字中国建设。如果说中国图书馆事业要把握机遇的话，那么智慧图书馆建设正是顺应全球社会信息发展趋势、把握新一代科技革命创新发展的时代脉搏、洞悉广大读者用户新需要的统筹全局和明智正道之举。而数字中国建设，将涉及中国经济社会的各个领域，包括数字经济、数字社会、数字政府，当然也包括提供智慧便捷的公共服务。正是在这样的全局视野中，《纲要》在第五篇《加快数字化发展建设数字中国》中的第十六章《加快数字社会建设步伐》的第一节《提供智慧便捷的公共服务》中明确提出了"积极发展智慧图书馆"的命题，并与在线课堂、互联网医院、智慧法院等共同成为加快数字社会建设步伐的重要抓手。同时，《纲要》在加快数字社会建设步伐中还提到了建设智慧城市和数字乡村、构筑美好数字生活新图景等新目标，这些都为智慧图书馆建设提供了新思路和新路径。智慧图书馆建设已经突破图书馆建设自身的藩篱，实现行业出圈而融入了整个数字中国的建设框架，成为加快中国当代数字化发展不可或缺的组成部分，将要并正在发展成为优化数字社会环境的重要文化极。

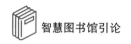

四、新发展阶段中的智慧图书馆

《纲要》指出:"我国进入新发展阶段,发展基础更加坚实,发展条件深刻变化,进一步发展面临新的机遇与挑战。"新发展阶段是我们党带领人民迎来从站起来、富起来到强起来历史性跨越的新阶段,图书馆事业同样如此。在数十年间中国特色图书馆事业在发展道路上,所取得的历史性成就,使其站到了新的历史起点;无论是图书馆学理念创新还是服务能级的提升,无论是图书馆事业发展的环境和条件还是发展的水平和要求,与改革开放之初相比,都已不可同日而语;图书馆事业发展的主要矛盾已转化为广大读者日益增长的文化需要同落后的图书馆服务与管理之间的矛盾,已转化为广大读者日益增长的美好文化生活新需要与图书馆事业发展不平衡不充分之间的矛盾。这正是在新发展阶段图书馆事业历史方位的变化。如果把眼光再放远一点,从建党百年历史加以回顾,则实现中华民族伟大复兴进入了不可逆转的历史进程,中国智慧图书馆的发展正是在这样的历史方位中铺陈展开,它将是中华民族伟大复兴中提升国家文化软实力的重要举措。

新发展阶段以推动高质量发展为主题,因为面向未来的图书馆事业创新发展中的问题和矛盾越来越聚焦于发展的质量上;我国仍处于并将长期处于社会主义初级阶段的基本国情没有变,发展仍然是图书馆事业前行的第一要务,而智慧图书馆建设正是高质量发展的题中应有之义。中国图书馆事业要实现在新发展阶段的高质量发展,必须转变发展方式,推动质量变革、效率变革和动力变革,而智慧图书馆就是以上三大变革的驱动力和助推器。数据驱动、技术赋能、数字蝶变、人机融合、空间转型、智能重构、平台升级,这些近年来在图书馆变革进程中出现的热词,无一不与智慧图书馆的发展紧密相联。

五、新发展理念下的智慧图书馆

自从2015年10月党的十八届五中全会提出"必须牢固树立并切实贯彻创新、协调、绿色、开放、共享的发展理念"之后,[①]新发展理念已成为关系我

---

① 新华网.中国共产党第十八届中央委员会第五次全体会议公报[EB/OL].(2015-10-29)[2021-10-07].http://www.xinhuanet.com/politics/2015/10-29/c_1116983078.htm.

国当代发展全局的一场深刻变革；同样，新发展理念也是智慧图书馆建设的重要指导，是智慧图书馆建设的发展思路、发展方向和发展着力点所在。智慧图书馆建设必须完整、准确、全面地理解并贯彻落实新发展理念的五大要素。"创新、协调、绿色、开放、共享的发展理念，互相贯通、相互促进，是具有内在联系的集合体，要统一贯彻，不能顾此失彼，也不能相互替代。哪一个发展理念贯彻不到位，发展进程都会受到影响。"①

智慧图书馆对于中国图书馆事业而言是一场关乎全局的革命，是解决面向未来的图书馆事业发展中的文献资源、人力资源、设施资源发展动力问题的关键所在，也是创新图书馆服务与管理的效率与效能并进而推动图书馆更高质量发展的指挥棒和红绿灯。因此，智慧图书馆建设中必须将创新发展摆在发展全局的核心位置并贯穿智慧图书馆建设的全过程，克服并调整故步自封、消极观望、麻木不仁等各种与智慧图书馆建设创新理念不相适应的思想和做法。

协调发展是智慧图书馆建设健康发展的内在要求，其重点是解决图书馆发展中的城乡、地区、空间等发展不平衡问题，正确处理图书馆事业进程中人机融合、基础与更新、发展与安全、借鉴与独创等发展中的重大关系，在整体性、系统性、全局性的视野中增强智慧图书馆发展的整体性。

绿色发展是可持续发展的必要条件，也是广大读者和图书馆馆员对美好生活的追求，体现了人与自然的和谐共生。在智慧图书馆建设中，可以利用各种智能技术，从节能、节电、节水、节纸、节力、节材等各个维度对图书馆的绿色发展做出规划；也可以通过设计创意运用不起眼的环保材料制作图书馆的别样家具，提升读者和馆员的环保意识，使节能低碳和循环利用在图书馆各个流程和空间中得以落到实处，书写智慧图书馆建设的绿色答卷。

开放发展是文化繁荣发展的必由之路，也是智慧图书馆建设中解决内外联动问题的必由之路。要避免以往数字图书馆建设中数据孤岛和服务烟囱问题，克服各自为政、自搞一套的封闭做法和低效行为。"欲穷千里目，更上一层楼"，智慧图书馆建设需要以开放的胸怀，登高望远，既要从中国看世界，也要以全球的视野和大局的思路，把中国的智慧图书馆建设放在世界智慧图书馆建设的全球地图上予以审视，在智慧图书馆发展中实现更高层次的资源、人

---

① 中共中央宣传部.习近平新时代中国特色社会主义思想学习纲要［M］.北京：学习出版社，人民出版社，2019：110.

才、平台与服务的开放,正确认识并把握智慧图书馆的世界共性与中国特色,形成图书馆事业互联互通共享便捷的更大范围的服务共同体,并在扩大开放中推动智慧图书馆的不断进步。需要提出的是,越是开放发展越要重视数据安全和文化安全,统筹好发展和安全两件大事,增强图书馆智慧发展的竞争能力、开放的智慧监管能力和风险防控能力。

共享发展既是解决图书馆公平服务的有效方法,也是图书馆事业发展所提出的必然要求。在智慧图书馆建设中必须确立以人民为中心的思想,坚持人民至上和人民主体地位,把最广大人民的根本利益和促进人的全面发展作为出发点和落脚点,树立人人共享、全面共享、共建共享的理念,在智慧图书馆的建设中保障和改善文化民生;同时,因地制宜、因城制宜、因馆制宜,既积极融入全国乃至全球智慧图书馆的"齐唱",也创新推进具有中国特色、地区特征、各馆特点的层次化和各美其美的智慧图书馆"合唱",以渐进共享的思路将共享发展融入智慧图书馆发展的进程之中,从而将不落下一个读者的"文化共同富裕"理念融入智慧图书馆的发展目标。

新发展理念对于智慧图书馆建设而言具有战略性、纲领性和引领性,我们应当在思念和行动中"真正做到崇尚创新、注重协调、倡导绿色、厚植开放、推进共享",①从而推进中国智慧图书馆建设的可持续发展。

六、新发展格局中的智慧图书馆

构建以国内大循环为主体、国内国际双循环相互促进的新发展格局,既是与时俱进提升中国经济发展水平的战略抉择,也是塑造我国国际经济合作和竞争新优势的战略抉择;这一基于经济发展的战略新格局对于中国智慧图书馆建设而言同样具有战略指导意义,即我们需要在新发展格局中推进智慧图书馆事业的创新和高质量发展。②具体而言,我们应从3个方面加深认识新发展格局对于智慧图书馆建设的指导意义。

第一,我们要形成强大的智慧图书馆服务体系。作为全球图书馆体量最大

---

① 中共中央宣传部.习近平新时代中国特色社会主义思想学习纲要[M].北京:学习出版社,人民出版社,2019:111.
② 王世伟.在新发展格局中推进公共图书馆的创新和高质量发展[J].中国图书馆学报,2021(2):18-20.

的中国图书馆事业，在高质量发展中正需要通过智慧图书馆的建设来提升服务体系的智慧能级，聚焦解决读者利用图书馆方面的急难愁盼，通过智慧图书馆的各项软硬件建设来提升图书馆服务供给侧体系的适配性，优化供给结构和供给品质，不断培育并提升图书馆服务品牌，促进图书馆各类服务资源互联互通和流动共享。

第二，我们要加强智慧图书馆对外文化交流水平。新发展格局决不是封闭的国内循环，而是开放的国内国际双循环。欧美图书馆事业在智慧图书馆建设中走在前列，我们需要在智慧图书馆建设中进一步学习和借鉴世界各国在智慧图书馆建设中的经验；同时，智慧图书馆建设本身应该是一个开放的系统体系，需要在万物互联的信息化进程中铺设中外互联共享的桥梁和纽带，进一步深化文献资源共享和人力资源学习交流；此外，中国智慧图书馆事业正在形成全景智能、全域智能和全数智能的中国新实践，我们需要在对外文化交流中讲好中国智慧图书馆的故事并不断提高在国际业界的话语权。

第三，在加快培育完整内需体系中加快智慧图书馆建设。从经济方面着眼，加快培育完整内需体系，需要全面促进消费并拓展投资空间；同理，在加快智慧图书馆建设中，我们需要顺应广大读者对于图书馆服务升级具有的新期待，把满足读者新需要与智慧图书馆建设各项新举措紧密结合起来，加快图书馆由传统服务向智慧服务的转型，不断创造并培育新型的智慧服务新场景、新空间、新模式和新形态。同时，要加快智慧图书馆的基础设施建设，推动图书馆设施更新和技术改造，从强基础、增功能、利长远的角度，在激活图书馆存量服务资源与拓展图书馆增量服务资源中形成良性循环。

七、大变局大流行中的智慧图书馆

世界百年未有之大变局正在加速演进，新冠肺炎疫情大流行的影响广泛深远，大变局与大流行两者相互交织。近代以来的百年变局进程中，特别是改革开放以来的变局中，中国公共图书馆事业从无到有、从少到多，从一般发展布点到服务体系建设，从学习模仿引进到并进平视创新，正在发生质的飞跃，而正在崭露头角的智慧图书馆建设正是这种高质量创新发展的重要体现。虽然百年未有之大变局主要是就世界经济、政治和国际关系而言，但对包括智慧图书馆发展在内的文化事业也不无影响；我们必须统筹中华民族伟大复兴战略全

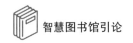

局和世界百年未有之大变局,将智慧图书馆建设融入提升国家文化软实力的大格局之中。

2020年以来新冠肺炎疫情的全球大流行进一步推动了大变局的深刻演变,也为中国智慧图书馆创新发展提供了机遇与平台。在大变局和大流行中,中国图书馆人审时度势,积极把握大变局与大流行带给智慧图书馆发展的挑战,在大变局大流行中开新局,正在持续更新重塑图书馆的发展形态并进而酝酿构建智慧图书馆体系。①中国图书馆是具有强劲韧性的超大型文化服务体,新冠肺炎疫情大流行中无接触服务的现实需求极大地推动了中国图书馆的全面智能化进程,更多的图书馆服务资源和服务项目实现了线上通、掌上取、网上办;通过体感交互、生物识别和万物互联的新技术和新入口,使成千上万的读者和馆员都能随处、随时、随机、随便地实现泛在化交互;多端显示、跨屏连接、程序应用、远程操控、精准对接、抖音视频、实时传送、泛在化服务成为新服务形态,为广大读者带来普惠化的数字体验,使图书馆的服务更加精准、更加智能、更加高效。我们可以看到,在新冠肺炎疫情大流行的近两年中,中国图书馆行业形成了至少十大场景:一是智码检疫,二是网络预约,三是线上咨询,四是云端讲座,五是网上展览,六是远程共享,七是直播带书,八是视频会议,九是智能消毒,十是频端推送。②中国智慧图书馆建设在疫情大流行中彰显出了世界独有的创造力、韧劲和服务力。

从2017—2021年的5年中,中央政治局在每年的秋冬之际都会围绕新一代信息技术的某一主题进行集体学习:

2017年12月8日,实施国家大数据战略;

2018年10月31日,人工智能发展现状和趋势;

2019年10月25日,区块链技术发展现状和趋势;

2020年10月17日,量子科技研究和应用前景;

2021年10月18日,推动我国数字经济健康发展。

新一代信息技术和科技革命发展速度是如此之快、辐射范围是如此之广、影响程度是如此之深,正在成为智慧图书馆发展更新的要素资源,正在对传统

---

① 饶权.全国智慧图书馆体系:开启图书馆智慧化转型新篇章[J].中国图书馆学报,2021(1):4-12.
② 王世伟.论"十四五"期间公共图书馆"全程智能"发展的三重境界[J].图书馆建设,2020(6):36.

图书馆的资源、结构、流程和空间进行重构，正在成为改变图书馆服务与管理格局的关键力量，是我们解决新发展阶段主要矛盾的国之大计。因此，我们要站在"国之大者"的高度，因势而谋、顺势而为，进一步深入研究并探索智慧图书馆的理论智慧、技术智慧、实践智慧和制度智慧，开辟互联、高效、便捷的中国智慧图书馆发展新境界。

综观中国智慧图书馆发展的历史方位，可以看到智慧图书馆建设正在迎来前所未有的发展良机，我们应当在持续创新中实现中国图书馆具有历史意义的智慧转型，演奏出全球智慧图书馆建设交响乐中的中国旋律，让智慧图书馆建设在新发展阶段中始终充满勃勃生机，奋力将中国智慧图书馆建设不断推向新水平，在世界图书馆事业进程中努力创造出智慧图书馆建设的中国道路、中国方案和中国经验，在信息文明的前进道路上创新出图书馆文明的新形态。

（完成于2021年10月26日）

数字中国背景下的图书馆智慧化转型

一、引言

170多年前,马克思和恩格斯在《共产党宣言》中,曾就工业革命对整个时代和社会变革进行过深刻的阐述:"生产的不断变革,一切社会关系不停的动荡,永远的不安定和变动,这就是资产阶级时代不同于过去一切时代的地方。一切固定的古老的关系以及与之相适应的素被尊崇的观念和见解都被消除了,一切新形成的关系等不到固定下来就陈旧了。一切固定的东西都烟消云散了,一切神圣的东西都被亵渎了。人们终于不得不用冷静的眼光来看他们的生活地位、他们的相互关系。"[①]尽管《共产党宣言》所揭示的是19世纪中期工业革命带来的经济和社会的巨变,但当时马克思和恩格斯观察经济社会发展所持有的历史辩证的立场、入木三分的观点和独具慧眼的方法,对我们今天认知数字中国背景下图书馆智慧化转型所带来的大变革的重大意义依然有着重要的启示意义。

2021年3月《中华人民共和国国民经济和社会发展第十四个五年规划和2035年远景目标纲要》(以下简称《纲要》)首次在国家五年规划中提出发展"智慧图书馆"的社会信息化战略,明确将图书馆的智慧化转型与数字中国的国家战略紧密地结合在一起。[②]2021年10月,中共中央政治局就推动我国数字经济健康发展进行了集体学习。中共中央总书记习近平在主持学习时强调,要

---

① 中共中央马克思恩格斯列宁斯大林著作编译局.马克思恩格斯选集(第一卷)[M].北京:人民出版社,1972:254.
② 中国政府网.中华人民共和国国民经济和社会发展第十四个五年规划和2035年远景目标纲要[EB/OL].(2021-03-13)[2021-03-13].http://www.gov.cn/xinwen/2021/03/13/content_5592681.htm.

站在统筹中华民族伟大复兴战略全局和世界百年未有之大变局的高度，统筹国内国际两个大局、发展安全两件大事，充分发挥海量数据和丰富应用场景优势，促进数字技术与实体经济深度融合，赋能传统产业转型升级，催生新产业新业态新模式，不断做强做优做大我国数字经济。[①]这对图书馆的智慧化转型同样具有重要的指导意义。

从20世纪90年代以来，互联网、物联网、移动互联网、大数据、云计算、人工智能、5G、区块链等技术迭代兴起，形成了群体并进和群体突破的发展态势，在加速创新的进程中日益融入图书馆发展事业的全空间、全资源与全过程。图书馆的智慧化转型相较于此前的数字图书馆建设而言，极大地解放了图书馆的服务力，正以更快的发展速度、更广的辐射范围、更深的影响程度、更多元的数据信息融合、更大的效益效能、更受欢迎的服务环境、站位更高的理念思路改变着中国当代图书馆事业创新和高质量发展的面貌。图书馆的智慧化转型正在成为更新重塑图书馆整体格局的驱动力量，正在成为图书馆资源结构和服务形态蝶变升级的关键要素。这就促使我们要登高望远，心怀"国之大者"，在数字中国的背景下进一步提高对图书馆智慧化转型的理论与实践的认知，为数字中国的国家战略注入文化力量，为满足日益增长的读者文化新需要提供数字创新的资源、空间、平台和场景，为精神生活的共同富裕和中国特色图书馆智慧化转型开辟发展新路。

二、数字中国战略下图书馆创新和高质量发展的坐标与方位

数字中国背景下的图书馆智慧化转型具有战略逻辑、历史逻辑和现实逻辑。

（一）数字中国是国家的重大战略

在全球新一轮科技革命和产业变革深入发展的背景下，世界正呈现并不断加强数字化发展的趋势。据2021年11月出版的《全球信息社会发展报告（2021）》提供的有关信息，全球数字进程不断加强，各国加快制定数字战略，

---

① 新华社.习近平：把握数字经济发展趋势和规律　推动我国数字经济健康发展［EB/OL］.（2021-10-19）［2021-10-19］.http://politics.cankaoxiaoxi.com/2021/1019/2457104.shtml.

社会进入数字化新常态。①在全球社会信息化浪潮一浪高过一浪的发展环境下，中国放眼未来，敏锐地把握住了数字发展的重大机遇，数字中国战略应运而生。

2015年11月，在《中共中央关于制定国民经济和社会发展第十三个五年规划的建议》中，已提出了"实施国家大数据战略，推进数据资源开放共享"的创新发展和拓展发展新空间的战略构想。②

2015年12月，习近平总书记在第二届世界互联网大会开幕式的讲话中指出："中国正在实施'互联网+'行动计划，推进'数字中国'建设。"③2017年10月，在党的"十九大"报告中，"数字中国"成为加快建设创新型国家的重要战略支点，正式进入了党的重要文件。④在2021年3月公布的《纲要》中，"加快数字化发展建设数字中国"成为专篇，提出了"以数字化转型整体驱动生产方式、生活方式和治理方式变革"的指导思想，并从打造数字经济新优势、加快数字社会建设步伐、提高数字政府建设水平、营造良好数字生态等多个维度进行了规划部署。积极发展智慧图书馆，正是建设数字中国战略全局中加快数字社会建设步伐的重要文化一极，已成为整个数字中国战略中不可或缺的社会建设智慧化转型的关键要素。而积极发展智慧图书馆、实现图书馆的智慧化转型，也为正在面向未来的中国图书馆事业的创新和高质量发展提供了顺势而为的大环境、大格局、大视野、大平台和大通道。

（二）数字中国背景下图书馆智慧化转型的前期积淀

对于图书馆的智慧化转型，我们需要在对历史的回顾中进行深入思考和战略擘画，以汲取前行的智慧和力量。

数字中国背景下的中国图书馆智慧化转型经历了近半个世纪的多轮前期积淀。第一轮的前期积淀是20世纪70年代的图书馆自动化的创新发展，它开启了图书馆自动化的新篇章，让读者和图书馆员都初步领略了技术赋能的巨

---

① 丁波涛.全球信息社会发展报告（2021）——后疫情时代的社会数字化转型［M］.北京：社会科学文献出版社，2021：5-8.
② 新华社.中共中央关于制定国民经济和社会发展第十三个五年规划的建议［EB/OL］.（2015-11-03）［2021-11-11］.http://news.cnr.cn/native/gd/20151103/t20151103_520379989.shtml.
③ 习近平.在第二届世界互联网大会开幕式上的讲话［N］.人民日报，2015-12-17（02）.
④ 本书编写组.党的十九大报告辅导读本［M］.北京：人民出版社，2017：30-31.

大魅力，为以后数字图书馆的发展奠定了一定的技术基础和人才储备。第二轮的前期积淀是自20世纪90年代起始的数字图书馆的创新发展，它在相当程度上推进了中国图书馆文献资源的数字化问题，使基于文献数字化的服务资源和服务平台也逐步产生并不断进步。第三轮前期积淀是进入21世纪第一个10年逐步兴起的互联网和移动互联网的创新发展，它为图书馆的管理与服务搭建了线上互联互通的平台，使物理空间、网络空间和社会空间的融合发展成为新常态。第四轮前期积淀是21世纪第二个10年中涌现的人工智能的创新发展，它已经并正在为图书馆提供万物互联的新模式和新形态，物物相联、人人相联、人物相联正显示出图书馆重塑更新的无限可能性。以上四轮的接续努力和持续积淀，为数字中国背景下图书馆智慧化转型提供了必要的思想准备、理论铺垫、资源基础、技术试水和实践探索，21世纪第三个10年的图书馆智慧化转型已是水到渠成，正迎来智慧图书馆时代的重大发展机遇。与以往的数字图书馆相比，图书馆的智慧化转型为图书馆事业的发展提供了全方位、多层次、宽领域的创新空间，展现出更具历史逻辑的发展前景，彰显出更为理性、更为全面、更具张力、更具品质、更符合读者新需要的发展态势。

（三）数字中国背景下图书馆创新和高质量发展的路线图

数字中国背景下的图书馆智慧化转型正在成为图书馆创新和高质量发展的聚焦点，正在推动实现中国图书馆事业的整体性、全局性、革命性重塑。在新发展阶段，如何以新发展理念实现中国图书馆事业的创新和高质量发展，数字中国战略下的图书馆智慧化转型为回答图书馆界的这一时代之问、读者之问和未来之问提供了答疑解惑的未来愿景和路线图。数字中国建设正在实现数字经济、数字社会、数字政府和数字生态的全面变革，以实现中国经济社会的创新和高质量发展。同理，图书馆的智慧化转型将为图书馆事业开启创新前行的空间和高质量发展的通道。如今的图书馆智慧化转型正处于创新变革的活跃期，服务无界的想象力使各类创新成果不断涌现。无论是建设高速泛在、集成互联、智能绿色、安全可靠的新型图书馆数字基础设施，还是数据、信息和文献的智慧采集、整序、典藏或读架；无论是突破时空的智慧流通和精彩纷呈的智慧服务项目，还是智慧建筑、智慧安保或自助消毒；无论是智慧硬件、智慧软件、智慧咨询，还是智慧馆员培训、为读者营造更健康、更干净、更安全的智慧服务环境，图书馆的智慧化转型将从宏观、中观和微观层面全面渗透图书馆的全身肌体，融入图书馆血管神经的方方面面。通过积极发展智慧图书馆，图书馆的设施资源、文献资源和人力资源将迎来全面的智慧化、深度的智能化和服务的可及化，图书馆治理的一网统管、一台统检、一站统办的现代化水平将得到空前的提升，图书馆服务的新资源、新场景、新空间、新业态、新模式将不断呈现，为广大读者提供智慧便捷的公共服务的品质将会得到大幅度的提高。同时，图书馆的智慧化转型也将深度融入智慧城市和数字乡村建设，这将为各年龄段和各地区城乡的亿万读者勾画出美好数字文化生活的新图景。所有这些，都将使中国图书馆事业的未来发展充满勃勃生机并为图书馆的创新和高质量发展提供新思路和新路径。

三、在智慧化转型中秉持以人民为中心的发展理念

2015年11月，党的十八届五中全会通过的《中共中央关于制定国民经济和社会发展第十三个五年规划的建议》，明确提出了"必须坚持以人民为中心的发展思想"。以人民为中心的发展理念应当成为图书馆智慧化转型的指导思想，数字惠民应当成为图书馆智慧化转型的基本原则。

（一）在智慧化转型中统筹兼顾总体、群体、个体

在图书馆的智慧化转型中，我们必须恪守为民情怀，自始至终秉持为读者谋便利的初心使命，以满足读者对美好阅读生活的向往和需求。具体而言，需要从整体、群体和个体3个维度编织起图书馆全员智慧服务的立体花环。

第一，要大力从整体上布局，即在图书馆智慧化转型中进行顶层设计和全局擘画。文化和旅游部于2021年6月发布《"十四五"文化和旅游发展规划》，提出"需要顺应数字化、网络化、智能化发展趋势""改善民生福祉"的总体要求，将"坚持以人民为中心"和"坚持创新驱动"作为基本原则，并在文物资源、档案建设、非遗资源、珍贵古籍、资源的保护展示和全媒体传播等方面都做了基于智慧化转型的具体部署；特别是在第五部分《健全现代公共文化服务体系》中，专门就"加快公共数字文化建设"提出了许多具体举措，其中包括推广互联网+公共文化，推动数字文化工程转型升级和资源整合，统筹推进智慧图书馆、公共文化云服务体系建设等，从而为新发展阶段图书馆智慧化

转型提供了宏观的指导和设计。①

第二，要努力从群体上推进，即让智慧化转型惠及各个年龄群体的读者，如少年儿童、青年白领和老年人，让各个年龄群体都能有智慧化转型的获得感，而图书馆智慧适老化的新设计和新安排正是这种群体推进的最新实践。将于2022年试开放的上海图书馆东馆内新设立的"广播图书馆"，试图把数据鸿沟转化为智慧桥梁，是智慧化转型主要针对老年群体服务的创新举措。同时，智慧化群体推进还可以从众多维度予以切入，如残疾人、快递小哥、地铁与高铁和空港中的乘客、景区中的游客、大型购物商圈中的顾客、医院中的病人、营区中的军人、监区中的服刑人员等。

第三，要着力从个体上落地，即让智慧化转型惠及每一个读者，牢固树立起智慧化转型不落下一个读者的理念，这是总体和群体推进的落脚点，也是最能体现图书馆人本理念的地方。2020年，国内先后发生的两则公共图书馆故事，引发了媒体的广泛关注：一是湖北籍农民工吴桂春在东莞图书馆的留言；②二是浙江省丽水市莲都区联城街道金弄口村84岁的朱贞元老人，先后长时间乘车加步行到丽水市图书馆新馆借阅书刊并得到了特殊服务。③这两则事件在相当程度上折射出目前图书馆在现实服务中的短板和痛点，而这正是图书馆智慧化转型的发力之处。图书馆的智慧化转型需要不断充实完善数字惠民的项目清单，让智慧图书馆的成果惠及更多读者，让广大读者能充分感受到品质化阅读近在咫尺、智慧化服务便捷可及所带来的获得感。智慧化转型应重视和尊重每一个读者，只有将人人可读、人人享受、人人可及的服务理念植入图书馆智慧化转型的每一个步骤和细节，才能让读者拥有实实在在的获得感，而这正是图书馆高质量发展的最现实、最鲜活并最具说服力的证明。

(二)用智慧化转型赋能满足人民文化新需要

正在不断成长的中国亿万网民和伴随数字中国环境成长的20世纪90年代

---

① 文化和旅游部."十四五"文化和旅游发展规划［EB/OL］.（2021-06-03）［2021-11-15］.http://www.gov.cn/zhengce/zhengceku/2021-06/03/content_5615106.htm.
② 结局太暖！留言东莞图书馆的农民工，不用告别啦［EB/OL］.（2020-06-26）［2020-06-26］.http://www.xinhuanet.com/politics/2020-06/26/c_1126163306.htm.
③ 窦瀚洋.闭馆日，图书馆为老人开了门［EB/OL］.（2020-07-27）［2020-07-27］.http://paper.people.com.cn/rmrb/html/2020-07/27/nw.D110000renmrb_20200727_4-12.htm.

中期后出生的Z世代，显然对图书馆的智慧化转型有着更为急切的期盼和向往。在图书馆的智慧化转型中，从确定图书馆事业发展的大政方针到具体推进路线图时间表，都应秉持以人为本的原则，牢固树立以读者为中心的根本立场，从数字惠民出发，不断提高智慧化转型中的发展质量和效益，不断满足读者对过上美好文化阅读生活的新期待。例如，在抗疫过程中，坚持把广大读者的生命安全和身体健康放在第一位，将智能检疫和无接触服务融入图书馆服务和管理；在推进智慧化转型中，利用数字人文强大而新颖的数据信息能力和整合工具，为各服务群体的特殊需求和每位读者的个性化服务新需要提供进阶通路；在主动求变中，将数字技术的无限可能性通过数据算法、知识融通、机器学习、场景沉浸和可视化等技术和方法，持续创造出线上和线下的全新服务内容和服务场景，甚至创造出全新的读者服务门类，等等。

（三）在智慧化转型中提高社会文明程度

在新发展阶段，广大读者对提高社会文明程度有了更高的要求，在推动适应新时代要求的思想观念、精神面貌、文明风尚或行动规范等方面，都需要我们在图书馆智慧化转型中予以加强和提高，不断迈向数字文明的新境界。

在《纲要》中，对如何提高社会文明程度从4个方面进行了部署，这些方面都可以与图书馆的智慧化转型紧密结合起来。在推动理想信念教育常态化、制度化方面，可以通过"技术之眼"创新党史、新中国史、改革开放史和社会主义发展史教育，也可以在虚拟现实场景中让读者切身感受到爱国主义、集体主义和社会主义的教育。在发展中国特色哲学社会科学方面，可以通过万物互联的移动互联网，以读者喜闻乐见的形式予以智能呈现和故事化推送，推进马克思主义中国化、时代化和大众化，不断完善图书馆的智能化学习平台。在传承弘扬中华优秀传统文化方面，可以通过各类智能化技术推动传统文化创造性转化和创新性发展。近年来许多图书馆在主题展览、古籍修复、行走阅读、文创设计等方面均已涌现出各类智慧化转型的丰富场景。在持续提高公民文明素养方面，图书馆通过与社会协作共创的诚信智慧大脑，已经并将继续为弘扬诚信文化、建设诚信社会发挥添砖加瓦的作用。此外，各类智能技术也为图书馆的绿色生态发展提供了可能，通过智慧管理的节能、节电、节水、节纸以及垃圾分类等举措，广大读者和图书馆员都将在智慧化转型的日就月将的身体力行中不断提升文明素养。

四、在智慧化转型中着力于共同富裕的价值取向

进入新发展阶段，中国图书馆事业走上了创造美好文化生活、逐步实现全体读者精神生活共同富裕的新征程。而共同富裕，是马克思主义的一个基本目标，是社会主义的本质要求，也是人民群众的共同期盼。"我们追求的发展是造福人民的发展，我们追求的富裕是全体人民共同富裕。"[①]智慧化的转型也同样必须更加注重共同富裕的问题，要使全国城乡和各区域全体读者的精神生活共同富裕取得更为明显的实质性进展。

（一）新发展阶段的主要矛盾与精神生活共同富裕

现阶段我国社会主要矛盾已经转化为人民日益增长的美好生活需要和不平衡不充分的发展之间的矛盾，这是关系全局的历史性变化。《纲要》在分析我国未来发展环境时指出："我国发展不平衡不充分问题仍然突出。"中国图书馆事业的发展不平衡不充分问题同样如此。其中"不平衡"是强调事业发展的结构和空间布局问题，"不充分"突出的是事业发展总量不足与质量提升问题。如在不少城市中，普遍存在一馆独大、众馆差弱的现象，加强公共文化服务体系建设和体制机制创新的任务仍然十分艰巨；进一步缩小城乡和地区图书馆发展的现实落差任重道远；各行业图书馆的创新能力尚不能完全适应高质量发展和智慧化转型的要求；图书馆的协调发展、共享发展、绿色发展和安全发展方面存在诸多短板和弱项，如此等等。可见，要达到图书馆事业在精神文化上共同富裕的发展目标显然无法一蹴而就，这是一项长期的任务。但随着我国全面建成小康社会，在开启全面建设社会主义现代化新征程中，必须将促进图书馆事业更平衡和更充分发展以实现精神生活共同富裕的目标摆在更加重要的位置来加以擘画和推进。发展是解决图书馆事业发展不平衡不充分等诸多问题的关键，没有发展，精神生活的共同富裕就无从谈起；而图书馆的智慧化转型正是破解以上现实难题向高质量发展的创新之举和应对之策。

---

① 中共中央宣传部.习近平新时代中国特色社会主义思想学习纲要[M].北京：学习出版社，人民出版社，2019：44-45.

(二)精神生活富裕是共同富裕的重要内涵

习近平总书记在2021年10月发表的《扎实推动共同富裕》一文中指出:"我们说的共同富裕是全体人民共同富裕,是人民群众物质生活和精神生活都富裕,不是少数人的富裕,也不是整齐划一的平均主义。"并就"促进人民精神生活共同富裕"进行了专门论述:"促进共同富裕与促进人的全面发展是高度统一的。要强化社会主义核心价值观引领,加强爱国主义、集体主义、社会主义教育,发展公共文化事业,完善公共文化服务体系,不断满足人民群众多样化、多层次、多方面的精神文化需求。"①在推动共同富裕过程中,必须提高发展的平衡性、协调性、包容性,促进基本公共服务均等化。图书馆事业的发展肩负着扎实推动精神生活共同富裕和促进人的全面发展的文化使命,其中公共图书馆事业正在不断完善覆盖着城乡、便捷高效、保基本促公平的现代公共文化服务体系、在提高公共文化服务的覆盖面和实效性方面已经取得了长足的进步,为推动广大读者精神生活的共同富裕发挥了图书馆传承文明和服务社会的重要功能。随着智慧图书馆时代的快速到来,有关图书馆智慧化转型如何为促进精神生活共同富裕的深入发展的命题已被摆上了议事日程。

(三)在智慧化转型中着力于精神生活共同富裕的价值取向

图书馆的智慧化转型是扎实推进精神生活共同富裕的重要路径和方法。自20世纪90年代以来的新一代信息技术的迭代更新与持续发展,已经为图书馆精神生活的共同富裕创造了诸多融入城乡肌理的鲜活实践,如覆盖城乡的同城一卡通、城际区域通借通还、全时空的自助书刊借还、资源共享的云端知识信息和服务资源、讲座展览和文创产品等服务资源的线上异地同步共享、移动互联网的图书馆资源即时推送、城乡阅读新空间的智慧设计、不同地区图书馆员的线上同步培训、全球图书馆协作开放共享的参考咨询一体化平台,等等,这些都为无数的城乡和不同区域的读者共享高质量的文献资源、设施资源和人力资源提供了更为公平和深度均等的智慧互联的便捷通道。同时,图书馆的智慧化转型也为缩小中国中西部和东北地区与东部地区图书馆事业发展的落差带来了机遇和可能。我们高兴地看到,在2021年7月发布的《数字中国发展报

---

① 习近平.扎实推动共同富裕[J].求是,2021(20):4-8.

告（2020年）》中，湖北、四川、重庆、安徽、河南、江西、湖南、陕西、河北以及辽宁等省市在信息化发展中均取得了令人振奋的大发展，分别进入了全国信息化发展水平阵列中的第一和第二梯队。[①]中西部和东北地区的智慧图书馆建设和智慧书房设计呈现出不少令人高兴的发展亮点，为精神生活的共同富裕提供了可复制、可推广的成功实践案例；而东中西部的图书馆结对帮困和对口支援，也为精神生活的共同富裕写下了具有中国特色的浓重一笔。这些高质量发展的实践充分证明，在智慧化转型中着力于精神生活共同富裕的价值取向，是图书馆事业未来高质量发展必须秉持的重要原则。

在智慧化转型中，我们在着力于精神生活共同富裕这一价值取向的同时，应秉持实事求是、尽力而为量力而行、循序渐进等原则。将创新发展摆在第一位，使每位图书馆人脚踏实地并久久为功，以注重增量均衡来实现共同富裕，让更多的图书馆有拥抱智慧化转型升级的机遇。尽管从现阶段我国图书馆发展的总量和布局上观察，中国尚不能在短时间内实现亿万读者精神生活共同富裕的目标，不同群体和不同地区的读者在实现精神生活方面的程度也仍旧存在差异和高低，但我们相信只要将精神生活共同富裕的价值取向融入图书馆智慧化转型的进程之中，从读者最现实的利益出发，着力加强普惠性、基础性、兜底性的读者服务，在图书馆事业动态向前发展的过程中不断缩小不同群体和不同地区读者的差异和高低，将解决地区差距、城乡差距、同城差距、群体差距乃至个体差异作为主攻方向，突出智慧赋能，在东部地区率先进行精神生活共同富裕试点示范，使中西部和东北地区以及乡村边远地区持续实现"扩中"和"提低"的变革，必将会不断提升广大读者的文化获得感、服务幸福感、信息安全感和总体满意度。

五、结语

在推动社会主义文化繁荣兴盛和提高国家文化软实力的进程中，中国图书馆事业前行的洪流已汇入实现中华民族伟大复兴的不可逆转的历史进程。改革开放40多年来特别是党的"十八大"以来，党和政府发挥总揽全局、协调

---

① 国家互联网信息办公室.国家互联网信息办公室发布《数字中国发展报告（2020年）》[EB/OL].（2021-06-28）[2021-07-02].http://www.cac.gov.cn/2021/06/28/c_1626464503226700.htm.

各方的领导核心作用，不断开创图书馆文化事业的新局面，推动图书馆事业取得了重大历史性成就，这种中国特色图书馆发展的道路优势正在持续转化为文化治理效能和文化发展优势。①2018年7月，笔者在《关于智慧图书馆未来发展若干问题的思考》一文中曾提出了"走中国特色智慧图书馆发展之路"的命题，提出"要实现从跟随到参与并跑再到主体领跑的转换""中国特色智慧图书馆未来发展空间无限广大，需要中国图书馆人乘势而上，奋发有为，走出中国特色智慧图书馆发展新路""形成全球图书馆事业发展的新格局"。如今3年半过去了，我依然坚持以上的观点。②

今日之中国，已是世界之中国。中国图书馆事业的智慧化转型，要求我们要立足中国、心怀天下、面向世界，在全球的视野中思考谋划图书馆事业创新发展的深刻命题。2021年8月在线上举行的第86届国际图联大会主题为"让我们携手共创未来"（Let's work together for the future），下设有图书馆创新、图书馆包容、图书馆可持续发展、图书馆启发思考、图书馆赋能等5个分主题，③这些主题几乎都与我们以上讨论的数字中国背景下的图书馆智慧化转型有着密切的联系。在全球图书馆事业的智慧化转型中，我们在继续学习世界各国先进理念和经验的同时，要形成中国图书馆人的原创性思想，对前无古人的未知领域进行大胆探索，积极进行人无我有、人有我优的实践试点，努力实现突破性进展并形成标志性成果，推动中国图书馆事业的质量变革、结构变革、效率变革、制度变革，实现更显智慧、更高质量、更强能级、更为人本、更加均等、更可持续、更为安全、更为开放共享的发展，展现出全球图书馆事业创新发展东方增长极的独特魅力，在为人民谋幸福、为中华民族谋复兴中，在创造中国式现代化图书馆发展道路、创新人类文明新形态中贡献中国图书馆创新和高质量发展的文化力量。

（完成于2021年11月22日）

---

① 王世伟.论中国特色公共图书馆发展道路的六大特点［J］.图书馆，2019（9）：1-9.
② 王世伟.关于智慧图书馆未来发展若干问题的思考［J］.数字图书馆论坛，2018（7）：8-9.
③ 国家图书馆.国家图书馆组织参加2021年世界图书馆和信息大会［EB/OL］.（2021-08-29）［2021-08-29］.https://mct.gov.cn/whzx/zsdw/zggjtsg/202108/t20210829_927392.html.

智慧社会是智慧图书馆发展的新境界

"智慧社会"是2017年10月18日习近平总书记在中国共产党第十九次全国代表大会上的报告中就加快建设创新型国家所提出的发展新目标,[①]这对于我们认识新时代社会信息化的深入持续发展的新趋势和新特点,对于公共图书馆主动参与并推动社会信息化的发展进程,对于把加快建设创新型国家新目标与公共图书馆在新时代的进一步创新发展紧密结合起来,对于公共图书馆开辟智慧图书馆创新发展和包容发展的新境界,都具有重要的意义。

一、"智慧社会"是社会信息化深入持续发展的新形态

20世纪末至21世纪初,全球信息通信技术的空前发展推动了社会信息化的深入持续发展,也催生了社会的广泛变革。我们可以从国际电信联盟《信息与通信技术事实与数据2017》、世界互联网统计网站、中国互联网络信息中心(CNNIC)第40次《中国互联网络发展状况统计报告》、中国互联网络信息中心《国家信息化发展评价报告(2016)》中所提供的最新统计数据,来直观地感悟社会信息化的巨大变化及其进展。

全球有超过80%的青年人口使用互联网。据国际电信联盟《信息与通信技术事实与数据2017》报告,全球的宽带正呈现逐渐移动化的发展趋势。从2012—2017年的5年中,全球宽带服务速度不断升级,国际互联网带宽从2015—2016年增长了32%,移动宽带的发展在很大程度上已经超过了固定宽

---

① 习近平.决胜全面建成小康社会夺取新时代中国特色社会主义伟大胜利[N].新华每日电讯,2017-10-28(03).

带,且在过去3年中移动宽带的价格平均下降了50%。移动宽带比固定宽带价格更实惠,全球移动宽带订购以平均每年超过25%的速度增长,2017年底内有望达到43亿订购数。这些因素导致了大约一半的世界人口能够接入互联网和更高速度的宽带服务。2017年全球青年(15—24岁)使用互联网的比例,在104个国家中超过80%,在发达国家中达到94%;在发展中国家,这一比例是67%;在最不发达国家只有30%。上网的8.3亿青年人中,有3.2亿(39%)在中国和印度。①

据世界互联网统计网站的最新统计数据,截至2017年6月30日,世界总人口约75.19亿,使用过互联网的"网民"(Internet Users)已达到38.35亿,全球互联网的渗透率(Penetration Rate)为51%。其中,北美最高为88.1%,其次是欧洲79.1%、亚洲46%,最低的是非洲为31.1%。从世界7大洲的分布情况分析,除了非洲、亚洲的渗透率不到50%,其他地区基本已普及(中东地区的渗透率也有58.7%)。

据中国互联网络信息中心(CNNIC)发布的第40次《中国互联网络发展状况统计报告》数据显示,截至2017年6月,我国网民规模达到7.51亿,占全球网民总数的1/5;互联网普及率为54.3%,超过全球平均水平4.6个百分点。手机网民规模为7.24亿,手机网民占比达96.3%,移动互联网的主导地位进一步强化。②

据中国互联网络信息中心(CNNIC)发布的《国家信息化发展评价报告(2016)》,中国信息化全球排名大幅度提升。根据国家信息化发展指数,中国的排名从2012年的第36位已迅速攀升至2016年的第25位。中国信息化发展在产业规模、信息化应用效益等方面取得长足进步,已经位居全球领先位置。20国集团(G20)国家的信息化发展在全球居于超前位置,而中国首次超过20国集团国家的平均水平。中国信息化发展在网络基础设施方面表现为宽带下载速率和宽带普及率都取得显著进步,"互联网+"不断促进商务应用的跨界融合,各类用户规模及服务范围快速扩张,基于移动互联网的社会信息化在多行业加速渗透,社会信息化发展的政策环境得到了不断优化。以上报告还指出,中国

---

① ITU. ICT Facts and Figures 2017 [EB/OL] . [2017-11-13] .http://www.itu.int/en/ITUD/Statistics/Documents/facts/ICTFactsFigures2017.pdf.
② 人民网.CNNIC发布最新报告 中国网民7.51亿占全球网民五分之一 [EB/OL] . (2017-08-03) [2017-11-19] .http://www.media.people.com.cn/nl/2017/0807/c14677-29454705.html.

信息化在网络基础设施、终端设备普及率、关键核心信息技术创新、信息化人力资源储备等方面,与全球信息化发达国家和地区相比较,仍旧存在一定的差距。①

从以上国内外各类渠道所提供的数据我们可以发现,中国和全球的社会信息化发展正在呈现几个明显的发展新形态:一是以带宽为代表的信息基础设施已呈普及化态势,为社会信息化深入普及发展奠定了信息技术发展的全新环境;二是社会信息化正在逐渐趋向移动化态势,中国的手机网民规模为7.24亿,手机网民占比达96.3%,互联网的移动化态势正在进一步强化并展现出主导态势;三是全球的互联网渗透率和普及率均已过半,数量的发展正在引发质量的升华,更广、更深、更高的社会信息化形态正在形成;四是中国社会信息化发展水平已位居全球领先位置,并在第一方阵20国集团(G20)中首超平均水平,形成了全球排名竞争的新态势。对以上社会信息化发展新形态的认知与把握,将有助我们形成对智慧图书馆的进一步创新发展新环境和新要求的认知与把握,从而积极主动地开辟智慧图书馆创新发展的新境界。

二、"智慧社会"是智慧图书馆创新发展的新境界

"智慧社会"是继"数字地球""智慧城市"之后出现的一个概念,较之"信息社会","智慧社会"在数字化、网络化、互联化、移动化、泛在化、智能化、便捷化、普及化、生活化方面的程度更多、更广、更深。从2010年开始,在中国的城市发展政策路径和学术研究中就出现了关于"智慧社会"的讨论。如2010年9月,福建省在讨论该省发展政策时就提到智慧社会信息化应用要走进学校走向年轻人的问题。②2011年,浙江省宁波市在建设智慧城市时也提出了"智慧社会"的概念。③2011年,有学者研究了智慧社会的特点,认为智慧社会就是运用高新科技手段让人们的生活更加便捷、更加舒适,是三网融合的一系列数字科技技术应用手段,这些数字工具建造起便利快捷的高品质数

---

① 中国互联网络信息中心.国家信息化发展评价报告(2016)[EB/OL].(2016-11-18)[2017-11-21].http://www.cnnic.net.en/hlwfzyj/hlwxzbg/hlwtjbg/201611/t20161118_56109.htm.
② 李川.智慧社会信息化应用要走进学校走向年轻人[N].通信信息报,2010-09-10(B2).
③ 郁进东.智慧城市的"宁波图景"[J].经贸实践,2011(11):30-31.

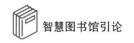
智慧图书馆引论

字生活模式,并将"智慧社会"与"数字社会"联系起来。①

2012年,韩国首尔曾举办了以"未来智慧社会"(future smart society)为主题的展览会,该展览会展示了当年最先进的地理信息系统(GIS)技术。②同年,日本也进行了对"未来的低碳和智慧社会的国际标准化运动"(SICE International Standardization Activities for future Low-Carbon+Smart Society)的探讨。③此外,日本学者又于2012年撰文指出,现代设备和电脑系统已经变得越来越智能,我们每天的生活已经被这些先进的技术深深地影响了,所有的这些改变都会引领我们走进一个"智慧社会",这样一个社会可以使我们随时得到最新的情况,帮助我们做出更恰当的决定。④

如果说以往的智慧图书馆更多是基于"智慧城市"的理念指导,那么随着加快创新型国家的建设,"智慧社会"将成为智慧图书馆进一步创新发展的新境界。在"智慧社会"理念下的智慧图书馆建设,与以往"智慧城市"理念下的智慧图书馆建设有着诸多不同的维度。

第一,"智慧社会"更注重面向城乡和区域的一体化发展。如果说智慧城市更多是着力于城市的智慧经济、智慧迁徙、智慧环境、智慧公民、智慧公民与智慧治理,那么智慧社会则更着力于体现城市和乡村、东部与中西部地区的一体化发展,体现出"建立覆盖城乡、便捷实用的公共图书馆服务网络",体现出"全面建成小康社会,一个不能少;共同富裕路上,一个不能掉队"的全面文化小康的目标追求,使智慧图书馆趋向构建数字化、网络化、智能化、泛在化、可视化的融合图书馆,迈向覆盖全社会公共图书馆服务体系的新境界。

第二,"智慧社会"更注重自下而上与自上而下的统一。如果说智慧城市更多的是注重全球层面、国家与地区层面以及城市与区县层面的自上而下的规划与推动,那么智慧社会则更强调自下而上的社会力量的广泛协同,更注重读者用户的互动参与,通过图书馆、读者、政府、市场、社会各方参与协同,使

---

① 唐凤.走进数字社会——"数字日本创新计划"启示[J].科学新闻,2011(12):54-56.
② SMART Geospatial Expo 2012[J]. GIM international, 2012, 26(12).
③ Shin S, Sasajima H(Japanese). SICE International Standardization activities for future Low-Carbon+Smart Society[C]//SICE Conference. IEEE, 2012: 670-674.
④ Satoru T. Editor's Message to Special Issue on Computer Security Technology Achieving Smart Society[J]. Journal of Information Processing, 2012, 20(4): 823.

智慧图书馆迈向自下而上与自上而下双向交互的智慧管理平台的新境界。

第三,"智慧社会"更注重基于智能技术的综合统筹发展。如果说智慧城市更多注重的是对城市的更透彻的感知、更全面的互联互通、更深入的智能化,那么智慧社会则更多注重的是对社会创新、协调、绿色、开放、共享的综合统筹的协调发展,更着力于在智能技术基础上为公众提供智慧化的生活。就公共图书馆而言,就是为读者提供更智能且更便捷的查询、借阅及相关服务并开展社会教育,构建标准统一、互联互通的公共图书馆数字服务网络,建立线上线下相结合的文献信息共享平台,推动公共图书馆迈向融公共创新空间设计、智能互联技术应用、社会各方协同管理、绿色节能生态营造、数据信息开放共享为一体的综合统筹发展新境界。

第四,"智慧社会"更注重加强创新型国家建设。如果说智慧城市体现出的是城市发展的创新理念的话,那么智慧社会则更聚焦于加快创新型国家建设和社会文化建设,更聚焦于为中国决战全面小康提供创新资源、创新环境、创新空间和创新教育。科教兴国、人才强国、创新驱动等都已成为全面建成小康社会决胜期的系列国家战略。在数据驱动、智能一切的新信息环境下,需要通过智慧社会汇聚读者智慧和用户力量,激发社会巨大的潜在活力,将图书馆的公共文化空间进一步升华为开放的众创空间,推进以人为本的可持续创新,推动基于智慧社会的全社会创新,使智慧图书馆迈向大众创业、万众创新的新境界。

21世纪第二个10年以来中国出现了"新四大发明"(高铁、网购、支付宝、共享单车),①催生了新技术、新产品、新产业、新业态、新模式,在相当程度上正是体现出"智慧社会"的发展特点,也为公共图书馆事业加强基于智慧社会的创新发展提供了有益的借鉴和启示。

三、"智慧社会"是新时代读者对美好文化生活的新需要

中国特色社会主义进入新时代,我国的社会主要矛盾已经转化为人民日益增长的美好生活需要和不平衡不充分的发展之间的矛盾。党的"十九大"报告

---

① 陈芳,余晓洁,鹿永建."新四大发明":标注中国,启示世界[N].新华每日电讯,2017-08-12(01).

所做出的这一重要论断为我们深入理解智慧社会的新环境、深入理解新时代读者对美好文化生活的新需要提供了新视野。

"智慧社会"呼唤公共图书馆总体发展。改革开放近40年来，中国公共图书馆事业发生了巨大的变化，得到了长足的发展，但是创新和发展永远在路上。当公共图书馆初步解决了设施和服务"有没有"的时候，广大读者和用户已经提出了公共图书馆需要进一步解决设施和服务"好不好"的问题。读者和用户对美好文化生活需要日益广泛，有着多样化、多层次、多方面需求，不仅要求公共图书馆设施先进、环境整洁、服务热情、活动多样，而且要求通过"智慧社会"的创新发展来实现参与管理、依法治理、权利平等、志愿服务、智能互联、个性定制、线上预约、送书上门，并要求图书馆提供科普教育、保护个人隐私、确保防盗防火、提升空气质量、降低空间噪声、实施垃圾分类、服务网点延伸……这就需要公共图书馆在新发展理念的指导下，牢固树立公共图书馆的总体发展观，在智慧社会新理念的指导下，统筹文献资源、人力资源、信息技术、科学管理、生态环境、社会协同、国际合作各项建设，在公共图书馆中进一步实现智慧的社会化发展，更好推动人的全面发展和社会的全面进步。

"智慧社会"呼唤公共图书馆包容发展。当新一代信息技术正在继续成为经济和社会发展的重要推手时，国际电信联盟也在努力弥合全球数字鸿沟和推进实现包容性数字经济方面发挥着关键性的促成作用。2017年10月，世界电信发展会议在阿根廷布宜诺斯艾利斯举行，主题是"为了可持续发展目标的ICT"。这对公共图书馆事业的发展具有启示意义。中国公共图书馆自1997年试验数字图书馆启动以来，其信息化进程不断迈进，数字化、网络化、泛在化和智能化的水平也在不断提升。随着大数据、云计算、物联网、移动互联网、人工智能等新一代信息技术呈波浪式的持续推进，"智慧社会"向公共图书馆提出了更高的要求，呼唤公共图书馆再出发，在智慧社会的更高起点上再信息化、再数字化和再网络化，破除信息和数据鸿沟，实现包容性发展。"智慧社会"是智慧的社会化进程，要求公共图书馆发展到哪里，智慧技术就覆盖到哪里，智慧图书馆就延伸到哪里，补上公共图书馆在城乡、区域和行业发展以及空间布局方面的不平衡短板，在全域服务的进程中对公共图书馆进行全域更新。同时，"智慧社会"要求以人民为中心，让"智慧"惠及所有民众。公共图书馆应牢固树立造福每一位读者的理念，无论是老年人、残疾人、少年儿童、外来务工者、过境旅游者，都应服务到位；而对于图书馆馆员包括智能技术在内的综合素养的提升则是提供这些服务的前提，因此公共图书馆对智慧工匠的培养刻不容缓。

"智慧社会"呼唤公共图书馆创新发展。在全球社会信息化进程中，智慧社会将推动中国智慧图书馆的创新发展，也将给全球图书馆事业发展提供中国经验和中国智慧。

在2017年的"双11"网购中，数据智能、机器智能已经融入网购平台整个系统的各个方面；作为世界互联网技术的超级工程，其已充分显示出中国智慧社会发展对全球的引领示范作用。与此同时，人工智能技术也正在逐渐进入中国的公共图书馆领域，正在为这片生机勃勃的文化沃土浇灌新的雨露，人工智能技术是当代创新的加速器，也是智慧图书馆创新发展的加速器。实际上，融合图书馆所秉持的数字化、网络化、智能化、泛在化和可视化的发展特点，正是智慧社会对智慧图书馆进一步创新发展的要求。

自改革开放以来的40年中，中国成千上万的公共图书馆（包括基层服务点）先后经历了图书馆自动化、数字图书馆、互联网和移动互联网的洗礼，公共图书馆正在持续地焕发出创新发展的青春活力，无论是手机服务还是网上直播，无论是智能大屏还是物流送书，无论是总分馆一体化的泛在学习书房还是社会协同的主题阅读空间，无论是更加学术自信的国际图书馆论坛还是更加文化自觉的"中国之窗"和"上海之窗"不断走向世界，所有这些不仅令国内业界振奋，也令国际同行尊敬。

在中国特色社会主义进入新时代之际，"智慧社会"作为智慧图书馆发展的新境界，展现出当代中国公共图书馆事业从公共图书馆大国到公共图书馆强国的伟大飞跃，我们在继续学习借鉴全球公共图书馆发展经验的同时，仍需要在世界图书馆的舞台上高高举起中国特色社会主义文化的伟大旗帜，为全球图书馆事业的创新发展贡献中国智慧和中国方案，而"智慧社会"的新理念为我们提供了迈向新征程的新智慧和新境界。

（完成于2017年11月23日）

智慧图书馆未来发展若干问题的思考

自21世纪第一个10年以来,智慧图书馆持续成为全球图书馆界理论研究与实践探索的热点;21世纪第二个10年以来的大数据、云计算、物联网、移动互联网、人工智能、区块链等新一代信息技术的飞速发展,给智慧图书馆不断注入新的内涵和新的动能。随着智慧图书馆理论与实践的深入发展和持续推进,面对智慧图书馆在未来如何发展,我们不仅需要回答一系列的现实问题,更要从战略层面上对其加以探讨和认知。

一、置身智慧图书馆之外将错过整整一个时代

(一)智慧图书馆是时代的产物、事业的呼唤及读者的需要

以互联、高效、便捷、智能、泛在、可视为特征的智慧图书馆是当代图书馆事业创新转型与数字化、网络化和智能化信息技术实现历史交汇融合的必然产物,是进入21世纪图书馆事业实现历史性跨越的必由之路,也是图书馆在数字图书馆基础上迈向融合图书馆转型升级的必然选择。智慧图书馆既是时代的产物,也是事业的呼唤,更是读者的需要。随着中国经济的持续发展增长,包括图书馆在内的文化教育等方面高品质服务的需求已经并将持续出现爆发式增长,近年来出现的故宫跑、广州图书馆和苏州图书馆开馆前读者排起长队等待进馆的现象也说明了这一点。新一代信息技术在改变人们工作方式和生活方式的同时,也在改变读者利用图书馆的学习休闲方式,广大读者对未来图书馆服务新形态、新内容和新路径的期盼从"有没有""能不能"正趋向"好不好",这些正是未来智慧图书馆创新发展的内在动力。

（二）作为颠覆性技术的大数据和人工智能

"颠覆性技术"曾先后被写入2016年《国家创新驱动发展战略纲要》《"十三五"国家科技创新规划》及2017年"十九大"报告。2018年5月，习近平总书记在两院院士大会上提到："信息、生命、制造、能源、空间、海洋等的原创突破为前沿技术、颠覆性技术提供了更多创新源泉……"[①] 无论是大数据还是人工智能，都是由需求牵引的颠覆性技术，以此技术为基础的智慧图书馆正在对传统图书馆实施解构、替代与重塑。以服务机器人为例，随着人工智能的发展，图书馆服务中也出现了一些虚拟智能服务机器人，图书馆的学习阅读环境开始进入信息物理融合的形态，智慧图书馆带来了图书馆人机共舞服务的全新模式。2017年至2018年上半年，图书馆服务机器人在许多图书馆先后出现，如上海图书馆的"图小灵"和深圳盐田图书馆的"欢欢"就是其中的代表。服务机器人的出现迎来了图书馆员与服务机器人共舞的新时代，而图书馆未来驾驭和管理智能技术的"智慧工匠"将成为人机共舞服务新形态的领舞者。

（三）数化万物、智在融合

中国国际大数据产业博览会（数博会）自2015年以来已连续成功举办了4届，现已成长为全球大数据发展的风向标和业界最具国际性、权威性的平台；4届的主题分别为"互联网+时代的数据安全与发展""大数据开启智能时代""数字经济引领新增长""数化万物/智在融合"，这可以让我们从一个侧面观察新一轮科技革命和产业变革催人奋进的快速步伐，以及新一代信息技术对整个经济社会所带来的日新月异的发展态势。

在"数化万物、智在融合"的大背景下，智慧图书馆在诸多信息技术的支撑下正在呈现数字化、网络化、智能化3条主线齐头并进的壮观场景，正在形成互联化、融合化、计算化的发展新形态。智慧图书馆把海量的数据、不同的技术、各异的工具整合起来，产生了新的赋能，极大地提高了图书馆在时间、空间和内容上的服务力，为读者创造了更好的体验，图书馆的管理效率也得到

---

① 习近平.在中国科学院第十九次院士大会、中国工程院第十四次院士大会上的讲话［N］.新华每日电讯，2018-05-29（02）.

空前的提升，大数据和人工智能正在改变图书馆的服务与管理决策，正在改变图书馆整个行业的模式，而这种赋能与变革还仅仅是新一轮智慧图书馆发展的起始阶段。

（四）"万+"时代

当信息技术实现了"万物感知""万物互联"后，"万物智能"随即出现，当以上3个"万"还在进行之中时，"万物计算""万物赋能""万物安全"已开始登堂入室。可以预见，未来还有更多的"万+"将出现，如在阅读推广和机器智能中出现的"万物有声"就是这一发展趋势的反映。"万+"时代将实现图书馆服务力的整体跃升。从百物互联、千物互联到万物互联，从书书相联、书机相联到书人相联、人人相联，从部分的互联到无时空边界的立体互联，"万+"时代的互联正在覆盖更多的文献载体、更多的服务设施、更多的读者用户、更多的图书馆员、更多的社会空间、更多的云端网络、更多的智慧数据。如果说当代世界是由数据流组成并由数据驱动，那么各类互联数据的增长和跨界的融合正在使图书馆发生质的转型和升级，新一轮科技革命和产业变革正在深刻地影响着图书馆的服务形态和模式，倒逼图书馆融入大数据时代和智能时代的发展浪潮，图书馆将构建新流程、重塑新空间、分析新数据、形成新整合、培育新主体、创造新服务，实现新跨越。

（五）面向未来的创新

智慧图书馆建设所体现的高水平不是单纯的数字累加，而是面向未来的创新。第一，智慧图书馆将有利于促进个性化服务，基于大数据和人工智能，智慧图书馆可以精细了解读者特点、洞察读者需求、引导读者体验、诊断图书馆服务的效率和效能。第二，智慧图书馆将有利于实现精准化服务，大数据和人工智能可在保障图书馆普适性规模服务的情况下实现不同读者群体服务的差异化，从而逐步实现因群而异乃至因人而异，图书馆可以根据读者的不同需求推荐合适的文献资源，提供智能化服务，拓展服务的时空范围和规模。第三，智慧图书馆将有利于实施图书馆的精细化管理，改变以往静态的、局部的、零散的、滞后的、逐级传递并过滤加工的管理信息，推动图书馆管理从经验型、粗放型、封闭型向精细化、泛在化、智敏化、可视化转变，实现智能化整序、网络化协同、个性化定制与全域化延伸。

（六）把握千载难逢的机遇

2017年底至2018年5月，习近平总书记曾多次谈到把握历史性机遇的问题。在2018年全国政协新春茶话会上习近平总书记指出："'逝者如斯夫！不舍昼夜'。时间不等人！我们必须走在时间前面，成为时代的弄潮儿。"[①]2018年4月，习近平总书记在全国网络安全和信息化工作会议上强调，信息化为中华民族带来了千载难逢的机遇，我们必须敏锐抓住信息化发展的历史机遇。[②]2018年5月，习近平总书记在两院院士大会讲话中指出："现在，我们迎来了世界新一轮科技革命和产业变革同我国转变发展方式的历史交汇期，既面临千载难逢的历史机遇，又面临差距拉大的严峻挑战。我们必须清醒认识到，有的历史性交汇期可能产生同频共振，有的历史性交汇期也可能擦肩而过。"[③]面对智慧图书馆创新发展这一时不我待的历史机遇，图书馆需要以发展的智高点抢占事业的制高点，以同频共振赢得图情未来，如置身智慧图书馆之外，以所谓的不变应万变，以旁观者的心态被动等待或消极守成，将与智慧图书馆擦肩而过，错过整整一个时代。

二、智慧图书馆是一个长期发展的过程

（一）智慧图书馆建设不断升级

当代的信息技术在不断更新迭代，移动互联网、物联网、云计算、大数据、人工智能、区块链等层出不穷的信息成为经济社会的前后相续的驱动器并形成巨大的推动力。不仅如此，诚如凯文·凯利在预测未来的12个趋势中所提出的第一个趋势就是形成（Becoming），即所有的东西都在不断升级。[④]智慧图书馆同样也在不断升级，从最初的数字化和网络化，发展至后来的移动化和

---

① 习近平.在全国政协新年茶话会上的讲话［EB/OL］.（2017-12-29）［2018-06-23］.http://www.xinhuanet.com/politics/leaders/2017-12/29/c_1122186304.htm.
② 张晓松，朱基钗.敏锐抓住信息化发展历史机遇 自主创新推进网络强国建设［N］.人民日报，2018-04-22（01）.
③ 习近平.在中国科学院第十九次院士大会、中国工程院第十四次院士大会上的讲话［N］.新华每日电讯，2018-05-29（02）.
④ 凯文·凯利：未来社会的12个趋势［EB/OL］.（2017-10-01）［2018-06-23］.http://www.sohu.com/a/195827307_498941.

泛在化，再发展至现在的智能化、可视化，未来还将呈现更多的新技术、新模式和新形态。智慧图书馆建设不可能一蹴而就或一劳永逸，而是一个长期动态发展的过程，智慧图书馆的建设将始终在路上。

（二）手机功能不断增强

1994年，中国第一个省级数字移动通信网在广东省开通，开启了中国"手机时代"。如今手机不仅是通信工具，而且与全新的阅读学习方式、参与互动式的知识共享紧密结合，成为广大读者工作和学习的遥控器。

随着5G的到来，我们将迎来5G万物互联时代，预计2019年下半年我国首款5G手机将上市。在高速率、低时延、可靠安全的增强型移动宽带服务中，5G手机宽带可达到20 Gbps（每秒1 000兆位，即1 Gbps），手机的应用数据、照片、视频等大体积文件，云盘备份或下载等都会极速完成。[①]智能手机将给图书馆服务带来新的可能，因为5G手机不仅是书书相联、书人相联和人人相联的钥匙，也将是图书馆服务中万物交互的神经中枢。

如今，移动智能设备在消费级终端市场的影响力已远远超过个人电脑，传统PC互联网页正遭到边缘化，而对图书馆服务也必将引发同样的问题。因此，图书馆人需要对此未雨绸缪，在智慧图书馆动态发展中力争主动。

（三）屏幕化可视化趋势

智慧图书馆发展的一个重要特点就是屏幕化可视化趋势，服务的各类动态数据都可以在屏幕上呈现，动态、实时、图像、可视，图书馆各类服务和管理数据可以通过可视化的统计图形和信息图形清晰有效地呈现。这种趋势在图书馆服务与管理中正在被不断增强。美国西雅图图书馆是全球较早使用屏幕化可视化管理的公共图书馆，2014年至2015年，上海图书馆和深圳盐田图书馆成为中国进行全局智能屏幕显示初步探索的公共图书馆。2017年以来，屏幕化可视化已成为国内许多公共图书馆服务与管理的标配。信息与知识的屏幕化可视化不仅成为图书馆管理与服务的新范式，也成为广大读者用户知识体验与发现的新范式。需要指出的是，虽然屏幕化可视化为我们带来了形象直观的数据呈现，但它仅是一个辅助分析的工具，深度的数据统计挖掘分析还需要发挥图

---

① 高少华，杜康.5G手机要来了，将给用户带来哪些新鲜感？[N].新华每日电讯，2018-05-03（07）.

书馆人的智慧。

(四)全球未来网络与智慧图书馆

2018年5月,全球首个未来网络白皮书《全球未来网络发展白皮书》在南京发布。白皮书的作者对未来网络进行了解读:如果把现在的网络定义成普通公路,那么未来网络就是高速公路,同时还是更智能、可定制化的高速公路;"未来网络"正是要解决传统互联网存在的"僵化、安全、脱节"等问题,"大带宽、大连接、高可靠、低延时"的未来网络成为各国研究、攻关的重点领域。[①]智慧图书馆可以以未来网络作为切入点,设计更智能、可定制化的未来智慧图书馆服务网,并积极进行以读者为本的各类实验探索。

(五)信息获取的即时性将成为服务的新要求

2012年5月1日开始实施的《公共图书馆服务规范》国家标准中规定,"文献提供响应时间以收到读者文献请求至回复读者之间的时间计。响应时间不超过2个工作日"[②]。随着移动互联网、物联网的发展,在外卖服务中的即时配送已进入分钟时代。2018年5月29日,"饿了么"在上海宣布获准开辟中国第一批无人机即时配送航线,用户从下单开始平均20分钟即可收到外卖;[③]而成立4年的闪送递送服务公司也借助新兴信息技术的力量,开创了平均"1分钟响应、10分钟上门、60分钟送达"的同城速递服务先河,其业务覆盖195座城市、拥有逾42万人的闪送员队伍,[④]这些商业服务即时化的发展趋势对未来智慧图书馆提出了各类读者服务即时性的新要求,将变革和完善原有的图书馆服务标准和规范。

(六)图书馆的智慧服务与网络文学

据统计,截至2017年12月,中国网络文学用户已达3.78亿人,其中手机

---

① 陈卓.全球未来网络发展峰会在南京举行,发布"白皮书"[EB/OL].(2018-05-13)[2018-06-30].https://www.thepaper.cn/newsDetail_forward_2126832.
② 王世伟,张涛.《公共图书馆服务规范》应用指南.[M].北京:国家图书馆出版社,2013:155.
③ 饿了么获准开辟国内第一批无人机即时配送航线[EB/OL].(2018-05-30)[2018-06-25].https://www.sohu.com/a/233468737_223764.
④ 敬艺."闪送"同城递送有速度更有温度[N].人民日报,2018-06-20(16).

网络文学用户达3.44亿人;中国45家重点文学网站的原创作品总量达1 646.7万种,年新增原创作品233.6万部;中国网络文学创作队伍非签约作者达1 300万人,签约作者约68万人,总计约1 400万人。①面对如此巨量庞大的网上阅读资源与网上读者群,在未来智慧图书馆发展我们应积极谋划,化消极旁观为积极参与,将网络文学纳入智慧图书馆服务的范畴,借智借力发展,使智慧图书馆服务跟上网络飞速发展的步伐。

(七)万物有声的听书时尚

在万物感知、万物互联和万物智能的发展中,借助机器智能,在阅读推广中出现了智能化的万物有声,听书成为一种学习阅读的新时尚。2018年5月19日,"中小学语文示范诵读库"首批100篇音频作品正式上线发布,其中有《观沧海》《爱莲说》《白杨礼赞》《金色花》《论语》片段等。②该诵读库以倾力打造高标准、高品质的"有声语文教材"为目标,将惠及全国1.5亿中小学生和900余万教师。据2018年4月公布的第15次全国国民阅读调查数据显示,有声阅读(听书)受到越来越多人的欢迎,使用手机App、微信语音等收听图书相关内容成为阅读的新增长点。2017年我国成年国民的听书率为22.8%,较2016年平均水平的17.0%提高了5.8个百分点;在未成年人群体中,听书频率也相当高,其中14—17周岁青少年的听书率达到28.4%。③越来越多的听书读者,用耳朵解放双手和双眼,不能不说是一种值得肯定的新阅读时尚。由此可以看到,阅读正在呈现看书、听书、读书(朗读)多样化的发展趋势。如果说以往我们提倡"开卷有益",那么如今应当再加上"听书有益"和"朗读有益"。

三、融合是智慧图书馆发展的主形态

(一)我们正处于一个大融合时代

笔者曾经在《科技革命和产业变革下的融合发展趋势及对图情工作的启

---

① 陆健.《中国网络文学蓝皮书(2017)》发布[N].光明日报,2018-05-21(09).
② 央视新闻客户端."中小学语文示范诵读库"正式上线听书首批100篇音频教材来这里![EB/OL].(2018-05-19)[2018-06-25].http://news.cnr.cn/native/gd/20180519/t20180519_524239438.shtml.
③ 谢颖.第十五次全国国民阅读调查报告发布:全民阅读需久久为功[EB/OL].(2018-04-24)[2018-06-25].http://www.rmzxb.com.cn/c/2018-04-24/2034835.shtml.

示》一文中,分析了国内外融合发展的趋势和特征,提出了从数字图书馆趋向融合图书馆、以融合发展的理念创新图书馆服务的命题。① 从2016年至今,大融合时代的发展趋势愈益明显并不断深化。

在大融合时代,大数据是建设数字中国及智慧社会的支撑。大数据之"大",正在于数据的联通,而打破部门间的"数据烟囱"、拆掉产业间的数据藩篱是实现数据联通的关键。近年来,贵州在精准扶贫中,将扶贫、公安、交通、住建等多个职能部门的数据予以融合,对扶贫对象实现精准识别。如将国土资源云与扶贫云的融合,将使易地扶贫搬迁调度更精准;扶贫云与教育云的融合,将为贫困学生享受学费减免开辟绿色通道,自动识别、自动办理。② 2017年11月17日,"今天,深圳是座图书馆"AR阅读点燃全城:智慧图书馆与移动互联网的融合,激发起用户抓书参与,形成了在"行走+抓书+阅读+社群排行"模式中主动寻书、积极阅读的新模式和新形态,读者可以随时随地打开手机抓书阅读,地铁、商场、景点、小区、大厦、公园等地成为书籍捕获率最高的地方。③ 由此可见,无论是行业融合、领域融合还是人机融合、跨域融合,或是城市融合、空间融合等,都在持续推进和不断深化。

(二)融合正成为智慧图书馆发展的主要形态

随着智慧图书馆的不断进步,作为智慧图书馆升级版的融合图书馆为越来越多的图书馆所接受并进行了许多富有意义的实践探索。

德国康斯坦丁大学的智慧图书馆建设试验项目以"融合"命名,体现出智慧图书馆数字化、网络化、智能化、泛在化和可视化的发展特点,为图书馆界提供了智慧图书馆融合发展主形态先行先试的成功案例。④ 2018年5月28日,丝绸之路国际图书馆联盟在成都成立并举行了以"阅读、城市、文化"为主题的图书馆、书店融合发展学术研讨会。来自英国、美国、澳大利亚、白俄罗斯、马来西亚等18个国家和地区的图书馆界专家和代表和来自全国公共图

---

① 王世伟.科技革命和产业变革下的融合发展趋势及对图情工作的启示[J].图书情报工作,2016(11):5-12.
② 陈守湖.大数据,贵在"融"和"用"[N].人民日报,2018-05-30(05).
③ 量子学派."今天,深圳是座图书馆"AR阅读点燃全城[EB/OL].(2017-12-18)[2018-06-25]. http://www.sohu.com/a/211211519_817421.
④ 王世伟.融合图书馆初探[J].图书与情报,2016(1):54-61.

书馆的学者、高校图书馆馆长、中国图书馆学会阅读与推广委员会专家、公共图书馆的馆长、国内出版发行界代表等汇聚一堂,共同探讨融合图书馆的发展。① 正是在智能技术的支持下,近年来在一些公共图书馆出现了图书馆和书店协作融合的读者服务新方式,出现了图书馆与物流公司协作融合的"网上借阅、社区投递"的读者服务新模式。因此,在各类联盟和服务共同体的创建过程中,我们在发展智慧图书馆时既要合而为一,更要融为一体。

在融合理念创新构想的启示下,杭州图书馆于2018年5月启动"YUE杭图"品牌,表达出多元化内涵和提供以融合为特点的多样化服务。"YUE杭图"品牌以拼音'YUE'为主题,将阅读的"阅"、愉悦的"悦"、相约的"约"、音乐的"乐"、跳跃的"跃"、超越的"越"等融为一体。② 为融合作为智慧图书馆发展主要形态提供了新案例和新经验。

(三)融合图书馆的"一"服务

如何通过智能技术实现图书馆一个网络、一个桌面、一个窗口、一个服务点的综合服务,为读者提供一体化的解决方案,让信息多跑路、让读者少跑腿,这不仅是政府"一网通办"为市民办事的新要求,也应当成为智慧图书馆建设以融合为主要形态的发展新要求。在世界一些发达国家的大学图书馆中,已经实现一个桌面为读者提供综合服务的服务新形态,而这需要智能技术支撑和管理方式的改变。图书馆应当将以往的在空间上的多点服务融合聚焦在一个桌面、一个窗口,将书本阅读、电子阅览、文献复制、网络下载、隔空点书、远程文献提供、网上参考咨询、移动智能互动等服务功能融为一体,真正实现融合图书馆的"一"服务。

四、云联网是智慧图书馆发展的路线图

(一)以体系赋能的理念加强云联网建设

智慧图书馆的发展路线图需要秉持创新、协作、绿色、开放、共享的新发

---

① 新华网.丝绸之路国际图书馆联盟在成都成立[EB/OL].(2018-05-28)[2018-06-25].http://www.xinhuanet.com/book/2018-05/28/c_129881862.htm.
② 董小易.杭图成立yue杭图品牌提供多样服务[EB/OL].(2018-05-20)[2018-06-25].http://ent.zjol.com.cn/zixun/201805/t20180520_7307758.shtml.

展理念。智能图书馆不是单点单馆的赋能,而是系统整体的赋能,是用整个服务链的全面赋能,以提高图书馆为读者提供更高质量、更个性化的服务能级。在大数据时代,没有任何一个图书馆能够仅凭一己之馆藏或一己之服务力就可以满足各类读者服务的新需求,也没有任何一个馆员能够不通过对整个服务体系的赋能来提高自身和全馆的服务效能。

图书馆的云联网建设和服务将是智慧图书馆建设的路线图。在智能时代,图书馆需要在收集尽可能多的数据的基础上建设云端联网的一体化的大数据中心,在计算资源的过程中培训大量人才,并进而不断提升人工智能算法的水平。智慧图书馆将发挥云联网的优势,以系统解决方案推动智慧图书馆的创新发展,为读者提供个性化的智慧服务。

(二)科技部人工智能开放创新平台的启示

2017年11月,国家科技部召开了《新一代人工智能发展规划》暨重大科技项目启动会,这一人工智能的发展规划和重大科技项目十分注重创新平台建设,宣布了首批国家新一代人工智能开放创新平台名单:① 依托百度公司建设自动驾驶国家新一代人工智能开放创新平台;② 依托阿里云公司建设城市大脑国家新一代人工智能开放创新平台;③ 依托腾讯公司建设医疗影像国家新一代人工智能开放创新平台;④ 依托科大讯飞公司建设智能语音国家新一代人工智能开放创新平台。[1]这一规划和重大项目对于智慧图书馆的云联网建设是一个很好启示,即中国图书馆界可以依托业界内外建设一批主题性的开放平台,深入推进人工智能与图书馆资源建设和读者服务的深度融合。

(三)上海文化云服务的成功案例

《人民日报》记者曾对上海的"文化云"进行了调研采访,"上海文化云"从2015年的118万服务人次剧增至2017年的2 617万人次,3年中增加了20多倍,用户已多达近200万。报道指出:"在'文化上海云'里,打开'文化地图',就能知道身边的公共文化场所每天在举办什么活动,直接预订即可参

---

[1] 赵永新.《新一代人工智能发展规划》今天启动实施[EB/OL].(2017-11-15)[2018-06-26]. http://scitech.people.com.cn/n1/2017/1115/c1007-29648522.html.

加;'文化直播'则让群众能够远程享受公共文化服务。运行两年多来,文化云改变了各文化单位'信息孤岛'的状态,实现文化资源内容共享,平均每月为市民推送1万场活动信息,每月访问量达1 500万人次。依托文化云,上海公共文化服务提档升级。"①2018年4月,中共上海市委、上海市人民政府发布了关于全力打响上海"四大品牌"率先推动高质量发展的若干意见,意见指出:"共建共享公共文化。完善公共文化服务体系,扩大优质公共文化供给,升级改造'文化上海云',促进文化与教育、旅游、体育等融合发展,让市民共享高品质文化服务。"②上海文化服务云对智慧图书馆建设云联网提供了一个有益的启示,即云联网需要打破信息孤岛,使文化信息随机随网可获,让服务更贴近读者需求,云图、推送、直播、预订、互动、节庆等是云服务的服务方式。同时,打造一个安全、可信赖的云计算服务平台也应当成为智慧图书馆推进云联网建设的重要考量。

五、数据的算力与算法将成为核心推动力

（一）由数据、算力、算法"三位一体"共同驱动的人工智能

对于人工智能时代数据的算力和算法,百度创始人、董事长兼首席执行官李彦宏曾做了预测性的分析:"如末梢神经般深入人类生活方方面面的互联网,不仅产生出科学家梦寐以求的海量数据,而且催生了云计算方法,把千万台服务器的计算能力汇总,使得计算能力获得飞速提高。"李彦宏还认为中国在数据的算力方面具有独特的优势,"比如数据方面,中国有14亿人口,7亿多网民,从任何一个单一市场的角度来讲都是全球最大,能够获得数据的能力也是全球最强。中国还有一个很强的政府,有能力把很多数据统一起来。"③在2017年12月召开的世界互联网大会上,李彦宏进一步阐述了未来的几十年当中不断推动数字经济发展的3个成长动力:第一个是算法,人工智

---

① 曹玲娟.文化云 让生活更有品味［N］.人民日报,2018-05-10（09）.
② 中共上海市委上海市人民政府关于全力打响上海"四大品牌"率先推动高质量发展的若干意见［EB/OL］.（2018-04-26）［2018-06-26］.http://shzw.eastday.com/shzw/G/20180425/u1ai11390704.html.
③ 李彦宏.智能革命——迎接人工智能时代的社会、经济与文化变革.［M］.北京:中信出版社,2017:自序.

能尤其是机器学习的算法在过去几年迅速发展；第二个是算力，计算的成本在不断下降，服务器也变得越来越强大，今天的算力已经到达了临界点，可以使得很多的人工智能变成实际、变得可用；第三个是数据，数据的产生仍然在以一个非常高的速度在发展，尤其对于中国互联网来说，它有非常独特的地方，7.5亿的网民全部说的是同一种语言，全部是同样的文化，全部遵守同样的法律，这么大的一个人群，这么大的一个市场，这么大的一个数据集，并且在不断地产生新的数据，它会进一步推动算法的不断创新，以及对算力提出更新的要求。这三个动力现在都在快速地成长。① 李彦宏对数据的算力与算法的研判和预测对于未来智慧图书馆的建设无疑具有重要的启示意义，即基于飞速增长中的巨量数据的算力与算法，将成为智慧图书馆发展的新引擎。

（二）智慧数据将成为算力与算法的新范式

数据驱动被公认为是继实验观测、理论推演、计算模拟之后人类认识世界的第四种范式，② 而这种新范式要求我们必须将智慧数据和基础性算法研究与实践作为智慧图书馆未来发展的着力点。2017年11月，在武汉举行的"珞珈大数据论坛——面向数字人文的智慧数据建设专题研讨会"及时探讨了智慧图书馆未来发展中的智慧数据问题。会上刘炜对智慧数据进行了理论分析，他不仅从基因序列谈起介绍了智慧数据的特点，对"数据""信息""情报""知识""语义""智慧"等概念之间的关系做了阐释，而且富有创意地指出"智慧数据"是有语义的、可计算的、能够行动的信息单元，指出智慧数据中的"智慧"来自自然智慧、人类智慧、社会智慧和机器智慧，而智慧数据的达成需要机器和人工共同努力。③ 这些围绕智慧数据的研究为智慧数据成为算力与算法的新范式提供了理论指引。

---

① 李彦宏．人工智能是经济增长的新动能［EB/OL］．（2017-12-04）［2018-06-27］．http://www.sohu.com/a/208407681_470057．
② 周雅萌，张凯．国家网信办副主任杨小伟在2018数博会开幕式上致辞［EB/OL］．（2018-05-26）［2018-06-27］．http://www.sohu.com/a/233004777_181884．
③ 程立雪．"面向数字人文的智慧数据建设专题研讨会"顺利召开［EB/OL］．（2017-12-05）［2018-06-27］．http://csir.whu.edu.cn/xinwendongtai/2017-12-05/1609.html．

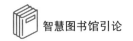

（三）图书馆的大数据应用尚处于起步阶段

从全球的图书馆发展来看，大数据的应用还处于起步阶段，随着社会进入以大数据为标志的信息化发展新阶段，数据的深度挖掘与融合应用将被提上议事日程，大数据将被接入图书馆公共服务高频应用场景，让广大读者用户将通过智慧数据的分析应用而享受便利，未来"数字读者"作为智慧图书馆的"消费者"，不仅能够很好地融入智慧社会，也将为智慧图书馆提供数据的生产和创造，以推动智慧图书馆的发展。2018年4月至5月先后发布的《上海公共图书馆2017阅读报告》①《广州全民阅读指数调查研究报告（2018）》等，②都是基于大量读者数据的深度分析挖掘而产生的，未来这样的分析研究将会不断增加并趋向深化，其既为读者服务和管理提供决策参考，也为公共图书馆的服务留下年度的数字足迹。

六、把人力资源的挑战转化为发展机遇

（一）积极主动面对人工智能对图书馆人力资源的挑战

2016年被认为是人工智能时代的发端，是机器智能历史上一个具有纪念意义的年份。③此后人工智能在各行各业得到了广泛的应用，而机器取代人工的各类预测也不绝于耳，无人机、无人仓、无人工厂、无人码头、无人超市、无人餐厅、无人驾驶汽车、无人物流配送……经济社会的无人化趋势正在改变人们的工作和生活。尽管机器取代人工在不少岗位只是时间问题，但是人工智能也将形成新的工作岗位，给人们创造新的转岗和就业机会。2017年12月，未来工作中心主任马尼什·巴尔（Manish Bahl）曾预测了未来10年可能诞生的数以十计的新工作，其中包括：数据侦探（Data Detective），利用大数据来着眼和把握大局，从数据挖掘和分析中提出有意义的建议；边缘计算专家（Master of Edge Computing），将打造并维护边缘计算的技术性基础设施，通

---

① 熊芳雨.《上海公共图书馆2017阅读报告》折射出怎样的阅读现状？［EB/OL］.（2018-04-23）［2018-06-27］.http://life.cyol.com/content/2018-04/23/content_17125122.htm.
② 邱嘉炜.广州全民阅读指数调查研究报告（2018）［EB/OL］.（2018-05-10）［2018-06-27］.http://www.chinaxwcb.com/2018-05/10/content_370793.htm.
③ 吴军.智能时代：大数据与智能革命重新定义未来［M］.北京：中信出版社，2016：前言.

过区分哪些数据类型应该存储于何地,来建立"云端与边缘"的关系,确保可扩展性,解决执行过程中遇到的地域挑战;人机协作经理(Man-machine Teaming Manager),界定角色和责任,制定人机协作的规则,开发和管理人机交互系统,把消费者和员工需求及企业策略转换成机器经验;个人数据经纪人(Personal Data Broker):监控通过各种渠道产生的所有形式的用户个人数据,可代表用户执行数据交易,最大限度地提高用户个人数据带来的回报;个人记忆策展人(Personal Memory Curator),将建立和提供无缝的虚拟环境,帮助年迈的患者重温记忆。[①]以上这些全新的岗位对图书馆服务而言,都具有不同程度设立的可能性。总之,如同以往人工卡片目录制作岗位被机读目录岗位取代一样,计算实验员、图像识别工程师、人机连接协调员、数据分析师、算法工程师、创意活动策划员等或将成为未来智慧图书馆的新岗位。

(二)注重具有实践经验的革命性人才培养

人工智能的挑战还表现在人力资源的更多的流动。如百度自2013年以来花巨资引进了数据挖掘、自然语言处理、深度学习领域的十多位知名专家,负责百度研究院的领导工作,但与此同时也有不少AI人才从百度离开选择披甲创业。在人才流动频繁的当下,图书馆如何选择与培养适应智慧图书馆未来发展的核心人才,是智慧图书馆未来发展需要进行的战略思考。美国作家沃尔特·艾萨克森曾这样评价首家全球学校——"荟同学校"的创办者魏克礼:"具有实践经验的革命性人才最为难得,但是我们发现魏克礼就是其中之一。"[②]沃尔特·艾萨克森对魏克礼的评价可以作为未来智慧图书馆核心人才选择培养的重要标准。这其中包含了两个要素:一是实践经验,一是革命性。没有实践经验将可能形成脱离实际、不具有可操作的盲目性;而缺乏革命性将在更新迭代加快的大数据和智能时代因缺乏创新进取而成为发展的非积极因素。

---

① Manish Bahl. Looking into the Future: 21 new jobs of the next decade [EB/OL].(2017-12-14)[2018-06-27].http://www.forbesindia.com/blog/technology/looking-into-the-future-21-new-jobs-of-the-next-decade/?sf87172555=1.
② 蔡梦吟.美国教育家魏克礼:"我和一场前所未有的教育实践"[N].中国青年报,2018-05-07(08).

(三)大学和研究生学习只是终身学习的一个阶段

未来智慧图书馆的发展告诉我们,知识更新的加速对人们的终身学习提出了比以往更高的要求。未来的智慧图书馆建设不仅仅是文献和建筑的智慧化,也应该包括人的智慧化,即服务的主体和客体将从前智慧时代提升为智慧时代的图书馆员和读者。作为智慧图书馆发展中的图书馆员,不仅要能捕捉分析信息,还要能研究判断数据,更要能协调处置综合性服务难题。只有这样图书馆员才能使智能导读更精准、数据计算更个性、赋能参考更有效。以上这些都需要在实践与理论的结合上进行不断地学习。2017年,英国发布《公共图书馆技能战略》,该战略旨在帮助图书馆在2030年发展成为数字、创新和卓越文化中心,其中提出了要重视职业技能和道德素养,要致力于可持续的职业发展,要重视技能交流,要鼓励不同的职业路径等建议。[①]这对中国图书馆员的在职学习是一个很好的借鉴。

七、全面提升主客体的综合数据素养

(一)全面提升主客体的数据素养刻不容缓

在数据驱动的大数据时代,进行智慧图书馆建设必须全面提升主客体的综合数据素养,这在智能时代显得尤为重要,因为信息意识、数据技能、安全防范、智能伦理已成为每一位馆员和读者不可或缺的基本素养。信息流已渗透至生活与工作的每一个环节,没有信息意识将大大降低生活的品质与工作的效率;各类智能的工具和载体已经遍布图书馆内外的方方面面,不具备数据技能将寸步难行甚或成为智能时代的局外人;个人信息安全、家庭数据安全、智能工具安全等已悄然而至,电信诈骗等犯罪活动层出不穷,而图书馆的数据网络安全也正面临前所未有的安全挑战;机器智能等所引发的一系列智能伦理问题正在引发人们对未来社会发展的思考和讨论。所有这一切都预示人们,全面提升主客体的数据素养已是刻不容缓的问题。

2018年2月,克劳迪奥·科科罗基亚在文章《取代智商——数字智力将成为未来的重点》中指出,数字智力(Digital Intelligence)是社会、情感和认知

---

① 曲蕴,马春.英国发布《公共图书馆技能战略》[J].公共图书馆,2017(3):89-94.

能力的总和，使个人能够面对挑战，适应数字化生活的需要，对于未来的劳动者而言，数商是21世纪技能发展的基本前提。就像一种语言，年幼时学习才最为高效，这对于虚假信息的传播和保护儿童免受网络威胁至关重要。[①]可见，继智商、情商、钱商、德商、心商、逆商后，数商（数字智力）将成为未来文化教育的重点，这也从侧面证明了当下提升主客体数据素养的是一项富有远见的举措。

（二）注重提升馆员和读者的数据安全素养

在全面提升主客体的数据素养中要特别注重提升馆员和读者的数据安全素养。大数据时代，数据被视为新型资源，各类泄漏、窃取、售卖用户数据的现象层出不穷，且有不断扩大漫延的趋势。数据显示，在2017年国家信息安全漏洞共享平台收录的安全漏洞中，联网智能设备安全漏洞多达2 440个，同比增长118.4%；每日活跃的受控物联网设备IP地址达2.7万个，涉及的设备类型主要有家用路由器、网络摄像头、会议系统等。[②]一旦数据安全受到挑战，智慧图书馆建设和智慧服务也将受到威胁和影响。

数据安全是由人、设备、环境共同组成的生态系统，保障数据安全最有效的路径和方法是提升公民的数据安全素养。据360互联网安全中心2017年发布的《中国网民网络安全意识调研报告》显示，82.6%的网民没有接受过任何形式的网络安全培训，72.6%的网民遭遇过网络诈骗，以数据安全为核心的网络安全教育已迫在眉睫。[③]因此，对馆员和读者进行数据安全的培训，提升他们的数据安全风险意识和主动防范技能应当成为智慧图书馆建设的重要内容。需要指出的是，当智能技术无处不在、万物互联成为常态时，智能设备中存有的大量个人隐私数据，人为的软件与算法难免会出现技术漏洞和缺陷，应注意规避"算法偏见"可能带来的问题。

---

① Claudio Cocorocchia. Forget IQ. Digital intelligence will be what matters in the future [EB/OL]. (2018-02-06) [2018-06-28]. https://www.weforum.org/agenda/2018/02/digital-intelligence-internet-safety-future/.
② 骆飞，肖艳，李平."我"的数据如何不让"他"知道 [N]. 新华每日电讯，2018-05-29（08）.
③ 360互联网安全中心. 中国网民网络安全意识调研报告 [EB/OL]. (2017-10-25) [2018-06-28]. https://www.sohu.com/a/199848554_490113.

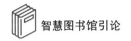

（三）广泛学习拓宽思想

2018年5月，德国柏林-勃兰登堡科学与人文学院院长马丁·格勒切尔在接受中国记者采访时指出：重大问题需多学科合作，"我认为教育必须是非常广泛的。数学不仅仅是学科，不只是学数学或者只沉浸在自己的研究领域中，人必须要尝试设法获得广泛的知识。这对促进联想能力，提出新的观点将起到帮助作用。人们必须对艺术、文学和其他学科感兴趣。我认为中国教育在培养学生广泛的学习、拓宽思想方面所做的努力还不够。一个学科无法完全回答当今社会中出现的重大问题。……我对我的中国学生说过，今年他们必须要参观很多博物馆，要去听音乐会，去剧院看演出。这就是我的教学方法，也就是不仅仅是学好数学"。[①]马丁·格勒切尔实际上提出大数据时代学习和教育的新要求，即要综合提升主客体的数据素养，同样需要广泛学习，拓宽思想，需要在学科交叉和领域跨界中不断提高主客体的数据素养。

（四）区块链可望带来个人数据保护的新技术

2018年5月，习近平总书记在两院院士大会讲话中指出，以人工智能、量子信息、移动通信、物联网、区块链为代表的新一代信息技术加速突破应用。[②]将"区块链"作为新一代信息技术的代表之一。区块链技术以分布式存储、计算、非对称密码学等技术形成了带有加密、信任、点对点、难篡改等特征的"中间件"，可能带来个人数据保护"革命"。区块链技术的出现令个人数据掌控权从互联网公司转移到用户自己手中，使人人掌控自己的个人数据成为可能。通过它，用户个人数据可以与个人数字身份证相关联，用户可以选择数字身份证是匿名、化名或公开，还可以随时随地从任何设备访问区块链应用平台，控制他们的互联网个人数据。[③]在智慧图书馆中，某一读者的身份证号码在区块链上的信息可能会被转换为一串密文，人脸图像信息也将被加密，这样读者在图书馆中进行的各类服务数据的个人隐私就可以得到技术保护，而图

---

① 张远，郑扬.马丁·格勒切尔：中国学生的生活里除了学习，还要有博物馆、音乐会……［EB/OL］.（2018-05-30）［2018-06-28］.http://ihl.cankaoxiaoxi.com/2018/0530/2275646.shtml.
② 习近平.在中国科学院第十九次院士大会、中国工程院第十四次院士大会上的讲话［N］.新华每日电讯，2018-05-29（02）.
③ 李宓.区块链可望带来个人数据保护"革命"［N］.新华每日电讯，2018-04-20（07）.

书馆在管理中只要将读者提供的有关信息与区块链应用上的加密数据进行比对。这不啻是个人数据保护的全新思路和技术,但需要在实践中加以验证是否可行。

八、走中国特色智慧图书馆创新发展之路

(一)实现中国智慧图书馆创新发展的系列转换

就中国特色智慧图书馆创新发展而言,需要实现系列转换。

一是要实现从实践探索到理论研究再到立体传播的转换。中国智慧图书馆尚处于发展的初级阶段,其在实践探索、理论研究、立体传播方面存在一定程度的相互脱节。因此,既需要积极的实践探索,也需要在实践基础上的理论总结,在理论指导下的实践探索,还需要将实践探索和理论研究进行多样化、多渠道的立体传播。

二是要实现从数据使用到数据生产再到数据创造的转换。在全球的图书馆格局中,中国图书馆以往较多的是使用数据,但在智慧图书馆建设中,更需要中国依托大数据的环境优势,以数据创造的理念形成具有更大影响力和辐射力的智慧数据和动态的知识库,形成面向现代化、面向世界、面向未来的数据共享的云联网。

三是要实现从旁观跟随到参与并跑再到主体领跑的转换。中国图书馆与世界发达国家和地区的图书馆尚有较大差距,自1978年改革开放打开国门以来,我们积极学习世界图书馆界的先进理念、建筑设计、制度文化和服务经验,尚处于旁观跟随的状态。在这一过程中,我们积极地参与到世界图书馆的大家庭中,有了一些参与并跑的项目和发展思路。随着中国图书馆事业的不断进步,中国图书馆人正在形成一些全域服务的创新举措和载体,如城市街区24小时自助图书馆、上海之窗、各种形式的主体图书馆等,形成了一些主体领跑的成分。在面向未来的智慧图书馆建设中,我们需要继续旁观跟随,同时应当不断增加扩大参与并跑乃至主体领跑的比例,使中国图书馆事业和文化事业的发展与中国融入经济全球化、世界多极化、社会信息化和文化多样化的深入发展的进程相适应。

四是要实现从心中到口中再到文中的转换。中国图书馆创新发展的许多实践探索还停留在图书馆人的心中,或停留在图书馆人的口中,需要我们将这些创新的实践和智慧从心中和口中转换至文中,即及时总结这些实践的经验,将

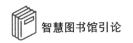 智慧图书馆引论

好的理念和做法通过文字的总结固化下来,形成可复制、可推广的模式,形成入理、入情、入世的中国故事。

(二)积极进行智慧图书馆创新发展的实践探索

面向未来的智慧图书馆建设需要结合中国实际,从国家和社会的维度,从地区经济环境的维度,从不同城镇街区文脉和用户的维度,来思考谋划智慧图书馆因地制宜、因城制宜、因馆制宜的特色发展之路。智慧图书馆建设在许多方面是无先例可循的探索,需要进行原始创新。如果说数字化的发展需要从广度、深度、精度深入发展的话,那么智慧图书馆建设同样需要有这样的思路:广度让每一个读者普遍均等受益,深度让数据插上智慧翅膀并借以提升服务管理水平,精度让服务提高个性化、便捷化的品质。

中国智慧图书馆的创新发展应扬长避短。中国互联网协会理事长邬贺铨认为,网络强国"竞技场"上中国有1个短板,4个强项。1个短板是在核心技术的专利拥有量上我们是有差距的;4个强项是光纤到户渗透率全世界最高、领先全球超级计算机、全世界最早研发IPv6(互联网协议第六版)技术的国家、在移动宽带的渗透率比例远高于欧洲很多国家。① 智慧图书馆建设同样有一个如何扬长避短的问题,即我们可以扬光纤到户和移动宽带渗透率之长,也可以扬物联网和机器智能广泛应用之长,还可以扬数据规模巨大之长,如此等等,通过智慧图书馆的实践探索,积极助推中国图书馆成为全球智慧图书馆建设创新发展的重要策源地之一。

(三)开辟与中国经济发展相适应的智慧图书馆发展新路

当今世界正处在大发展、大变革、大调整时期,世界格局已发生了巨大改变,亚太地区在国际市场占比超过40%,发展中国家本身的能力也不可同日而语。联合国助理秘书长徐浩良认为,亚太地区"经济发展的奇迹还没有转变为人类发展的奇迹"。② 无独有偶,国际电信联盟秘书长赵厚麟2018年5月在

---

① 国际在线.邬贺铨:网络强国"竞技场"上中国有一个短板,四个强项[EB/OL].(2018-05-11)[2018-06-29].https://baijiahao.baidu.com/s?id=1600166072986687082&wfr=spider&for=pc.
② 中欧陆家嘴国际金融研究院.联合国助理秘书长徐浩良主讲第105期中欧陆家嘴金融家沙龙,专题解析影响力投资与可持续发展问题[EB/OL].(2018-04-24)[2018-06-29].https://cn.ceibs.edu/media/news/events-visits/13560.

日内瓦举行的第二届"人工智能造福人类全球峰会"期间表示,中国目前已经处于全球人工智能开发第一梯队,假以时日定能在这一领域独领风骚。[①]中国特色智慧图书馆未来发展空间无限广大,需要中国图书馆人乘势而上,奋发有为,走出中国特色智慧图书馆发展新路:一方面需要中国图书馆人通过智慧图书馆的建设新路来进行文化精准扶贫,构建起更为完善的覆盖全社会的图书馆服务体系;另一方面需要中国图书馆人通过中国特色智慧图书馆的发展,提升中国和亚太地区图书馆在全球图书馆事业中的地位,将中国和亚太地区经济发展的奇迹转变为智慧图书馆发展的奇迹,并进而转变为人类发展的奇迹,形成全球图书馆事业发展的新格局。

(完成于2018年7月1日)

---

① 刘曲.专访:中国已处于全球人工智能开发第一梯队——访国际电信联盟秘书长赵厚麟[EB/OL].(2018-05-17)[2018-06-30].http://www.xinhuanet.com/2018-05/17/c_1122846830.htm.

信息化具有全域赋能作用

党的"十九大"为我们描绘了新时代的新愿景,即在全面建成小康社会的基础上分两步走,在21世纪中期建成富强民主文明和谐美丽的社会主义现代化强国。实现这一新愿景,需要推动新型工业化、信息化、城镇化和农业现代化同步发展,而信息化是现代化发展的驱动器和"牛鼻子",为统筹推进"五位一体"总体布局和协调推进"四个全面"战略布局全域赋能,为迈向现代化的新征程插上了智慧翅膀,提升了现代化发展的文明新境界,同时也为现代化的发展带来了全新的挑战。

一、信息化是现代化发展的驱动器和"牛鼻子"

信息化具有前沿性和先导性。自20世纪60年代国际学术界提出信息社会和信息化的概念以来,信息技术在半个世纪中得到了前所未有的飞速发展,大数据、云计算、物联网、移动互联网、机器人、3D打印、虚拟现实、区块链、人工智能、空间地理信息集成,这些新一代信息技术和现代制造技术不断涌现且日新月异,正在成为推动质量变革、效率变革、动力变革的主导力量,成为现代化持续进步的强大引擎。国家的网络强国、大数据、"互联网+"、宽带等信息化发展战略为中国经济社会的发展提供了强大的驱动力量,而创新驱动、人工智能、科技强国、质量强国、航天强国、交通强国、乡村振兴、绿色发展、健康中国、区域协调发展等一系列国家战略,也无一不是被打上了信息化的深刻烙印。

信息化成为现代化发展的"牛鼻子"。习近平总书记曾指出,没有网络安全就没有国家安全,网络安全和信息化对一个国家很多领域都是牵一发而动全身的。信息化不仅成为新时代经济社会发展的重要特征,也成为建设创新型国家下好先手棋和占领制高点的关键要素,这从21世纪第二个10年中数字经济的飞速发展,从大数据时代、人工智能时代所带来的巨大的先导力、驱动力、辐射力中可见一斑。可以说,信息化为"四化同步"发展带来了前所未有的创新转型的广度、宽度、深度,为各行业和各领域带来了业态重塑和格局调整的高度、力度、强度。信息化扮演了现代化进程中提质增效的驱动阀和加速器,为现代化的发展插上了智慧翅膀。

二、信息化在现代化建设中具有全域赋能的作用

信息文明是继农业文明和工业文明之后的新文明形态。习近平总书记在第二届世界互联网大会开幕式的讲话中指出:"以互联网为代表的信息技术日新月异,引领了社会生产新变革,创造了人类生活新空间,拓展了国家治理新领域,极大提高了人类认识世界、改造世界的能力。"[1]在新时代的发展中,信息化正在呈现数字中国、智慧社会的信息文明的发展新境界。

信息化具有全域的渗透性、交织性和融合性特征,正在为经济、政治、社会、文化、生态、党建、军事、外交的现代化发展全面赋能,为现代化的发展带来了难以估量的冲击力和活力。党的"十九大"报告指出:"推动互联网、大数据、人工智能和实体经济深度融合,在中高端消费、创新引领、绿色低碳、共享经济、现代供应链、人力资本服务等领域培育新增长点、形成新动能。"[2]工业互联网、全域旅游、无纸通关、移动支付、政府信息公开、一网通办、城市大脑、远程医疗、智能养老、网络教学、智慧法庭、公共文化云、清洁能源、构建网上网下同心圆、信息化作战能力、数字丝路、全球网络空间命运共同体……中国当代各大领域的现代化进程,充分折射出信息化的全域赋能和巨大带动作用,使各行各业搭上了信息化的"高铁"。

信息化提供了宏观、中观和微观的全面赋能。从数字丝路到人民法院网络

---

[1] 习近平.在第二届世界互联网大会开幕式上的讲话[N].人民日报,2015-12-17.
[2] 新华社.十九大报告[EB/OL].(2017-10-27)[2018-10-27].http://www.gov.cn/zhuanti/2017-10/27/content-5234876.htm.

再到智慧港口,都可以感觉和触摸到信息化所提供的赋能和推动力量。信息化为数字丝路赋能,如跨境电商综合试验区企业在"一带一路"相关国家已建设了上百个智能仓储,成为国际物流打通最后一公里的重要节点。信息化也为人民法院赋能,现全国人民法院网已经连通了全国3525家法院和1万多个派出法庭,提升了人民法院办案的效能。信息化还为港口赋能,上海洋山港深水四期码头依靠自主研发的信息化的大脑神经系统,为码头提供全自动化智能生产管理,是当今世界规模最大和自动化程度最高的无人码头。

信息化也体现出以人民为中心的发展思想,促进了人的现代化。信息化为大众创业、万众创新提供了广阔的空间舞台和平等参与的机会,激发出创新创意的无限可能性,为满足亿万人民对现代化美好生活的新需要提供了信息技术的支撑。社会信息化的深入发展使年轻人在信息技术方面的优势更加凸显,使年轻一代的创造力迸发,使他们成为现代化发展的突击队和先锋队。信息化也为乡村振兴和打赢脱贫攻坚战提供了坚实的网络保障。据工信部的最新统计,目前全国行政村4G网络覆盖率已达到95%,极大提升了我国农村及偏远地区宽带网络基础设施能力。

三、信息化为现代化带来全新挑战

信息化具有信息不对称性的特点。信息化在为现代化带来千载难逢的机遇的同时,也带来了前所未有的全新挑战。据第43次《中国互联网络发展状况统计报告》的数据显示,截至2018年12月,我国网民规模达8.29亿,互联网普及率达59.6%,手机网民规模达8.17亿。中国巨量的网民、数据和应用,在使中国亿万消费者享受着高速、丰富的移动应用的同时,也引发了网络安全和个人信息保护的突出矛盾。大规模的数据泄露成为近年来信息安全的经常性事件,而信息化的深入发展也带来了信息伦理、数据鸿沟等问题。面对这些挑战我们既需要亡羊补牢,也需要关口前移,筑牢网络安全和个人信息保护的屏障,坚守信息伦理和信息鸿沟的底线,从技术保障、法律制定、数商培养等方面积极主动地加以防范。

信息化带来了万物感知、万物互联、万物智能、万物计算、万物赋能、万物安全。处在这样一个大连接和关联性的时代,我们需要用互联的哲学进行思考和实践,用历史的逻辑来顺应社会信息化的发展趋势,用共同体的文化理念把握信息化带给人类的持续而巨大的发展机遇，为实现新时代社会主义现代化强国的新目标奋力前行。

（完成于2019年4月12日）

智慧图书馆引论 ◎

特点篇

智慧图书馆的三大特点

一、引言

作为未来图书馆的新模式,智慧图书馆已经和正在成为图书馆创新发展、转型发展和可持续发展的新理念和新实践。笔者于2011年发表了《论未来图书馆的新模式——智慧图书馆》一文,[1]其中论述了智慧图书馆的提出、智慧图书馆的核心要素、智慧图书馆的主要特征、智慧图书馆的本质追求等内容,最后论述了智慧图书馆新模式的重要意义。2012年7月,笔者应邀参加第十一届海峡两岸图书资讯学学术研讨会,并向大会提交了《再论智慧图书馆》的演讲论文,论文主要阐述了智慧图书馆是广泛互联的图书馆、融合共享的图书馆等观点。[2]如今,随着对智慧图书馆认识的深入,笔者对智慧图书馆有了更为全面深入的感悟,形成了对智慧图书馆三大特点的认识和概括,即智慧图书馆带来的各种变化可以从三个角度来观察:一是互联的图书馆,可以细分为全面感知的图书馆、立体互联的图书馆、共享协同的图书馆;二是高效的图书馆,可以细分为节能低碳的图书馆、灵敏便捷的图书馆、整合集群的图书馆;三是便利的图书馆,可以细分为无线泛在的图书馆、就近一体的图书馆、个性互动的图书馆。智慧图书馆与数字图书馆、复合图书馆既有联系又有区别,是信息技术发展推动下的图书馆发展形态的历史新阶段。

---

[1] 王世伟.论未来图书馆的新模式——智慧图书馆[J].图书馆建设,2011(12):1-5.
[2] 王世伟.再论智慧图书馆[G]//2012年第11届海峡两岸图书资讯学学术研讨会——开创两岸图书资讯学与图书馆事业新纪元论文集B集(大陆).台北:中华图书资讯学教育学会等,2012:141-145.

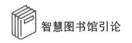

二、智慧图书馆的三大特点

何为智慧图书馆？笔者认为可以作如下的定义：智慧图书馆是以数字化、网络化、智能化的信息技术为基础，以互联、高效、便利为主要特征，以绿色发展和数字惠民为本质追求的现代图书馆科学发展理念与实践。有人将数字化、网络化、智能化作为智慧城市的主要特征，这只是揭示了智慧城市的外在特征；同样，智慧图书馆所依据的数字化、网络化和智能化的信息技术也仅仅是其外在的表象特征，互联、高效和便利才是其真正的内在特点。

智慧图书馆是实现图书馆科学发展的全面方案，互联、高效和便利正是实现这一全面解决方案的三大路径和目标定位。互联，即通过全面感知、立体互联和深度协同，将智慧技术渗透融入图书馆服务与管理的各个领域、各项业务、各个流程和各个细节，实现图书馆科学发展的创新转型。高效，即通过节能低碳、灵敏便捷和整合集群，将智慧管理引导融入图书馆的一线服务与二线保障，将资源节约、环境友好的可持续发展理念导入图书馆的前台与后台、硬件与软件，在书书相联、书人相联和人人相联的基础上为读者节约时间，更加方便快捷地处理应对各类事物，提升整合集群后的规模效应和效能，实现图书馆发展中各项资源的效益最大化、效率最高化、效能最优化的发展追求。便利，即在基于全面立体感知基础上所形成的无线泛在的环境中，使任何读者在任何地点通过任意方式获取所需要的知识信息并进行相应的信息互联成为可能，使图书馆服务成为随身、随处、随时、随意的服务。互联集成的技术不但能使原本单独、复杂、异地的服务可以整合为就近一体化的简化方案，而且能形成虚实、内外和个性的互动，而这正是智慧图书馆人本理念的体现。

智慧图书馆的互联、高效、便利三大特点之间是互相联系的。互联是智慧图书馆的基础，是高效和便利特点所依托的技术支撑，也是智慧图书馆区别于数字图书馆和复合型图书馆的主要方面。高效是智慧图书馆的核心，是在互联基础上智慧图书馆服务与管理的进一步应用，也是智慧图书馆绿色发展和数字惠民本质追求的重要体现。便利是智慧图书馆的宗旨，是互联、高效特点的落脚点，也是智慧图书馆科学发展人本理念的精髓所在。需要提出的是，智慧图书馆的三大特点及所折射出的许多理念，虽然有的以往已经出现过，但在新的发展环境下，智慧图书馆已将这些理念进行了整合与提升，在智能技术的支持下付与了其新的内容和生命。

如果说智慧城市可以为我们带来更高的生活质量、更具竞争力的商务环境和更大的投资吸引力，那么智慧图书馆则可以为我们带来更高的服务质量，更具吸引力的学习休闲环境和更高品质的管理，及培养更多的智慧公众。智慧图书馆的发展新模式将提高图书馆广大读者和馆员学习和工作的自由度，将提高时间和资源的利用效率，也将推动图书馆在日新月异信息技术发展环境下的创新驱动和转型发展。

（一）智慧图书馆是互联的图书馆

作为智慧图书馆的基础，数字化、网络化和智能化技术是智慧图书馆的外在特征，其技术的具体表现就是对图书馆人和物的全面感知；在感知基础上的跨时空的立体互联；在信息共享基础上的深度协同。

1. 全面感知的图书馆

全面感知不是部分或局部的感知，而是信息感知的全覆盖，把单本（种）的文献信息孤岛和读者馆员的信息个体连成一片，将碎片化的信息串联成互联化的信息，从而实现了读者与馆员、前台与后台之间的智能联接并建立相互间的联系。全面感知是建立在数字化、网络化和智能化的技术基础之上的。美国芝加哥大学的曼索托图书馆运用智能技术，建立了机器人堆叠书库管理系统，对所收藏的350万册书籍进行了全面感知；这种新型堆叠管理技术跳出了传统图书馆普遍采用的杜威十进制图书分类法，转而以书籍的书名和尺寸进行分类；尽管这种方法在全球个别图书馆曾经使用过，但运用智能机器人来操作还是颇具新颖性的。利用这种智慧方法对书籍进行分类、存储，其所存储书籍的占地面积仅为常规书库的1/7。[1]不仅馆内的文献信息需要感知，还需要将感知的触角伸向社会的方方面面。2012年5月28日，上海图书馆与盛大文学云中书城合作，面向广大读者开展了数字网络阅读服务使网络文学在公共图书馆"登堂入室"。[2]美国华盛顿州西雅图市图书馆在多媒体文献全面感知的基础上实现了读者服务的实时数据显示管理，图书、DVD、CD等各类文献的读者实

---

[1] 王馨立.地下机器人图书馆［N］.文汇报，2012-05-23（16）.
[2] 李治国.盛大文学与上海图书馆合作 网络文学"登堂入室"［EB/OL］.［2012-06-30］.http://tech.huanqiu.com/Enterprise/2012-05/2763291.html.

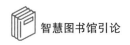

时服务数据通过大屏幕的分类显示一目了然。此外,挪威国家图书馆的汽车图书馆也是在信息全面互联感知基础上实现了汽车图书馆内外人的互动以及文献借阅和音乐欣赏等多样化服务。

2. 立体互联的图书馆

立体互联是图书馆跨部门、跨行业、跨城区乃至跨国界的全面立体互联;是图书馆物理空间的楼楼相联、层层相联、区区相联、室室相联、桌桌相联、机机相联、屏屏相联、藏阅相联的互联;是图书馆文献的书书相联、网网相联、库库相联;是图书馆服务主体馆员间的互联,是图书馆服务客体读者间的互联,也是主体馆员与客体读者间的人人互联,是人机交互的互联,也是互联网、广电网和电信网三网融合的互联。以图书馆的信息立体互联的安全保障系统为例,需要在图书馆内外进行全天候实时信息监控,防火、防水、防盗、防突发安全事故发生;对图书馆在不同空间的建筑进行统一的安全监控;对进入图书馆的人员携带物品进行安全识别;对借阅和复制等文献等进行检验;对图书馆内外区域进行身份感应,设置不同的感应门禁,授予不同人员以不同的权限;对进入善本书库、机房等重地人员进行出入的信息识别,等等,通过立体的信息感知进行严密而有效的安全防范。

近年来,随着中国大学图书馆座位供需矛盾的出现,图书馆座位预订信息管理系统在中国的大学图书馆开始出现。其实早在多前年法国国家图书馆就已建立这种系统。继厦门大学之后,南京医科大学江宁图书馆在2012年5月也推出了图书馆座位管理系统;利用该系统在图书馆座位电子显示屏上,读者可以像在电影院选座位一样,通过可视化界面,方便灵活地选择自己喜欢的座位;可以预约图书馆座位,实现了人(读者)与物(座位)之间的立体互联,从而达到了高效使用座位资源并营造良好的阅读氛围的效果。①

3. 共享协同的图书馆

互联的图书馆需要有信息共享的基础和环境,突破体制和机制的障碍,实现信息互联共享基础上的深度协同。这种共享协同的创新实践在图书馆服务与管理中是可以大有作为的。如可以在各图书馆之间创建个人诚信信息系统,使各个图书馆的读者诚信记录可以实现同城联网、全省联网乃至全国联网,当然

---

① 南京晨报. 南医大江宁图书馆有个"防占座利器"进馆如进影院需选座[EB/OL].(2012-06-05)[2012-06-30].http://news.jschina.com.cn/system/2012/06/05/013488476.shtml.

这就需要运用智慧图书馆建设的协同理念,在信息技术的支持下创建图书馆征信协同机制,并逐步建立起图书馆读者诚信网。图书馆各区域空间的服务与管理可以借用社会管理中的网格管理理念和方法,将图书馆服务空间划分为若干个服务管理网格,使共享协同管理在特定的网格空间中实现,及时就近为读者提供全方位和一体化的服务,使读者的问题和期望在某一服务点位上得到一揽子解决和满足,为读者节约时间,使读者服务更加方便快捷、管理更加主动到位。

(二)智慧图书馆是高效的图书馆

高效的图书馆是节能低碳的图书馆,是灵敏便捷的图书馆,也是整合集群的图书馆。从某种程度上而言,智慧图书馆表面上是数字化、网络化和智能化的技术问题,但从深层次的角度观察,智慧图书馆实际上是一个服务问题、管理问题和环境问题,是一个图书馆的发展战略问题,也是未来图书馆的发展模式问题。

1. 节能低碳的图书馆

绿色发展是当代全球发展的趋势和聚焦点,也是智慧图书馆的灵魂,而节能低碳正是绿色发展的重要途径和方法。节能低碳的图书馆与智慧公众有着密切的联系,在许多方面需要读者与馆员转变阅读与工作方式,增强绿色发展的理念并付诸实践,从身边一件件小事做起。

2011年12月,上海交通大学新图书馆与美国国家仪器NI(National Instruments)合作构建了国内首个高校图书馆室内环境监测与节能系统,共同打造绿色低碳的校园典范,体现出智慧图书馆在节能低碳发展中的理念创新与实践创新。[1]此外,从图书馆建筑设计角度而言,应尽可能设计大平面建筑,以减少电梯的使用,如2010年前后上海援建的四川省都江堰市图书馆就是类似的建筑,这一建筑利用旧厂房改建而成,整个建筑呈三层平面展开,既方便读者,又相对节约了图书馆建筑中垂直交通的能源。而近年来新建成的台北市图书馆北投分馆正是以绿色作为其设计、管理和服务的主要特征。该图书馆坐落于居民区旁的树林绿化丛中,整个建筑多采用木结构,以产生冬暖夏凉的效果,建筑顶部利用太阳能光电板生产清洁能源,并专门设计了利于雨水排放的

---

[1] 佚名.NI携手上海交通大学新图书馆构建环境监测与节能系统[J].电子测试,2012(1):95-96.

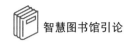

坡度与管道，将雨水作为馆内的洗手间用水等，这一图书馆"绿建筑"发展的全新案例为我们建设节能低碳的图书馆提供了成功的经验和有益的启示。

图书馆是用纸大户，如何在工作中减少用纸，从而最大限度地做到节能，对读者倡导数字网络的文献保存与传递无疑是一种好的方式。据测算，每节约10张A4纸，可节约1度电，每节约3 000张A4纸，可少砍伐1棵20年树龄的树。如此，图书馆通过节约用纸即可在无形中为绿色发展做出不少贡献。当然，图书馆还可以通过使用感应电梯、感应用水、节能照明、雨水利用等方法来节约能源，还可以通过讲座、展览等服务特色，倡导低碳伦理、包括节俭、责任、公正、和谐等原则。

2. 灵敏便捷的图书馆

智慧图书馆就是要实现图书馆服务与管理各要素间的整合转型，体现图书馆反应的即时性和适时性，使图书馆复杂的神经系统在面临千变万化的动态发展情况下能够做到"耳聪目明"并快速反应，借以提高图书馆管理的灵敏度；在智能技术的帮助下做到图书馆应急管理中的第一时间发现，第一时间处置，第一时间解决，第一时间公布，提升图书馆管理效率的能级。

20世纪末至21世纪初，随着图书馆大型建筑一个个拔地而起，图书馆电梯数量越来越多，电梯故障也时有发生。通过智能技术的物联网，可以实时监控电梯运行，让每台电梯成为"安全员"，使电梯运行故障被及时发现、处置。而"同城（乡）一卡通"服务体系的构建，使图书馆信息系统的负载越来越大，系统故障不能完全避免；体量巨大的信息系统一旦遭遇"短路"，定会给全系统的总分馆服务带来很大的影响，这就需要我们运用信息应急系统以缓解系统可能发生的突发故障，从而做到处惊不乱。如可以采用备用系统或替代方案等，并进行各图书馆相关人员的应急演练，以体现智慧图书馆信息管理系统的灵敏便捷和快速反应。

3. 整合集群的图书馆

智慧图书馆将实现跨系统的应用集成、跨部门的信息共享、跨网络的融合互通，以形成可操作、可控制、可监管、可共享的互联平台和集约发展，包括馆藏特色文献平台、全媒体数据库平台、人财物信息统计公开平台、读者服务数据统计平台、法规制度政策平台等，为读者和业界提供一体化和全方位的管理与服务，这正是智慧图书馆追求的整合集群管理的理想形态。

"同城一卡通"是21世纪初以来图书馆整合集群的典型案例。这种突破行政区划和城市中的分级财政而实现的跨区域的全城（乡）一卡通用，使图书馆公共文化服务体系实现了质的飞跃，将原本一个个独立的图书馆资源整合为集群共享的图书馆，使图书馆的设施资源、文献资源以及人力资源的效能走向了最优化。近10年来，网上讲座与网上展览整合集群联盟的形成与发展，也使这两项图书馆新的核心业务发挥出其更大的效益，既使东中西部图书馆的特色资源得到了互相支持和共同发展，尤其是使广大的中西部地区和东北地区的读者能够享受原本难以得到的东部地区图书馆的讲座服务和展览服务，又使东部地区得到了颇具特色的中西部地区和东北地区的讲座和展览资源。

（三）智慧图书馆是便利的图书馆

智慧图书馆将给读者和馆员的学习和工作带来巨大的变化，通过信息技术的引领、图书馆管理方式的转型以及读者信息素养的提升，给广大读者带来便捷利民的实惠，成为无线泛在的图书馆、就近一体的图书馆、个性互动的图书馆。

1. 无线泛在的图书馆

2001年，韩国首尔提出了"泛在城市计划"，以构建城市内随时随地网络接入和服务接入的城市信息环境；2004年，美国费城市政府在世界上第一个提出"无线费城计划"，以实现城市内宽带无线网络覆盖。泛在城市和无线城市给无线泛在的图书馆创造了良好的信息环境。中国信息环境的发展也为无线泛在图书馆创造了巨大的潜在用户。据2012年5月召开的2012世界电信和信息社会日大会透露的信息，自2009年初启动商业运营以来，中国3G用户已达到1.52亿户，手机网民超过了3.7亿人。截至2012年3月底，中国电话用户总数达到了13.03亿户，其中移动电话用户数达到了10.19亿户。宽带用户达到了1.58亿户，互联网网民规模超过了5.2亿人。移动互联网已深入到包括图书馆服务在内的电子商务、媒体传播、信息服务、生活娱乐等几乎所有社会生活领域。[1]无线数字图书馆正在成为越来越多的图书馆的服务方式。有线宽带城域网、无线宽带城域网、移动数字电视网及移动多媒体网的多网融合的立体型基础网络架构正在一些城市中形成，并陆续应用于文化服务等领域。据来自中国移动的最新数据显示，截至2012年4月底，全国已有30个省302个城市的无线城市门户上线推广。在这302个城市中，无线城市已上线16 000余个应用，环

---

① 王政.我国3G用户过到1.52亿[N].人民日报，2012-05-18（04）.

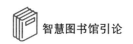

比增长10.4%，累计独立用户超过1 700万。① 通过无线城市的建设，无线图书馆已经并将不断构建起"图书馆总在我身边"的学习阅读环境，让读者通过手机和多媒体信息载体实现时时可读、处处可读、人人可读的学习休闲环境，即运用信息技术使大多数文献都能被合理使用或在数字化环境中被利用；大多数读者能够熟练运用信息技术进行文献查询和信息咨询，进行自主学习、探索研究并解决阅读中的问题；大多数的图书馆服务方式能够提供跨时空的服务路径，让读者可以得到个性化、可选择、互动型的服务。中国深圳图书馆倡导实践的城市街区24小时图书馆以及台北地区的多个无人自助式图书馆就被誉为智慧图书馆的一种泛在式的创新服务。

2. *就近一体的图书馆*

智慧图书馆的精髓是以人为本理念下的数字惠民，就是要让读者能够就近实现同一空间的一体化的阅读学习解决方案，享受智慧图书馆带来的身边的服务，以体现智慧图书馆便民、利民的本质追求。

手机图书馆或掌上图书馆成为就近一体图书馆的生动体现。上海图书馆的手机图书馆自2003年策划、2004年试点、2005年正式推出以来，2007年和2012年又先后进行了功能提升，实现了"上图信息、书目检索、读者服务、微博分享、移动阅读、你问我答和分馆导航"等多项功能的整合。重庆图书馆的手机图书馆的功能也包括了丰富的内容，如书目查询、我的图书馆、重图新闻、重图电子书、入馆指南、读者互动、阅读通、讲座预告、使用说明等。中国国家图书馆的"掌上国图"则以其独特丰富的内容形成了服务的特色。移动通信在图书馆中的广泛应用，使21世纪初提出的"我的图书馆"的创新理念真正落到了实处。

通过信息技术的整合，世界上的一些大学图书馆已实现了同一阅览空间的印本阅读、数字阅读、电子传输、数字下载、按需印制等的一体化服务方案，让读者避免了以往在的楼层上下左右的来回奔波；同时也让读者穿越了私人研究工作空间与图书馆阅读学习空间的传统隔离，可以更自由、更自主、更节约、更方便、更泛在地利用图书馆。

3. *个性互动的图书馆*

智慧图书馆是服务质量更高的图书馆，这种高质量的服务品质，体现在

---

① 王政.建无线城市促智慧生活［N］.人民日报，2012-06-11（05）.

智能化程度更高的个性化的服务以及读者参与互动式的自主式的服务与管理。2010年上海世博会举办期间，上海图书馆与普陀区图书馆合作，在世博园区中设置了图书自助漂流亭；这种自主漂流亭，既可以进行网上信息查询、参考咨询、文献传递，也可以24小时自助借还印本图书。此外，不少图书馆还开展了"讲座队信通"服务，即读者预约图书馆讲座，只需提供手机号码即可进入网上排队系统，并以短信及时告知读者预约是否成功。图书馆的微博分享、你问我答、网上知识竞赛、电话预约、网上联合知识导航站、参考外借远地预约就近取书等都体现了个性的互动服务。这种个性的互动服务都是借助于日益发展的数字化、网络化和智能化的技术而进行。

智慧图书馆的发展体现了以人为本的理念：智慧图书馆的发展为了读者；图书馆的创新转型要让读者得实惠；图书馆提高服务品质要让读者共同参与；智慧图书馆的发展成果要让读者共享。总而言之，发展智慧图书馆我们应秉持如下的价值观：更智慧的图书馆，更优良的服务与管理。

三、智慧图书馆与数字图书馆和复合图书馆的联系与区别

智慧图书馆与数字图书馆、复合图书馆既有联系又有区别。从外在的特点分析，智慧图书馆与数字图书馆与复合图书馆都具有数字化和网络化的特征，但智慧图书馆的这些特征已经与其集群、整合、协同、绿色、惠民等内在特征和本质追求有机地结合了起来。智慧图书馆是图书馆数字化、网络化、智能化、文化全球化与社会信息化在特定历史阶段相互交融结合的产物，是数字化图书馆、复合图书馆发展理念与实践的延续、整合与升华。如果说数字图书馆与复合图书馆在一定程度上还停留在图书馆的物理组合层面的话，那么智慧图书馆已发展至图书馆的化学融合层面，即将着力点聚焦于信息技术支持下图书馆的全面的优良服务与高品质管理之中，渗透在互联、高效、便利的三大特点之中，较之数字图书馆和复合图书馆更具有科学发展见识的新高度。智慧图书馆不是图书馆局部的解决方案，而是图书馆的全局解决方案。从发展阶段而言，在图书馆的发展进程中，数字图书馆与复合图书馆在传统图书馆的基础上，曾经成为图书馆服务与管理发展的补充要素与替代要素，成为图书馆发展的过渡阶段，推动了图书馆服务与管理的局部变革；而智慧图书馆依托数字化、网络化和智能化的技术，提升了相应的管理智慧，软硬并举，已经并将逐

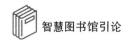

渐成为图书馆服务与管理的主导要素,成为未来图书馆的顶层设计,从而使传统图书馆从量变发展至质变,形成脱胎换骨的革命。从注重技术的图书馆信息化的发展,至技术量化发展的数字图书馆建设,再到全面智能化的智慧图书馆,实际上图书馆在发展过程中在技术量积累的基础上已逐渐实现了质的根本性转变,即从专注于技术转型至图书馆的全面协调可持续发展,从数字信息的切入点转型至图书馆绿色发展的灵魂与以人为本的精髓,这就是智慧图书馆追求聪明、更聪明、最聪明的图书馆的发展愿景。作为图书馆可持续发展的韬略,这种创新的理念与实践将成为图书馆未来可持续发展的新挑战和新机遇。

尽管智慧图书馆理论出现的时间不长,但在国内外已经有了一些实践探索,并注重了技术、管理和实践三个维度。其中技术维度注重凸现数字化、网络化、智能化的信息技术特征;管理维度则倡导应超出技术层面而将管理等要素放在更重要的地位;实践维度则以某一业务或某一地区或某一服务为切入点,进行实践探索。技术维度以技术为本,但忽略了管理要素和体制机制的障碍以及人的因素;管理维度以管理为本,但轻视了技术的基础作用;实践维度以应用为本,但缺乏顶层设计和全局谋划。从智慧图书馆的科学发展来看,应当将技术、管理、实践三个维度融为一体,体现出技术创新、管理创新和实践创新的有机统一。

如何在学习借鉴全球智慧图书馆建设成果的基础上,研究、解读并指导中国智慧图书馆的实践和发展的道路,将正在发展着的智慧图书馆的丰富实践概括成深入浅出的图书馆发展新理念和新表述,实现中国图书馆发展进程中具有中国特色、中国风格、中国气派的学术研究成果,是中国图书馆界理论与实践工作者文化自觉和文化自信的题中应有之义。中国智慧图书馆的未来路径选择应注重结合中国智慧图书馆建设的特色和各城市地区图书馆发展的特点,因地制宜、因城制宜、因馆制宜,实施区别化和层次型的发展战略,通过示范实验,积极稳妥推进,走出中国特色的智慧图书馆发展之路,以文化自信和文化自觉,为全球智慧图书馆发展做出贡献。

(完成于2012年7月2日)

智慧图书馆的四大互联与四大融合

随着全球智慧地球与智慧城市的发展，智慧图书馆的理念与实践已经在国内外图书馆界有了初步的探索和实践；作为未来图书馆的新模式，智慧图书馆将成为图书馆创新发展、转型发展和可持续发展的新理念和新实践。笔者于2011年底发表了《论未来图书馆的新模式——智慧图书馆》一文，[①]初步探讨了智慧图书馆的相关问题；随着对智慧图书馆认识的深入，笔者对有关问题的思考还需加以进一步阐述，以求教于业界方家。

一、广泛互联的图书馆

以信息技术为核心的当代科学技术的发展正在改变着图书馆管理和服务的业态、服务载体和服务形式、知识传播渠道和信息交流手段。这种改变的最重要的特征就是图书馆管理和服务的互联性。这种互联性的智能、泛在、协同的网络服务将成为新环境下图书馆包括典藏功能、加工功能、服务功能、传播功能、共享功能在内的综合文化功能的集中体现。广泛互联的网络服务将成为未来图书馆服务增长的源头。智慧城市的核心技术是物联网、云计算等新一代信息技术，图书馆这一文化载体为这些新技术的创新应用提供了文化实践的平台，而这些新技术也为智慧图书馆创造了无限广阔的互联空间。除了书与人的互联要素外，我们还可以将图书馆、网络、数据库、物体以及广大读者统一在智能的网格中，使其成为联为一体的互动要素。

---

① 王世伟.论未来图书馆的新模式——智慧图书馆[J].图书馆建设，2011（12）：1-5.

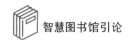

(一)馆馆相联的图书馆

在书书相联、书人相联基础上建立起馆馆相联的图书馆,是智慧图书馆的追求。通过地区间的共享联盟,馆馆相联的图书馆突破了时间、空间的限制,激活了单个馆的馆藏文献,延伸了单个馆馆员的服务效能,扩大了广大读者的服务选项,馆馆相联的网上咨询拉长了各馆的服务时间,拓宽了为公众服务的服务面。2012年4月,深圳市"图书馆之城"统一服务平台正式启动。自此,深圳实现了市、区、街道、社区共327家图书馆的互通互联、资源共享和一证通行、通借通还,为深圳"图书馆之城"的目标注入了丰富的内涵。这一馆馆相联的服务平台统一了深圳全市公共图书馆的条形码、RFID标签,建立起了统一的书目数据库,实现了对馆藏数据、读者数据、流通数据的集中运作、管理和维护,通过门户网站的集群协同,实现了统一导航、统一检索,统一使用。这种借助于信息技术的馆馆相联的服务创新,改变了各个基层图书馆之间缺乏沟通联系的"孤岛"现象,也改变了基层图书馆图书长期得不到补充和更新、缺乏吸引力的现象,并有助于避免文献资源采购重复投入,降低行政成本,提升藏书质量。截至目前,深圳市、区图书馆及其分馆共167家公共图书馆及160台自助图书馆实现了"图书馆之城"统一服务,8 515 187册文献加入统一服务供读者借阅。[①] 无独有偶,2012年4月,南京航空航天大学、南京理工大学、南京农业大学、南京林业大学、南京体育学院等5所高校也成立了"南京城东高校图书馆联合体",实现了资源统一检索和图书通借通还服务,近3 000万册书刊已面向5校师生资源共享,使原本各自独立封闭的知识孤岛实现了互联共享。联合体拥有826万余册中外文纸质书刊,2 100万余册电子书刊,170种专题数据库,体现了文献的丰富性和多样性。[②]

(二)网网相联的图书馆

20世纪末,特别是进入21世纪以来,图书馆纸质资源的增长已逐渐趋缓,与数字资源相比其所占的比例正在呈下降的趋势,未来图书馆数字资源将日益成为主要的知识资源载体,以数字资源为基础的虚拟图书馆已逐渐从专家的预

---

① 易运文.深圳:327家图书馆一证通行[N].光明日报,2012-04-24(07).
② 郑晋鸣.南京城东五高校建图书馆联合体[N].光明日报,2012-04-24(07).

测发展成为更多的现实、从局部的现象发展成为整体的图书馆服务与管理的主要表现形态。网络信息的流动则以更快速、更便捷、更直接、更实惠的特点成为广大公众更喜欢和更易接受的咨询方式，并实现365天全年服务的无缝链接和即时响应。21世纪的第一个10年，全球电子书的销量开始逐渐超过纸质图书，这是图书馆数字化发展的重要信息。举世闻名的《大英百科全书》在经历了多少年的辉煌之后，面对数字化、网络化的洪流，其印刷版已黯然退出了历史舞台，让人感到震惊和扼腕。网络数字文献已成为青少年的主要阅读载体，印刷型文献将逐渐淡出，这是一个无法逆转的发展趋势。对于每一个图书馆而言，在数据洪流的冲击之下，只有积极构建起网网相联的图书馆并发挥出图书馆的专业特长，才能够为自己寻找到现在与未来的安身立命之本。

当然，网网相联将遇到结构化数据、半结构化数据和非结构化数据。结构化数据可以在关系数据库中找到，形成图书馆服务的网库相联；半结构化数据包括电子邮件、文字处理文件以及大量发布在网络上的新闻等，以内容为基础，这也是诸多图书馆网站存在的形态和存在的理由；而非结构化数据广泛存在于图书馆行业内外的社交网络、物联网、电子商务之中。伴随着社交网络、移动计算和传感器等新技术不断产生，超过85%的数据属于非结构化数据，这就需要我们以更加优化的方式存储和分析数据，而这也将成为智慧图书馆网网相联的新命题。

随着互联网技术的不断升级和成熟，和网络有关的各类图书馆服务因其泛在、便捷、实惠、个性而日趋成为更多读者的选择。网络经济在未来20年内将成为世界经济增长的源头。同样，作为智慧图书馆主要形式的网络服务也将成为未来图书馆创新发展的引擎；作为建立在网络基础之上、并以现代信息技术为核心的新的图书馆服务形态，网络服务现已逐渐渗透到了图书馆的各项业务之中，在图书馆管理与服务中占的比重越来越大。网络服务对个别读者而言可能是阅读学习或休闲方式的改变，而对图书馆而言则是新的服务增长点。

（三）库库相联的图书馆

在信息无限增长的环境下，图书馆数据库以及在人工智能基础上形成的知识库具有内容取胜之道。但是，如果各图书馆仅是以自身的数据库和知识库为主阵地，必然形成知识的孤岛。因此，在知识互联和跨学科的环境下，只有实现本馆内的库库相联和各图书馆间的库库相联乃至发展到与社会各机构和全球

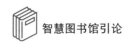

各机构的库库相联,才是实现图书馆智慧发展的重要管理和服务理念。实际上现在很多图书馆已经作了这方面的有益尝试。

库库相联的图书馆在新近的图书馆读者服务中已有所体现。台湾《联合晚报》2012年4月9日发表社论指出,到大学图书馆借书,结果柜台拿出一台iPad给你,里面装满了你要借的书。借书能借到iPad,标示着一个新趋势正在悄悄发生,学生的阅读习惯改变了。如今,网络上有各式各样的文章、信息,只要随手一点就可以读到。这样的图书馆服务正是在库库相联的技术支撑下实现的。

库库相联需要进行多媒体文献的整合联通,即将相关内容和主题的知识通过图书馆员的专业努力使其联为一体,将文字、书本、声音、图像、数据以及各类动态的信息集合起来,做到去粗取精、去伪存真、由此及彼、由表及里、由乱趋序、由杂趋专、由隐趋显、由广趋约、由孤趋联,使读者在碎片化的信息海洋中获得某一主题的整合性和一体化信息服务,这将提升图书馆服务的品质和地位。

库库相联应当适应图书馆更加个性化服务的发展趋势。如今,我们正处在从"个人计算机"向"个人计算"的过渡时期。个人计算千差万别,需要运用云计算和云服务进行统筹管理,通过更加自然的人机交互为"我的图书馆"进行度身定制式的服务。

库库相联需要对大数据的技术发展趋势有所把握。大数据目前尚没有统一的定义,通常被认为是一种数据量很大、数据形式多样化的非结构化数据。大数据具有以下诸多特点:一是具有多信息源并发形成大量的异构数据的特点,在编码方式、数据格式、应用特征等多个方面存在差异性;二是通过各种设备产生的海量数据,其数据规模极为庞大;三是涉及感知、传输、决策、控制开放式循环的大数据,对数据实时处理有着极高的要求,如仅通过传统数据库查询方式获取的当前信息很可能已经没有价值;四是在特定时空中的数据持续到达;五是大数据需要有新的方法来满足异构数据统一接入和实时数据处理的需求。可以预见,在未来的几年内,将会涌现大量能够处理大型非结构化数据的工具和平台。①大数据为图书馆数据库的重组再造以及相应的数据应用和读者咨询提出了新的挑战和新的发展机遇,是图书馆库库相联的重点。对

---

① 刘禹.大数据有大智慧[N].光明日报,2012-04-17(12).

图书馆服务发展中的海量数据进行系统升级，加强学科信息的关联性和数据质量，通过海量数据的收集、处理，从中获得知识和洞见并提升能力，从数据挖掘中提升图书馆服务的品质，这都将为图书馆迎来一个充满智慧的数据管理、数据服务和数据创新的时代。库库相联需要做到"腾云驾物"，即让云计算承担起对大型数据中心、跨数据中心硬件资源及软件数据的统筹调度和集群服务，这种管理服务的枢纽作用如同水、电等公共服务一样，库库相联，随需取用，从而构建起智慧图书馆管理服务的神经系统。

（四）人物相联的图书馆

在智慧图书馆中，既要做到物物相联，也要做到人物相联，即将图书馆员和读者与图书馆的各类设施联系起来。从多年前的法国国家图书馆读者座位预订系统，到中国上海图书馆讲座中心通过移动通信实现讲座会场座位的提前预订、厦门大学图书馆的自动选座系统服务，无不体现出智慧图书馆的人物相联的全面互联互通的服务管理品质。有了数字化、网络化和智能化的基础建设，图书馆如同一台便捷式电脑随时可以打开使用，在读者方便的任何时间可以进行读者与知识、信息的对话。目前，尽管物理空间的图书馆依然会对读者产生着公共空间的魅力和吸引力，但智慧图书馆给读者带来时间上的更多自由与选择，终将使原本以图书馆开放时间为逻辑点的服务模式发生变革，让读者感到图书馆随时的存在和即时的利用。

至2011年底，中国的微博用户已超过3.3亿，每天产生约1.5亿条微博客（不包括港澳台地区数据）。[①]互联网的崛起和微博的流行，进一步拉近了图书馆与广大读者之间的距离，使图书馆与读者间的信息桥梁变得异乎寻常的通畅并形成了互动的形态。在传统的以图书馆为核心主导的文化管理中，读者服务的信息传播特点是单向的，图书馆如同一台中央计算机，处于信息传播的金字塔顶端。在智慧图书馆的发展阶段，由于移动互联网的产生和发展，信息创建、处理、传输和搜索变得十分便捷，信息制造与发布的主体已不仅仅局限于图书馆员，广大读者也加入了信息数据创造者行列，信息正在以令人震撼和超乎想象的速度扩散着，各个图书馆与无数读者间的信息流动变得更近、更快，更直接。在原本图书馆发布信息的基础上，给广大读者带来众多有价值的

---

① 张意轩.每天1.5亿条微博，有影响力，更要有担当[N].人民日报（海外版），2012-04-14（05）.

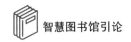

信息，通过读者移动网络预约、微博感言、读者网络满意度调查、网上知识竞赛、网上知识导航等方式，使图书馆员与读者、图书馆员与图书馆员、读者与读者有了更多机会互相联接并接触到比以前更多的信息，图书馆的门槛降低了，任何读者都有机会在图书馆管理和服务中发挥直接和间接的作用。图书馆微博技术的发展，在呼唤图书馆信息应公开透明的同时更要创新管理，即通过健全内部监管制度，规范信息制作、发布和传播流程，将微博纳入健康发展的轨道。

二、融合共享的图书馆

融合共享是智慧图书馆通过智能技术实现的服务理念。适度而有节制的融合共享将为图书馆事业的发展注入新的活力并提供一个新的服务起点。

（一）三网融合的图书馆

电信网、广播电视网、互联网在向宽带通信网、数字电视网、下一代互联网演进过程中，正形成技术、内容和服务的融合。①1994年由日本Denso-Wave公司发明的QR（Quick Response）技术使手机使用者能够在摄入有关图像后立即通过互联网连接到产品网页。这种技术为读者服务带来许多方便，如图书馆的总分馆分布图牌上增加QR码，读者在用手机阅读解码后就可及时获得各分馆的开放时间和地点的有关信息。②2012年4月28日，2012亚太新媒体高峰论坛在济南举行，此次论坛以"融媒体、新技术、新资本、微世界"为主题，体现出以前瞻的视角聚焦新媒体融合的现实与未来。2012中国互联网大会于2012年9月11日至14日在北京国际会议中心举行，此次大会的主题是"开放·诚信·融合——迎接移动互联新时代"。由以上信息充分说明"融合"正成为当代信息技术发展的一个最重要的趋势。

2008年，清华大学图书馆获得国家教育部人文社会科学研究规划基金项目——"基于无线广域网的移动数字图书馆实现和服务机制的若干关键问题"的支持，至2009年4月，清华大学图书馆手机注册用户已达1.9万人次，流通

---

① 上海社会科学院信息研究所.智慧城市辞典［M］.上海：上海辞书出版社，2011：158.
② 钟建国.QR码［N］.参考消息，2012-4-11（12）.

通知等各类信息推送累计发送短信19.433 2万条,充分显示出移动互联网在图书馆服务增长方面的巨大空间。①

在融合共享的趋势背景下,上海图书馆进行了三网融合的最新实践。自2010年9月上海图书馆推出Android手机客户端第一版、同年12月15日推出iPhone手机客户端第一版以来,手机客户端的发展十分迅速。读者只要在自己的手机或iPhone上安装Android系统,即可在上海图书馆官方网站,下载相关的客户端软件,实现如下移动服务功能:书目检索、读者服务、微博分享、上图信息、你问我答、分馆导航、图书借阅等7大功能。通过手机拍摄书籍的条形码,或者手工输入查询条件,读者就能立刻知道这本书在上海图书馆是否可以借到,并可以看到其他读者对于这本书的读后感。此外,读者还可以通过手机上网,使全市260多家总分馆的馆藏书籍尽在掌握之中。目前,上海图书馆的手机图书馆能检索全市200多万种、近1 600万册馆藏文献资料。上海图书馆还与豆瓣网合作,使读者更好地了解对新出版书籍的评论。对于平时繁忙且无暇光顾图书馆的读者来说,通过手机图书馆查看已借图书信息,并办理续借已非难事。尽管目前这一体现智慧图书馆的创新服务在实际操作尚面临最后一公里的难题,如物流成本、馆藏保护、城市中各级图书馆人力资源配置和管理能力不均衡等因素带来的压力,但我们相信在不久的将来这最后的一公里难题终会解决。当然,阅读电子书必须解决版权问题,需要加强图书馆与网络及内容提供商的合作。②

图书馆的三网融合也遇到出版界的挑战。以国内为例,继上海张江、重庆北部新区之后,我国第三个批准成立的国家级数字出版基地——杭州国家数字出版产业基地已初具规模。数字出版的主要特征之一就是传播渠道网络化。中国移动手机阅读基地、中国电信天翼阅读平台和华数数字电视三大数字内容投送平台已形成了三网融合的发展格局,目前,三大数字内容投送平台入库图书逾50万册,日访问量近千万人次,2011年年产值近30亿元。杭州国家数字出版产业基地正是以横跨手机、互联网和电视网络传播渠道形成了其特色。③面

---

① 侯丽.未来的大学图书馆是啥样?——"数字出版与图书馆发展学术研究会"侧记[N].中国文化报,2010-08-23.
② 方翔.手机变身"借阅证"上海图书馆让好书"触"手可及[EB/OL].(2012-04-12)[2012-04-12].http://sh.eastday.com/m/20120412/u1a6481692.html.
③ 叶辉.杭州数字出版发展势头强劲[N].人民日报,2012-04-24(07).

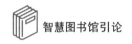

对如此挑战，图书馆在自主版权电子资源的基础上，应当借助出版界等行业的力量来拓展数字服务的内容，从而为图书馆的三网融合注入新的活力。

(二)跨界融合的图书馆

跨界融合是智慧图书馆集群协同的重要特点。在信息技术的支持下，跨界融合正成为全球图书馆事业发展的一个特点。

跨界融合已经并将继续体现在图书馆阅读和文献提供等各项业务之中。以阅读为例，2012年4月19日，中国移动手机阅读高峰论坛暨"悦读中国"大型移动互联网读书活动在北京举行，旨在开启全新的"开放、连通、互动"的手机阅读模式，这一模式汇聚了作者的创造力，出版界的策划力，互联网的传播力，体现出跨界融合共同推动公益性全民阅读的特征。这种跨界融合具有很强的影响力，将实现参与互动分享用户可达5 000万、覆盖影响2亿用户。[①]而这种借助信息技术的跨界推广阅读活动近年来在图书馆界已不是个例。以图书交换为例，在2012年"4·23世界读书日"到来之际，首都图书馆联盟各成员机构推出了"北京换书大集"，该活动举办目的就是要让广大读者手中的书"走"起来，而一些文化名人也持签名图书参与交换，同时，还有多家出版社提供了新书参与交换，国家图书馆甚至还提供了近年的文津图书奖获奖图书参加交换。这是在馆馆相联的智慧图书馆发展中为图书馆、读者、出版社和文化名人带来的文化新气象。[②]以文献提供为例，2012年6月21日，索尼PSP召开网络研讨会。英国国家图书馆在会上欲推出跨国界文献传递服务项目，该项目由出版社和图书馆联合举办，旨在提供教育方面的文献服务。此举不仅体现了出版社和图书馆在合作领域又向前迈出了一大步，而且更有利于教育和科研人员以更低的成本获取需要的学术类文章。早在2012年1月，国际非商业性文件服务就开始试行此项目，英国国家图书馆、出版社和授权的非营利图书馆共同签署了三方协议。这一跨界的通力合作使广大图书馆得以获取非商业研究或个人学习的期刊文献，可以使全球范围内的读者以远低于市场价的费用快速获取所需要的文献资料。

---

① 严建荣.移动互联网读书活动启动[N].人民日报(海外版)，2012-04-20(04).
② 王大庆.首都图书馆联盟主办"换书大集"[N].光明日报，2012-04-07(01).

（三）新旧融合的图书馆

当复合型图书馆这一概念被提出的时候，人们已在思考如何在保存传统图书馆的基础上进行创新发展，复合型图书馆的最显著的特点就是数字资源和印刷型资源的复合共存。任何事物的发展都有历史的逻辑，新旧融合就是当今图书馆的发展哲学。据我国第九次全国国民阅读调查结果公布的数据显示，在18至70周岁国民中，有11.8%的数字阅读接触者在读完电子书后还曾购买过该书的纸质版，仍有75.3%更倾向于拿一本纸质图书阅读，说明了纸质读物与数字读物在一定程度上的相融性与互补性。[1]

上海图书馆馆长吴建中在2010年中国图书馆学会长春年会的报告会上讲到上海图书馆数字资源建设的发展计划：原来2006—2010年期间确定的目标是达到资源总量的30%，而至2010年仅达到17%左右，但吴先生认为这个比例可能是比较适合的，因为达到30%的目标是很容易的，但是，目标的达成还取决于图书馆相应的适应能力，包括读者的适应能力。这里实际上也寓含了图书馆在相当一段时间内需要有新旧融合的理念。

在国内近数十年来的城市图书馆发展初始阶段，图书馆的建筑一味"求高求大"，当人们经历了初始的发展之后回首反思时，会感到这样的发展略显幼稚。科学化的发展思路是把读者的活动半径尽量缩小，并通过公共图书馆与城市花园、绿地、步行道等将城市公共空间组合，将城市回归到自然状态。在空间均等化公共图书馆中，可以将传统与时尚相融合，将印刷文献与多媒体文献相融合，将人际与人机相融合。

近数十年的信息技术可谓是层出不穷，有人比喻图书馆的新技术如同走马灯似的，而面对这样的技术环境图书馆应如何应对，是喜新厌旧，还是新旧融合，这既是发展上的智慧，也是管理上的智慧。建设智慧图书馆同样需要有智慧的应对。一方面，图书馆需要以不息为体，以日新为要；另一方面，图书馆也应考虑管理服务的成本与技术更新的风险。因此，新旧融合不失为一种适当的应对策略。图书馆可以用博大的胸怀迎接各类技术的挑战，并以美美与共的文化理念来包容各类新形态和创新技术的出现。

---

[1] 张贺.第九次全国国民阅读调查结果公布［N］.人民日报，2012-04-20（12）.

（四）多样融合的图书馆

如果说当代世界经济和政治呈现多样化的话，那么当代图书馆也应当是多样融合的图书馆。在图书馆中，可以有多样的阅读方式：书本阅读、电子阅读、网络阅读、真人阅读、互动阅读、艺术阅读……可以有多样的文化空间：阅读空间、研究空间、多媒体视听空间、艺术修养空间（音乐戏剧欣赏）、休闲交际空间、娱乐空间、网络空间、社交新媒体空间……

有学者认为，未来的图书馆是"可塑型图书馆"。"硅谷的空想家凯文·凯利希望废除所有的书籍以及作家和出版商的知识产权。他将未来的书籍称为'可塑型图书'，在'可塑型图书馆'里，'每一本书都有电子摘要、脚注、索引，都经过分析、加工、分类、汇总、编码和链接'。……经过数字化的图书，既可以按页拆分，也可以摘录成一页，这些摘录经过再加工可以变成新的图书。'"① 这种可塑型图书馆遭到了批评，因为这种"可塑型图书馆最终将沦为大众的垃圾站。"但这里也透露出未来图书馆多样性的有关信息。

在书书相联、书人相联、人人相联以及馆馆相联、网网相联、库库相联的前提下，图书馆将呈现丰富多样的新形态。传统的印刷型与新型的数字型、前一代的数字阅读与新一代的移动推送、互动型的文字与多媒体的呈现、索引文摘与深度挖掘、网上直播与事后点播，智慧图书馆的载体给馆员和读者带来无穷尽的、互通联动的新途径与新方法，从而也构成了多样融合的图书馆。

信息技术成为当代图书馆发展的引擎，这已是不争的事实。但是我们的图书馆事业如果仅仅停留在"数字网络技能"和"娱乐互动享受"中打转转，而不对于"图书馆未来生存智慧"投以更多的注意力，那么人无远虑，必有近忧，图书馆的未来之路会越走越窄。智慧图书馆的发展为社会与公众带来了绿色的文化消费，带来了低碳节约、便捷实惠的服务、带来了高效安全、集群协同的管理，带来了科学包容、可持续的创新发展理念与实践。智慧图书馆为图书馆的创新发展既带来了挑战，也带来了新的发展契机，这对艾尔弗莱特大学培训指导馆员 Brian T.Sullivan 所发表的名为《2050年学术图书馆遗体解剖》专题报告中提出的"学术图书馆将会死亡"这一命题是一个很好的回答和应对。

---

① （美）安德鲁·基恩.网民的狂欢：关于互联网弊端的反思［M］.丁德良，译.海口：南海出版公司，2010：53-54.

图书馆的未来发展进程是一个跨学科研究的重要问题，智慧图书馆未来发展的定位以及所带来的诸多需要破解的难题需要由图书馆学家、信息技术专家、信息传播学家、社会学家、管理学家、教育学家、建筑学家们共同合作、共同谋划。

（完成于2012年9月25日）

智慧图书馆的五大关系

智慧图书馆的新理念与新实践率先出现于21世纪初欧美的一些大学图书馆和博物馆。2010年以来，随着新一代信息技术的发展和影响，中国图书馆界在实践的基础上也开始从智能图书馆转向智慧图书馆的研究，智慧图书馆持续成为图书馆业界关注和研究的热点之一。这里仅举数例：2012年7月，上海图书馆举办以"智慧城市与图书馆服务"为主题的第六届上海国际图书馆论坛，来自英国阿伯丁罗伯特-戈登大学的伊恩姆·约翰逊（Ian M.Johnson）在论坛上作了题为《智慧城市、智慧图书馆、智慧图书馆员》的主旨报告。[①]2015年4月，文化部文化科技司在深圳主持召开"图书馆智慧平台的研究与示范"科技项目专家验收会，该项目在智慧图书馆的理念指导下对图书馆通体转型升级进行了积极的试验探索。[②]2016年7月，上海图书馆举办第八届上海国际图书馆论坛，以"图书馆：社会发展的助推器"为主题，其中专门设有"智慧型图书馆建设"的分主题。[③]2017年8月，国家自然科学基金委员会批准2017年度国家自然科学基金项目——《云环境下智慧图书馆移动视觉搜索模型与实现研究》（项目批准号71673203，申请代码G031401）的研究课题。在智慧图书馆的理论研究和实践探索中，尚有一些与智慧图书馆关系紧密且需要辨析的相关概念，需要我们加以分析研究，并搞清楚其中的相互联系与

---

① 上海图书馆.智慧城市与图书馆服务——第六届上海国际图书馆论坛论文集［M］.上海：上海科学技术文献出版社，2012：30-34.
② 盐田区《图书馆智慧平台的研究与示范》项目通过验收［EB/OL］.（2015-04-20）［2017-02-18］. http://www.sznews.com/news/content/2015-04/20/content-11483634-2.htm2016.
③ 上海图书馆.社会发展的助推器——第八届上海图书馆论坛论文集［M］.上海：上海科学技术文献出版社，2016：3-50.

区别。笔者将这些相关概念归纳为五大关系,即智慧图书馆与新一轮科技革命、智慧图书馆与智能图书馆、智慧图书馆与数字图书馆(复合图书馆)、智慧图书馆与融合图书馆、智慧图书馆与中国特色公共图书馆服务体系等。厘清以上这些关系,将使智慧图书馆的新理念研究和新实践的探索能够得到更健康、更科学和更理性的发展。

一、智慧图书馆与新一轮科技革命

科技革命是科学革命与技术革命的合称,其表现为新的科学理论体系的诞生和引发人类生产和生活方式深刻变化的技术变革。从16世纪17世纪的哥白尼、伽利略、牛顿等人的以天文学和物理学为主体的近代科学的诞生,到20世纪中后期至今的信息技术与网络化的新一轮科技革命,人类社会的经济、政治、社会、文化与生态伴随着科技革命的发展而不断发生着模式和形态的演进。追溯智慧图书馆的起源,我们可以发现,其萌芽伊始正是伴随着新一轮科技革命的产生而出现并逐步发展的。如2003年,芬兰奥卢大学图书馆的学者发表了题为《智慧图书馆:基于位置感知的移动图书馆服务》的论文,其中讨论的智慧图书馆正是建立在新一代科技革命中具有代表性的新一代信息技术,如物联网和移动互联网技术的发展基础之上的。[①]如果进一步深入分析,人们可以发现,在新一轮科技革命中,2007—2008年提出的智慧地球和智慧城市与智慧图书馆的理论与实践的关系十分密切。自2007年4月开始,来自维也纳理工大学、斯洛文尼亚卢布尔雅那大学、荷兰代夫特理工大学的学者专家合作开展了欧洲智慧城市建设项目,并于2007年10月发布了《智慧城市——欧洲中等城市排名》的研究成果,该成果从智慧经济、智慧迁徙、智慧环境、智慧公民、智慧生活和智慧治理等6个特征变量对70个城市的样本进行了排名,被称为"维也纳指数"。[②]2008年11月,在纽约召开的美国权威智库外交关系理事会会议上,国际商用机器公司(IBM)总裁彭明盛(Samuel Palmisano)在题为"智慧地球:下一代领导人议程"的演讲中,正式提出"智慧地球"概

[①] Aittola M, Ryhanen T, Ojala T. Smart Library: Location-Aware Mobile Library Service [J]. International Symposium on Human Computer Interaction with Mobile Devices and Services, 2003(5): 411–415.

[②] 中国信息通信研究院,中国欧盟政策对话支持项目.中欧智慧城市比较研究报告(2014年)[M]. 北京:商务印书馆,2015:3-5.

念。2009年1月，彭明盛在美国工商领袖圆桌会议上向新任美国总统奥巴马提出智慧地球的构想，并进而提出以互联网为技术引擎的智慧城市发展战略，对全球智慧城市的发展起到了极大的推动作用。[①]2009年11月，IBM商业价值研究院撰写出版了《智慧地球》一书，指出智慧地球的核心是一种更智慧的方法，通过利用新一代信息技术来改变政府、企业和人们交互的方式，以提高交互的明确性、效率、灵活性和响应速度。作者认为，智慧方法具有3方面的特征，即更透彻的感知、更全面的互联互通、更深入的智能化，并提示了智慧城市灵活、便捷、安全、更有吸引力、广泛参与与合作、生活质量更高等6大特点。[②]无论是维也纳指数中智慧城市的6大特征，还是IBM所提出的智慧地球所展示的智慧方法的3大特征和智慧城市的6大特点，对于智慧图书馆而言，都有重要的启示。当图书馆界在研究智慧图书馆新模式的重要意义的时候，正是智慧地球和智慧城市的新理念给予了图书馆界创新的重要启示。如果说智慧城市"可以带来更高的生活质量、更具竞争力的商务环境和更大的投资吸引力"，那么智慧图书馆则可以带来更高的服务管理质量、更具魅力的公共文化环境和更大的信息共享空间。[③]

智慧图书馆的产生与发展是基于新一轮科技革命的影响和驱动，在相当程度上反映出图书馆所处的重要转型期和深刻变革期，而未来智慧图书馆的发展也将在多点突破、交叉汇聚的新一轮科技革命中不断创新和升级。智慧图书馆的建设并不是静止的，而是动态的。以互联网为核心的新一代科技革命的新技术层出不穷，日新月异，其中的物联网、大数据、云计算、移动互联网、智慧城市、人工智能、虚拟现实等新技术已经并将继续对智慧图书馆的创新发展不断注入新的引擎和活力，智慧图书馆的创新发展将始终在路上。

二、智慧图书馆与智能图书馆

在中国图书馆学界，讨论智慧图书馆首先是从智能图书馆发端的。从2000年开始，就有学者开始发表以"智能图书馆"为主题词和研究内容的论

[①] 本书编写组.上海公务员智慧城市读本[M].上海：上海社会科学院出版社，2014：5.
[②] IBM商业价值研究院.智慧地球[M].北京：东方出版社，2009：10-29.
[③] 王世伟.未来图书馆的新模式——智慧图书馆[J].图书馆建设，2011（12）：5.

文,如《智能图书馆》《智能图书馆设计思想及结构初探》。①虽然这些关于智能图书馆的初期研究成果体现了我国图书馆学界对信息技术的敏感性和前瞻性,但尚局限在建筑和技术领域,还缺乏对于智慧图书馆的灵魂与精髓层面的深入研究和阐释。

智慧图书馆的对应英文是Smart Library,而智能图书馆的对应英文是Intelligent Library,两者既有联系又有区别。智能图书馆更多地停留在技术层面,与数字图书馆较为接近。而智慧图书馆从其产生与发展的短暂历史分析,这一图书馆的创新理念与实践,已经远远超越了技术的层面,其触角已经延伸至图书馆管理与服务的方方面面,已经对图书馆建筑物理空间、网络服务空间、社会协同空间实施了全覆盖;智慧图书馆在新一代信息技术的基础上,更加着力于服务管理、智慧工匠、智能惠民、环境友好。在智慧图书馆的发展中,应克服在布局智慧图书馆创新战略和路线图时,仅仅局限于把注意力放在一些服务平台和业务流程的智能化上,只是从技术层面理解智慧图书馆的创新发展,尽管技术层面的问题是智慧图书馆发展的重要基础。笔者认为,"智慧图书馆是以数字化、网络化、智能化的信息技术为技术,以互联、高效、便利为主要特征,以绿色发展和数字惠民为本质追求,是现代图书馆科学发展的理念与实践。有人将数字化、网络化、智能化作为智慧城市的主要特征,这只是揭示了智慧城市的外在特征;同样,智慧图书馆所依据的数字化、网络化和智能化的信息技术也仅仅是其外在的表象特征,互联、高效和便利才是其真正的内在特点。"②因此,智慧图书馆对于图书馆的创新转型而言是全局性的,具有宏观、全面、通体的特点,渗透到了图书馆的全管理链、全业务链、全资源链、全时空链。诚如智慧城市在欧洲发端时曾从智慧经济、智慧迁徙、智慧环境、智慧公民、智慧生活和智慧治理等6个特征变量来观察一样,智慧图书馆也需要从智慧建筑、智慧家具、智慧文献、智慧网络、智慧服务、智慧治理、智慧馆员、智慧读者等诸多维度进行全方位的考量。这样的智慧图书馆是"智能图书馆"这一概念所不能涵盖的。需要说明的是,智能技术发展日新月异,随着2016年智能时代的开启,智能革命已经并将继续成为21世纪前数十年的

---

① 张洁,李瑾.智能图书馆[J].图书馆理论与实践,2000(6):2-3,31;陈鸿鹄.智能图书馆设计思想及结构初探[J].现代情报,2006(1):116-118.
② 王世伟.论智慧图书馆的三大特点[J].中国图书馆学报,2012(6):22.

最重要的发展引擎,[1]而智能图书馆也将成为智慧图书馆最具震撼力、影响力和发展力的核心要素,对于这一点我们要有足够的认知。

三、智慧图书馆与数字图书馆(复合图书馆)

数字图书馆概念的萌芽可以追溯到20世纪中期电子计算机的出现,而最早进行数字图书馆(Digital Library)探讨的文献始见于1992年。[2]与传统图书馆相比较,数字图书馆具有信息资源数字化、信息传递网络化、信息利用共享化、信息提供知识化、信息实体复合化等特点。[3]复合型图书馆是20世纪末世界图书馆界出现的新型图书馆发展模式。1996年,英国图书馆专家苏顿(S. Sutton)在所撰《未来的服务模式与功能的融合:作为技术人员、著作者和咨询员的参考馆员》一文中,较早使用了"复合图书馆"一词。作者将图书馆分成历史发展逻辑的4种形态,包括传统图书馆、自动化图书馆、复合图书馆和数字图书馆,并认为印刷型与数字化信息之间的平衡越来越倚重数字型,而复合图书馆可以实现传统馆藏与数字馆藏并存,用户可不受时空限制地自由访问跨地域的分布式数字化资源。[4]之后,在英国的电子图书馆计划和英国联合信息系统委员会的机构通报中,也开始正式使用"复合图书馆"这一概念。复合图书馆的最显著特点就是数字资源和印刷型资源复合共存与集成访问利用。有学者指出,复合图书馆旨在将各种各样的技术引入图书馆,并探索在电子和印刷的双重环境下将系统和服务有机地结合起来。复合图书馆是传统图书馆与数字图书馆之间的连续体,在这个连续体中,既提供对电子资源的利用,也提供对印刷型信息资源的利用。[5]可见,无论是数字图书馆还是复合图书馆,其重点核心就是文献资源的数字化与集成服务。

智慧图书馆与数字图书馆、复合图书馆既有联系又有其新的特点,前者与后者都具有数字化和网络化的形态特征,但两者又有区别。从性质而言,智慧

---

[1] 吴军.智能时代——大数据与智能革命重新定义未来[M].北京:中信出版社,2016:前言.
[2] Garrett, John R. and Alen, Joseph S, Toward a Copyright Clearance Center, Inc. March 1992.
[3] 刘炜,等.数字图书馆引论[M].上海:上海科学技术文献出版社,2001:3-8.
[4] Sutton S A. Future service models and the Convergence of Fuctions: the rderence librarian as technician, Author and Consultant[J]. The Roles of Reference Librarian, 1996, (25): 125-143.
[5] 初景利.复合图书馆的概念及其发展构想[J].中国图书馆学报,2001(3):3-6.

图书馆是图书馆在新一代信息技术环境下的通体转型升级，涉及图书馆管理、服务、资源的所有方面，是图书馆创新发展的全局性的解决方案；而数字图书馆和复合图书馆侧重于图书馆文献储存与服务的发展变化，是图书馆创新发展中的局部性解决方案。从形态而言，智慧图书馆是水乳交融式的发展，智慧图书馆把图书馆过去、现在、未来的发展脉络，人员、技术、文献的服务资源，馆员、读者、志愿者的服务主体与客体，物理、网络、社会的全域发展空间，绿色、惠民、协同的发展理念，有机地联系并融合起来，已经和将要形成书书感知、人人互联、人机智能的新形态；而数字图书馆和复合图书馆更多的是物理性的叠加复合，区隔性和主题性的集成，单次、单向、单维的访问存取，信息孤岛和数字烟囱尚普遍存在。智慧图书馆是更聪明的图书馆，将克服数字图书馆与复合图书馆尚存在的一些短板，成为数字图书馆和复合图书馆发展理念与实践的延续、整合与升华，将推动传统图书馆从数字图书馆和复合图书馆的相"加"阶段迈向智慧图书馆的相"融"阶段，实现图书馆在新一轮科技革命环境下的创新转型。

四、智慧图书馆与融合图书馆

融合图书馆的研究起始于新一代信息技术发展背景下的图书馆空间、服务和人员的重塑。2004年至2014年间，欧美的一些大学图书馆对融合图书馆这一新理念与新实践进行了理论研究与实践探索，向人们展示了未来万物互联时代高度智能化通体转型的图书馆服务的新模式和新形态。融合互动是融合图书馆的灵魂，笔者将融合图书馆的性质分析归纳为五大特点，即融合化、互动化、可视化、泛在化、智能化。[①]

融合图书馆的创新理念与实践与智慧图书馆是一脉相承并相通相合的，两者都秉承融合共享的理念，践行立体互动的服务。笔者曾在2011年撰写的《未来图书馆的新模式——智慧图书馆》一文中，指出当时全球的智慧图书馆尚处于起步阶段，无论是理论研究还是实践探索都有待深化。2016年，笔者又撰写了《融合图书馆初探》，指出如果说当时我国诸多图书馆正在进行的数字图书馆建设以及手机图书馆与社交媒体的应用实践是智慧图书馆初始阶段的

---

① 王世伟.融合图书馆初探[J].图书与情报，2016（1）：54-61.

话，那么德国康斯坦丁大学的融合图书馆就向人们展示了未来智慧图书馆的高级阶段。笔者现在仍然坚持以上的观点。我们现在正处于从智慧图书馆的初始阶段迈向智慧图书馆的高级阶段的发展期和机遇期，需要图书馆界在数字图书馆建设的基础上，继续在数字化、网络化、泛在化方面持续发力，并着力于智能化和可视化不足，并从半智能联网阶段迈向未来的全智能互联阶段，使融合图书馆的各项特点优势得以全面呈现。

需要指出的是，融合图书馆的发展既要实现资源、通道、平台等的显性融合，同时也要实现创新、协调、绿色、开放、共享新发展理念在业界内外形成共识的隐性融合，只有实现以上显性与隐性的双重融合，智慧图书馆才能逐级升华，从而迈向更高阶段的融合图书馆的可持续发展之路。

五、智慧图书馆与公共图书馆文化服务体系

2005年10月，党的十六届五中全会通过的《中共中央关于制定国民经济和社会发展第十一个五年规划的建议》中指出："加大政府对文化事业的投入，逐步形成覆盖全社会的比较完备的公共文化服务体系。"① 这是较早提出"公共文化服务体系"的国家级正式文件。2007年6月，中共中央政治局召开会议，研究加强公共文化服务体系建设，这是中央政治局首次专题研究公共文化服务体系建设问题。会议提出了创新文化服务方式、创新公共文化服务技术、创新公共文化服务运行机制。② 2007年8月，中共中央办公厅和国务院办公厅下发了《关于加强公共文化服务体系建设的若干意见》。③ 2007年10月，党的"十七大"报告中提出了"覆盖全社会的公共文化服务体系基本建成"的新要求。④ "十八大"以来，党中央从统筹推进"五位一体"总体布局、繁荣发展社会主义先进文化的战略高度，确立了构建现代公共文化服务体系在文化建设中的重要地位。党的十八届三中全会把"构建现代公共文化服务体系"作为全

---

① 中共中央关于制定国民经济和社会发展第十一个五年规划的建议［EB/OL］.（2005-10-19）［2017-02-28］.http://www.gov.cn/ztzl/2005-10/19content_79386.htm.
② 中共中央政治局召开会议研究加强公共文化服务体系建设［N］.人民日报，2007-06-17（01）.
③ 中共中央办公厅，国务院办公厅印发《关于加快构建现代公共文化服务体系的意见》［EB/OL］.（2015-01-14）［2017-02-28］.http://news.xinhuanet.com/politics/2015-01/14c1113996899.htm.
④ 王世伟.关于加强图书馆公共文化服务体系结构与布局的若干思考［J］.图书馆，2008（1）：5.

面深化改革的一项重要任务。党的十八届五中全会明确提出,要"完善公共文化服务体系""推动基本公共文化服务标准化、均等化发展""创新公共文化服务方式,保障人民基本文化权益"。"十三五"规划纲要把"构建现代公共文化服务体系"作为全面建成小康社会决胜阶段的一项重要工作。2016年12月25日第十二届全国人大常委会第二十五次会议通过的《中华人民共和国公共文化服务保障法》开宗明义,指出其立法目的之一就是"为了加强公共文化服务体系建设",并对此做出了系统的设计安排。① 公共图书馆文化服务体系是公共文化服务体系中的重要组成部分,而智慧图书馆正是构建具有中国特色的覆盖全社会的公共图书馆文化服务体系的新理念、新思想和新战略。

从新理念看,智慧图书馆体现了图书馆的理念创新、技术创新、服务创新、机制创新,以通体革命展开了公共图书馆文化服务体系创新发展的总布局,以全局性的解决方案明确了公共图书馆服务体系转型升级的目标愿景,以新一代信息技术引领了公共图书馆服务体系重塑发展的大逻辑,勾画了公共图书馆文化服务体系践行落地的路线图,以与时俱进的智慧顺应了数据驱动、移动互联、人工智能、虚拟现实、互联网+的发展趋势,踏准了以互联网为核心的新一代信息技术的发展节拍,为公共图书馆文化服务体系建设带来了勃勃生机和创新动能。

从新思想看,智慧图书馆从战略思维的高度登高望远,寄托了公共图书馆人未来发展的愿景梦想;智慧图书馆从历史发展辩证思维的高度,为图书馆界梳理了从数字图书馆、复合图书馆、智能图书馆到融合图书馆的发展轨迹和发展逻辑,清晰地描绘出公共图书馆文化服务体系过去、现在、未来的发展道路;智慧图书馆从系统思维的高度,将图书馆的文献资源、人力资源、技术资源、社会资源等整合为一个互联互通、开放共享的大系统和大平台,在公共图书馆文化服务体系的建设中顺应了万物感知、万物互联、万物智能的发展新环境;智慧图书馆从开放思维的高度,将图书馆物理空间深度融合于没有边界的网络空间和社会空间,走出了一条公共图书馆文化服务体系全域服务的文化发展新路;智慧图书馆从底线思维的高度,为弥补数字智能鸿沟、落实文化精准扶贫提供了新方案和新路径。以上这些新思想都饱含着创新的基因,体现出变革的特征,折射出重构与重塑的智慧。

从新战略方面来看,2016年以来,国家颁布了《中华人民共和国公共文

---

① 王晨.大力推动公共文化服务保障法的深入宣传和贯彻实施[N].人民日报,2017-02-22(06).

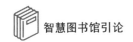

化服务保障法》,并先后印发了《关于推进县级文化馆图书馆总分馆制建设的指导意见》和《关于实施中华优秀传统文化传承发展工程的意见》,这些法律和意见充分体现了国家在构建公共文化服务体系方面的新战略,也对智慧图书馆的创新发展提出了新要求、提供了新机遇。

以《中华人民共和国公共文化服务保障法》(以下简称《保障法》)为例,这是自2017年3月1日起在我国文化领域实施的一部综合性、全局性、基础性的重要法律,被誉为是文化领域一部具有"四梁八柱"性质的重要法律。《保障法》以建成覆盖城乡、便捷高效、保基本、促公平的现代公共文化服务体系为主要目标,而这就需要运用智慧图书馆书书感知、人人互联、人机智能的技术,推动图书馆的机制转换、队伍建设、技术驱动、流程再造,发挥智慧图书馆在推进公共图书馆的城乡互动、提高服务效率和效能中的助推器功能。《保障法》确立了"政府主导、社会力量参与"的公共文化服务格局,而智慧图书馆为营造这样的格局提供了广阔的平台和创新空间,必将引领和推动公共图书馆文化服务体系建设的全面深入开展。

以《关于推进县级文化馆图书馆总分馆制建设的指导意见》(以下简称《意见》)为例,这是针对公共图书馆文化服务体系中县级馆服务能力不强、县域内公共文化资源缺乏整合、城乡公共文化服务发展不均衡等突出问题而于2017年2月提出的国家文化发展新举措。《意见》提出到2020年,全国具备条件的地区因地制宜建立起上下联通、服务优质、有效覆盖的县级文化馆、图书馆总分馆制。①《意见》的落实需要与智慧图书馆建设紧密结合起来,根据《意见》中所提出的创新公共图书馆的服务方式和手段的要求,我们应从以下入手:运用物联网、云计算和智能技术,在总馆和分馆实施"订单"服务方式,实现个性化的供需有效对接和个性化定制服务;通过智慧图书馆互联、高效、便捷、智能的特点,实现国家公共数字文化工程资源与县域公共数字文化服务平台的有效联接与互动;通过融合图书馆的融合化、数字化、网络化、泛在化和可视化技术,广泛开展流动文化服务,扩大公共图书馆文化服务的有效覆盖。针对我国一些农村地区和中西部地区,公共图书馆文化设施还比较落后,公共图书馆对于农村居民、城镇低收入居民、农民工等特殊群体的文化服

---

① 郑海鸥.文化部等五部委联合印发意见推进县级文化和图书馆总分馆制建设[N].人民日报,2017-02-18(04).

务还较为匮乏，实现和保障每一位读者的基本文化权益的任务还十分艰巨的实际情况，我们应通过智慧图书馆的移动互联技术方法和社交新媒体的载体平台，进行跨时空的云服务和离线云阅读，以保障人民群众普惠、便利、公平地享受公共图书馆的文化服务，注重扶助农村地区、革命老区、民族地区、边疆地区、贫困地区以及特殊群体，努力实现公共图书馆资源到村，服务到人，落实精准文化扶贫，通过智慧的县级总分馆制来进一步实现和保障人民群众基本文化权益，使每一位读者共享文化改革发展成果，提高他们在公共图书馆文化服务体系中的获得感和幸福感，实现全面文化小康发展目标。

2017年1月由中共中央办公厅、国务院办公厅印发的《关于实施中华优秀传统文化传承发展工程的意见》（以下简称《工程》）提出，要"加大宣传教育力度。综合运用报纸、书刊、电台、电视台、互联网站等各类载体，融通多媒体资源，统筹宣传、文化、文物等各方力量，创新表达方式，大力彰显中华文化魅力。实施中华文化新媒体传播工程"。《工程》还提出要"探索中华文化国际传播与交流新模式，综合运用大众传播、群体传播、人际传播等方式，构建全方位、多层次、宽领域的中华文化传播格局"。[1]以上所提出的这些新要求，正是智慧图书馆的优势所在，公共图书馆正可以通过智慧图书馆的建设，在传承发展中华优秀传统文化中发挥其网络服务和全媒体传播的独特作用。因此，加快智慧图书馆建设与加强公共图书馆文化服务体系建设两者是紧密联系、互相促进的。通过智慧图书馆建设，可以助力公共图书馆的未来发展，并为加强公共图书馆文化服务体系提供新动能。

2017年世界移动通信大会于2月27日至3月2日在巴塞罗那举行，大会的主题为"下一个元素和事在人为"，[2]具有数字化、网络化、智能化、泛在化、可视化特征的融合图书馆正是图书馆界的下一个元素，而图书馆的未来创新发展需要图书馆业界内外的奋发努力，事在人为！

（完成于2017年3月13日）

---

[1] 中共中央办公厅，国务院办公厅印发《关于实施中华优秀传统文化传承发展工程的意见》[N].人民日报，2017-01-26（06）.
[2] 王迪.2017世界移动通信大会在巴塞罗那举行[N].人民日报，2017-02-28（22）.

融合图书馆的起始发展与性质特点

2015年5月,笔者在参加于瑞士苏黎世举行的国际图联大都市图书馆年中会期间,有机会首次实地体验了"融合图书馆"(Blended Library)。当时会议主办方组织参会代表参观了位于德国南部与瑞士接壤的德国康斯坦丁大学图书馆(Library of the University of Konstanz Germany),给我留下了深刻的印象。该馆的人机互动团队、数据库和信息系统团队共同制作了片长6分钟的"融合图书馆"的项目宣传片,并让参会代表实地体验了相关的服务,令人眼前一亮。这一创新理念和实践探索向人们展示出未来万物互联时代高度智能化通体转型的图书馆服务的新模式和新形态,这对正在创新转型的中国图书馆是一个很好的启示。这里笔者试图对"融合图书馆"这一未来图书馆的新模式和新形态做些介绍和初步的探索,以求教于业界同行。

一、融合图书馆的创新探索

(一)融合图书馆研究的起始与发展

融合图书馆的研究起始于信息技术发展背景下的图书馆空间和服务重塑,多集中于欧美的一些大学图书馆,至今全球图书馆界关于这一主题的研究文献不多,在中国几乎还是空白,而有关融合图书馆研究的早期文献也多注重对融合图书馆员的研究。2004年,美国宾夕法尼亚大学的史提芬·贝尔(Steven Bell)和约翰·夏克(John Shank)就曾探讨了在图书馆空间重塑和创新过程中融合图书馆员的角色使命,[1]成为较早的融合图书馆研究文献。2007年,史

---

[1] Steven J. Bell, John Shank. The blended librarian: a blueprint for redesigning the teaching and learning role of academic librarians [J]. College & research libraries news, 2004, 65(7): 373.

提芬·贝尔和约翰·夏克进一步探索了在学术图书馆中融合图书馆员的技术功能和要求。① 2009年是融合图书馆研究成果较多的一年。这一年，美国乔治亚州立大学的辛克莱·布莱恩（Bryan Sinclair）撰写了《在学习型公共空间中的融合图书馆馆员》一文，参加了有关融合图书馆新模式和新形态中融合图书馆员命题的讨论。辛克莱·布莱恩认为："我们将继续提供安静的学习和思考的图书收藏和空间，但我们有机会去发展社会、文化空间的新类型、新技术聚集的地方。如果图书馆要在校园里保持活力，我们必须重塑我们的空间，作为学习的探索和共享信息的中心，而融合图书馆员是使之成功的关键。"② 同年，德国康斯坦丁大学人机交互组的马蒂亚斯（Mathias Heilig）、米莎（Mischa Demarmels）等集体发表了《搜索、探索和导航设计下一代知识媒体工作台》的论文，探讨了融合图书馆所面临的信息空间的复杂性及引起的相关问题。作者认为融合图书馆正在创新流程，如各种不同活动的多方面的特点、位置和环境，是新环境下寻求信息服务的重要解决方案，其中包括不同的可视化技术、变化的用户界面以及用户体验等。③ 同年4月，在荷兰埃因霍温理工大学召开了人机交互设计的研究会议。④ 2011年，约翰·夏克和史提芬·贝尔再次合作深入探讨了融合图书馆在数字信息时代的教育功能。⑤ 2013年，德国《图书馆服务》第12期上刊载了融合图书馆项目在高校图书馆的研究报告，成为"融合图书馆"研究的重要文献。⑥ 2014年，德国学者进一步研究了改造后的融合图书馆的稳定性问题，认为融合图书馆导致了真正的学习空间的显著升值，为

---

① Steven J. Bell, John Shank. Academic librarianship by design: a blended librarian's guide to the tools and techniques [J]. Chicago: ALA, 2007: 9-10.
② Bryan Sinclair. Blended librarian in the learning commons [J]. College & research libraries news, 2009, 7(9): 504-516.
③ M Heilig, M Demarmels, S Rexhausen, S Huber, O Runge. Search, explore and navigate-designing a next generation knowledge media workbench [EB/OL]. [2016-01-15]. http://xueshu.baidu.com/s?wd=paperuri:(126d99360240f29104363214fb0f315a)&filter=sc_long_sign&sc_ks_para=q%3DSearch%2C+Explore+and+Navigate+%C2%96+Designing+a+Next+Generation+Knowledge+Media+Workbench&tn=SE_baiduxueshu_c1gjeupa&ie=utf-8.
④ First publ. In proceedings of flirting with the future: prototyped visions by the next generation, sIDeR'09, fifth student [C]. Interaction design research conference 15-17 April 2009 Emkhoven univirsity of technology /ed. by Ivo Wouters — Eindhoven:Technische Universiteit, 2009:40-43.
⑤ John D. Shank & Steven Bell. [Re]Envisioning the role of librarian as educator in the digital information age [J]. Reference & user services quarterly, 2011, 2(51): 105-110.
⑥ Alexandru Bogorin, Gabriella Parditka, Peter Rempis. Das projekt blended library an der universitätsbibliothek tübingen-ein statusbericht [J]. Bibliotheksdienst, 2013, 47(12): 964-975.

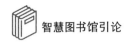

图书馆创造了一种附加价值。①这一年,美国学者也探讨了圣荷西州公共图书馆系统和圣荷西州立大学图书馆10年来的合作与融合问题,这是从另外一个维度来研究融合图书馆的问题。②

"融合图书馆"这一创新的理念和实践究竟有些什么新理念和新服务,康斯坦丁大学哈拉尔德教授(Harald Rieterer)所做的《人机交互,新的信息和通信技术在图书馆领域可能的用途》的演讲以及德国康斯坦丁大学图书馆人机互动团队与数据库和信息系统团队共同制作的"融合图书馆"的试验项目宣传片,为人们提供了这方面的信息。③

(二)融合图书馆的创新理念

融合互动是融合图书馆的灵魂。哈拉尔德在形象生动的简要演讲中,从3个方面向人们展示了融合图书馆的创新理念及其实践应用。

1. 融合互动的理念动因

这是从创新理念的角度对融合图书馆进行的分析介绍。哈拉尔德认为,融合互动将成为图书馆明天的互动范式,在这一范式之中,用户基于桌面的物理和社会的世界变得完全虚拟化了,在工作期间,用户可以无缝切换他们现实世界中的技能和他们的虚拟手段。这其中包括普适计算和基于现实的相互作用。这种基于现实的相互作用在商业应用中已有实例,如苹果平板电脑和苹果手机的相互作用;微软的体感周边系统,如利用诸如外设传感摄像头来追踪用户,使用户能够在空中通过滑动形体来选择程序菜单,系统能检测感知到用户手的滑动和点击动作等。

2. 融合互动的设计领域

这是从技术创新的角度对融合图书馆进行的分析介绍。在融合图书馆的设计领域中,用户个体间会相互作用,不同的用户可以通过智能信息令牌的触摸和移动进行混合交互。通过大家认可的互动共享规约,这种社会的交互与沟通

---

① Oliver Kohl-Frey, Petra Hätscher. Ein realer lernortmitdigitalem mehrwert. Die bibliothek der universität Konstanz nach der sanierung [J]. o-bib: das offene Bibliotheksjournal, 1 (2014), 1(1). 117-123.
② Ann Agee. Ten years later: a joint library evolves [J]. The journal of academic librarianship, 2014(40): 521-528.
③ H Reiterer. Blended library [EB/OL][2016-01-10]. http://www.sbt.ti.ch/doc/forum/Herbstschule-2011/Modul5/10-Blended_Library_Reiterer_Handout.pdf.

可以通过多重触控显示来实现多用户间的信息共享，而智能信息令牌可以为多用户抓取同样的内容。通过融合互动的全新设计，业务流程将重组再造：物理真实的工作流程和计算机支持的工作流程之间发生变化。如可以在桌面上虚拟旅游参观博物馆，可以通过屏幕的显示来创造人机友好的分类的书架搜索。在物理环境下，融合互动的设计使物理世界与虚拟世界形成了融合，可以混合编制各类设备，在图书馆建筑中融入虚拟手段的动力，包括椅子、墙壁、地板、天花板、灯光、音响与多点触控平面、各种形体的显示器、图书馆空间的新设计安排等。

3. 融合互动的视觉协同

这是从视觉协同的角度对融合图书馆进行的分析介绍。在哈拉尔德看来，融合互动的视觉协同是图书馆的未来，即融合物理和数字的图书馆。哈拉尔德向业界提出了以下的问题：我们是否可以找到一个新概念的融合图书馆，这个图书馆是合适的、可用的、一体的，并以用户为本。而视觉协同正是从可视化与互动化相结合的维度对融合图书馆所进行的实践探索。

哈拉尔德以上讲的视觉协同可以有多种形态，如在研讨室中，用户通过电影的放大和缩小、通过访问更多信息，可以探索你需要搜索与研究主题的范围；在搜索媒体库中，通过检索关键词，将相匹配的影视文献拖移至个人控制面板，也可以使用智能搜索令牌的协同方法，通过重量级关键词来获取你所需要的知识信息；通过视觉协同的方法也可以进行用户研究，如选取75个参与者，随机组成25人一组（共3组）进行测试；视觉协同也可以实现同步微机接口，即可自由选择在电脑上或是在多台电脑上工作，通过物理的智能搜索令牌，用以增强可用性和视觉印象。通过融合互动的视觉协同，用户可以获取诸多的电影资料，可以在家中使用不同的可视化多媒体文献，可以通过门户、情节、网格、信息流来过滤标题。融合互动的视觉协同将实现信息流的可视化、散射图的可视化以及基于桌面的可视化等多种形态的可视化。不仅如此，用户可以实现客厅中的电影欣赏，也可以使用注解，在屏幕访问之后利用回车键就可即时观看电影；假如用户在图书馆外的路上，也可以通过手机的移动场景显示来提出借阅某一新的电影版本的服务要求。

哈拉尔德认为，融合图书馆是一个将智慧的真实世界和虚拟的数字世界的融为一体的一个地方，融合图书馆将使图书馆和图书馆所提供的知识学习的质量达到全新的水平。融合图书馆的模拟及数字媒体的体验是一种完全不同的新形式的探索,这一新形式将给图书馆带来共同的连锁或融合。通过桌面和移动装置以及新的互动融合的形式,传统图书馆将脱胎换骨达到新的目标,进入手机图书馆的时代。

(三)融合图书馆的创新实践

德国康斯坦丁大学图书馆制作的"融合图书馆"项目宣传片,生动形象地向人们展示了融合图书馆的各类创新实践。我们可以通过这一宣传片的解读文字来具体深入地了解这一创新实践的丰富内涵。

这个宣传片为人们呈现了多媒体融合型图书馆——未来的图书馆理念。在信息和现代可视化技术的帮助下,多媒体图书馆可以支持传统物理图书馆的检索工作。下面我们以这个宣传片中一个形象的例子来说明多媒体图书馆的运用,例子的背景是4位大学学生艾米莉、莉娜、约翰、塞巴斯蒂安在大学历史课的团队学习过程。

约翰加入了小组讨论,他先把自己的学生卡放置在一个智能互动的桌面上。注册完毕后,他在自己的电脑上访问小组讨论的工作平台,并键入他们的历史作业主题"凯撒大帝"和"卢比孔河流"。随后,4位团队成员在实验室碰面,然后开始他们的合作。因为4个学生对凯撒大帝知之甚少,仅仅知道卢比孔是一条河流,不知道凯撒大帝在跨越卢比孔河流时到底发生了什么。所以他们先开始在互动桌面上进行快速文献搜索。

与传统台式电脑的检索不同的是,融合图书馆提出了可视化的智能"信息令牌"概念,智能"信息令牌"间的虚拟管道负责数据的传递,它将原始数据传递给第一个智能"信息令牌",把一个智能"信息令牌"的输出传递给下一个智能"信息令牌"并作为下一个智能"信息令牌"的输入,大大加速了检索速度,同时帮助他们清楚知道检索的历史记录。互动桌面很好地帮助了小组成员的讨论,大家既可以围绕着搜索关键词展开团队学习,又可以随时单独检索,之后再将各自检索结果整合集中在一起。

文献搜索的结果以大屏幕的形式呈现在互动墙面上。塞巴斯蒂安和莉娜走向互动墙进行高级筛选以了解更多详情。一开始结果会呈现给他们一个列表。塞巴斯蒂安触摸了列表上的一本书,他得到了更多有关书籍借阅状态的信息。而莉娜从她的电脑上也得到了同样的信息,她离开实验室去找有关凯撒大帝的传记图书。

与此同时，塞巴斯蒂安在多媒体书架上浏览书籍。3D视觉效果和真实信息界面使得他能很好地浏览在线书库中的书籍。他在数字空间中所获得的信息，和他的同伴在实体空间的图书馆书架上获得的信息是实时平行互动的。当莉娜按互动墙面的显示在实体书架上找到有关凯撒大帝的传记图书时，在实验室中的塞巴斯蒂安此时则发现了一本之前在搜索中没发现的有关卢比孔河的图书，他立刻把书籍信息发给了在实体书架旁的莉娜，莉娜利用她平板电脑里收到的传送过来的信息，在书架上找到并取下了有关卢比孔河的图书。

莉娜带着找到的书籍回到实验室，坐在电子互动桌前开始阅读。她希望能找到对他们小组作业有用的信息，并着手开始创造一张知识导图。当她寻找到一些信息，她就把信息放在电子桌面上，电子桌面会自动在工作平台上开始集合信息。她在阅读的过程中，只要在书中选中她感兴趣的图像和文字部分，然后使用拖移功能，便可将内容截取到知识导图中。电子桌面会立刻对截取内容给予反馈——书上会有颜色自动标识出她选中的内容。如果没有电子互动桌面，莉娜只能手动摘录下这些章节。她重复以上动作，每次都能体验截取有用信息的乐趣。

当莉娜正在创造知识导图时，小组的其他成员则在互联网搜索"凯撒大帝"和"卢比孔河流"。在各自单独搜索之前，他们已经收集了一些检索的关键词，这些关键词出现在互动桌面上。他们将有关联性的关键词组合在一起，成为一个搜索群组，每一个搜索群组会确定一个搜索主题。他们的电脑会通过电子身份识别将这些搜索组群分送给小组成员，然后他们便可通过各自的电脑进行搜索。只要他们发现了可用的信息，就可将信息通过桌面与他人分享，从而形成了分布式组群搜索。艾米莉、莉娜、约翰、塞巴斯蒂安不仅能将不同的搜索组群加上实体的识别代码，他们还会根据需要创造新的组群。

当团队学习检索告一段落，小组成员一起来到演讲室，将文献搜索结果和之前的知识导图的信息汇总，形成团队学习的最终报告，并在历史课上进行关于凯撒大帝和卢比孔河流的报告展示。

以上仅仅是许许多多例子中的一个。这个例子向我们很好展示了电子应用是如何帮助我们实现多媒体图书馆管理的，以及这些应用是如何帮助我们在图书馆开展知识探索工作的。

二、融合图书馆的性质特点

融合图书馆的对应英文是Blended Library，这里的融合，词义有混合、混杂、调和、协调的含义。从康斯坦丁大学的创新实践分析，融合图书馆具有融合化、互动化、可视化、泛在化和智能化五大特点。

（一）融合化

诚如哈拉尔德所指出的，在融合图书馆的新范式之中，用户基于桌面的物理和社会的世界变得完全虚拟化了，在工作期间，用户可以无缝切换他们现实世界中的技能和他们的虚拟手段。融合互动的设计使物理世界与虚拟世界形成了融合，可以混合编制各类设备。也就是说，在图书馆服务的物理世界与虚拟世界中，已经形成了你中有我、我中有你的新形态。这种新形态，超越了仅仅是擦边相切或复合叠加的形态，超越了你我需要和你我依赖的层次，形成了水乳交融、交叉互动般的深度融合，即这种融合已不是停留在物理的拼合层叠的组合，而是达到了化学的混杂融合的境界。这种融合，包括线上线下文献的融合、信息载体的融合、数据的融合、视觉的融合、空间的融合、人与人之间的融合、各类设施的融合以及服务流程和学习流程的融合。哈拉尔德在总结融合图书馆这一新的信息和通信技术在图书馆领域可能的用途时使用了"混纺"这一词语，十分形象地向人们阐释了这一新范式的性质特点，即在"混纺"的流程中，物理空间和虚拟空间已经形成了服务共同体的深度交叉，已经实现了物与物、人与物，人与人的友好交互。科学家们预测，人机融合将在未来数十年中将走得更远，即人机融合将形成"超人类"，使人与机器融合为"奇点人"，这将使融合图书馆上升到更高的境界。

（二）互动化

融合图书馆创新理念和实践的重要特点就是人机交互，这是融合图书馆互动化的最主要的特征。用户可以通过信息设施实现人机间的无缝切换，实现苹果手机与苹果平板电脑间的信息交互，通过人机感知来追踪用户、选择程序菜单，检测用户手的形体动作等。在人机交互形式上，既可以是一对一交互、多对一交互、一对多交互、多对多交互，也可以是多载体互动、大小屏互动、多空间互动。

同时，人与人的互动也成为融合图书馆的一大特色。这一图书馆服务的新范式向人们展示出新信息环境下团队型学习的新模式：围绕一个学习研究的主题，组成一个团队，成员之间通过共同的规约，一起拟定学习的主题内容，一起商议学习研究的路径方法，一起进行文献搜索，一起进行跨空间的协同，一起进行线上线下的交流互动，一起进行各自检索结果的知识分享，一起汇报学习研究的心得，实现了键对键和面对面的互动融合，充分体现出万物互联环境下图书馆服务的创新、互动、协同、开放、共享的理念。

（三）可视化

融合图书馆在技术上的一大创新就是可视化。这种可视化，是立体多样的可视化，可以分为多种类型：一是检索内容的可视化。物理空间的书架可以在研究小间的大屏上虚拟显示，也可以在小屏的平板电脑上显示，还可以在PC的电脑上显示。二是学习路径的可视化。用户的注册登记可以在智能桌面上显示，各智能"信息令牌"间的互联关系的虚拟交叉联线可以显示，分布式群组搜索的虚拟圈线组合范围可以显示，全文主题检索可以通过色标区分进行显示，文献中拖移出的图像文字可以显示，用户在图书馆外的路上也可以通过手机显示来提出借阅的服务要求，如此等等。三是知识共享的可视化。学习团队成员的各自检索内容可以通过信息令牌的移动放置进行分享，也可以通过多屏交互进行信息的传递，还可以通过大屏共享文献搜索的结果。诚如哈拉尔德所指出的，融合互动的视觉协同将实现信息流的可视化、散射图的可视化以及基于桌面的可视化等多种形态的可视化。可以说，可视化融入了学习的全过程，为用户提供了便捷、形象、生动的学习技术和学习环境。

（四）泛在化

融合图书馆依托跨时空的无线网络技术、射频技术、移动技术等，实现了在馆内不同区域和馆外以及用户在家中客厅等处的可视化和互动化的网络接入和服务接入。融合图书馆实现了远距离图像的人机互动与可视化，即人机互动与可视化不仅在同一研究室的空间可以实现，在馆内研究室空间与阅览空间可以实现，还可以在馆内馆员与馆外用户之间实现。用户无论是在路上还是在家中，都可以实现与图书馆的联接并获得相应的服务。如用户在下班的路上，想起需要某一电影的新版本，

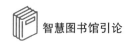

就可以在手机屏幕的可视化场景下向图书馆提出服务请求。据中国互联网协会2016年1月发布的《2015中国互联网产业综述与2016发展趋势报告》显示，截至2015年11月，中国手机上网用户数量已达到9.05亿。①哈拉尔德所设想的融合图书馆的手机时代对于中国图书馆事业创新发展而言可谓正当其时，这对推动融合图书馆的泛在化提供了良好的信息环境。

（五）智能化

融合图书馆通过人工智能技术、物联网技术、智能软件技术等，形成了全新的融合图书馆新形态：一是形成了图书馆智能化的全面感知，包括文献、载体、馆员、用户、设施间的各类数据的感知互联。二是形成了图书馆智能化的立体互联，包括用户之间、用户与馆员之间、线上信息与线下文献之间、各信息令牌之间、知识数据与智能桌面之间的智能互联。三是形成了图书馆智能化的自由组合，包括用户注册后团队成员范围的自由组合、信息令牌互连互通知识分享的自由组合、分布组群搜索的自由组合、文献载体选取拖移的自由组合、实体文献与虚拟操作键的自由组合，如此等等。这些智能技术正是实现融合图书馆的融合化、互动化、可视化和泛在化的信息技术基础和技术保障，使图书馆的服务血脉更加畅通。

如果将融合图书馆比喻为人体，那么它也有其独特的经络、脉搏和肌理。融合图书馆的经络就是融合互联的网络；融合图书馆的脉搏就是泛在共享的机制；融合图书馆的肌理就是智能互动的获取。

三、融合图书馆的创新启示

（一）新一轮科技革命环境下的图书馆创新探索

进入21世纪以来，特别是进入21世纪第二个10年以来，新一轮科技革命和产业变革正在以交叉融合、群体跃进的态势为各行各业创造历史性的发展机遇，日新月异的信息技术已成为创新驱动发展的先导力量，为图书馆创新发展提供了新的转型契机和增长极。这是一个巨变、繁荣、创新、活力的时代。

---

① 喻思娈.我国手机上网用户超9亿——中国互联网协会最新报告[N].人民日报，2016-01-09（04）.

2015年12月14日,联合国开发计划署(UNDP)在埃塞俄比亚首都亚的斯亚贝巴发布了《2015人类发展报告》,其中指出:"数字革命是推动工作转型的驱动力。推动转型的驱动力是全球化和技术变革,特别是数字革命。""具有改变工作的最大潜能的新技术包括云计算、3D打印、先进机器人、能源储存与知识自动化。通过智能软件系统,知识自动化将变革知识工作的组织形式和生产率,使数以百万计的人能使用智能的数字助手。"①联合国这一报告对技术变革改变工作方式的研究阐述,特别是对知识自动化的分析研判,对图书馆应如何在新一轮科技革命环境下进行创新探索同样具有重要的启示作用,是从另一维度对融合图书馆带给图书馆服务转变的有说服力的解读。当今,大数据、云计算、物联网、移动互联网、空间地理信息集成、智能制造等新一代信息技术正在重塑全球的经济、政治、社会、文化、军事、外交的格局,图书馆也不例外。

从2012年以来,大数据元年、可穿戴设备元年、人工智能之年、虚拟现实之年等可谓层出不穷,科技革命的浪潮一浪接着一浪。科技革命对经济而言是带来了产业变革,对社会而言是创新了生活的新空间,对图书馆而言则是带来了服务和管理的变革。德国康斯坦丁大学的融合图书馆的创新理念和创新实践为图书馆在新环境下如何创新提供了重要的理念与实践的启示。

(二)图书馆大融合中的通体革命

德国康斯坦丁大学的融合图书馆向人们展示了基于人机互动的图书馆资源全网配置和全景式服务与管理体系。这一图书馆的新模式和新形态对图书馆而言不是局部变革,而是通体革命;不只是动"棋子",而且要调"棋盘",是要重塑图书馆服务的组织形态和管理的流程体系。融合图书馆将使图书馆的物理空间与虚拟空间实现整体性的结构融合,使图书馆的服务流程系统和各个环节实现智能互联和人机互动,使图书馆的整体布局体系实现在图书馆数字化基础上的网络化、智能化、互动化、可视化和泛在化,这将极大地提升图书馆服务主体和用户客体的积极性,将形成图书馆可持续发展的新动能。可以想见,融合图书馆将成为驱动的引力波,将助推图书馆实现通体革命。这种通体革命是以科技创新带动图书馆的全面创新,以全面创新驱动图书馆的全面发展。

信息技术往往被看作是"术"而不是"道",故中国一些图书馆在21世纪第

---

① 熊一舟,编译.全球化和技术变革改变工作方式[N].社会科学报,2016-01-14(01).

一个10年中曾以"技术立馆"作为宗旨,其科学性便曾遭到一些人的质疑。显然,针对这一问题我们需要在新形势下对其进行重新审视和认知。在新一轮科技革命和产业变革的新环境下,我们对科学技术已不能简单地从技术层面去加以认识。从中国的国家战略而言,《中共中央关于制定国民经济和社会发展第十三个五年规划的建议》推出的一系列重大举措,包括网络强国战略、国家大数据战略、"互联网+"行动计划、《中国制造2025》等,这些都是基于信息技术而推出的国家战略,说明信息技术已经从产业技术层面上升至国家创新战略层面。技术已成为创新转型的关键要素,成为解决问题的着力点所在,成为纲举目张之"纲"。融合图书馆所带来的图书馆大融合,将引领图书馆的深层变革,这是全方位、全流程、全空间、全信息链、全服务链的变革,将形成图书馆的新服务、新体验、新价值和新境界,从而实现未来图书馆深度"融合"的新愿景。有学者将未来互联网比作人类社会不可或缺的"氧气",如果图书馆还是传统守成、被动等待或消极应对,不积极拥抱信息新技术,将有可能被边缘化甚至被淘汰。

(三)引领未来的智慧图书馆高级形态

2011年,笔者曾撰写《未来图书馆的新模式——智慧图书馆》一文,[①]并指出当时智慧图书馆正处于初始阶段。2012年,笔者又撰成《再论智慧图书馆》一文,[②]指出智慧图书馆是融合共享的图书馆,包括三网融合、跨界融合、新旧融合、多样融合。随后在此基础上,笔者进一步探讨了智慧图书馆的三大特点,即互联的图书馆、高效的图书馆和便利的图书馆,指出互联的图书馆是全面感知的图书馆、立体互联的图书馆、共享协同的图书馆;高效的图书馆是节能低碳的图书馆、灵敏便捷的图书馆、整合集群的图书馆;便利的图书馆是无线泛在的图书馆、就近一体的图书馆、个性互动的图书馆。[③]以上这些关于智慧图书馆的分析研究,与德国康斯坦丁大学的融合图书馆的创新理念和实践有诸多相通相合之处,如融合共享、全面感知、立体互联、个性互动等。如果说,目前中国诸多图书馆正在进行的数字图书馆建设以及手机图书馆与社交媒体的应用实践是智慧图书馆初始阶段的话,那么德国康斯坦丁大学的融合

---

① 王世伟.未来图书馆的新模式——智慧图书馆[J].图书馆建设,2011(12):1-5.
② 王世伟.再论智慧图书馆[J].图书馆杂志,2012(11):2-7.
③ 王世伟.论智慧图书馆的三大特点[J].中国图书馆学报,2012(6):22-28.

图书馆就向人们展示了未来智慧图书馆的高级形态。目前中国数字图书馆建设与德国康斯坦丁大学的融合图书馆的差距主要表现在以下3个方面：一是中国数字图书馆建设从1997年启动试验数字图书馆至今已取得了长足的进步，但尚停留在局部变革的层面，如文献的数字化、手机图书馆、微博微信和微信公众号（两微一端）服务等，是人与人的互联或线上与线下的互联；而德国康斯坦丁大学的融合图书馆是通体革命，是人机互动对全服务链的全时空域的渗透，已迈入了万物皆入口的新模式和新形态的新高度，从而全面重塑了数字时代图书馆的服务流。二是中国数字图书馆较多的是部分的融合、局部的互动、单域的可视、单机的智能，物理空间与虚拟空间有不少尚停留在复合叠加的状态；而德国康斯坦丁大学的融合图书馆将融合化、互动化、可视化、泛在化和智能化的"五化"形成了高度的统一，表现在物理图书馆与虚拟图书馆的深度融合，实现了以往在未来预测中的虚拟现实的真正发展，从而在服务上能实现更精准化、更高效化和更便捷化。以载体而言，当德国康斯坦丁大学的融合图书馆在为读者提供搜索服务时，用户可以进行全媒体各类型的融合查询，包括地图、在线文件、论文、图像、视频、CD、DVD、杂志、杂项、多媒体等，这些文献载体实现了互联互通和人机互动的无缝链接。三是中国数字图书馆在数字化、网络化以及泛在化方面着力较多，在智能化和可视化方面尚有较大距离；在文献方面着力较多，在建筑和家具设施的智能化方面着力较少，如椅子、墙壁、地板、天花板、灯光、音响、多点触控平面、各类型显示器的智能设计等。因此，中国图书馆事业的创新发展不能仅停留或局限在以往的数字图书馆的发展水平，需要借鉴融合图书馆发展的创新理念和实践并结合中国图书馆的实际与时俱进。

2015年9月15日和9月16日，笔者分别在上海图书馆举办的培训班和中国图书馆学会在宁波举办的培训班上，先后以"智慧图书馆的最新发展"为题，介绍了融合图书馆的创新理念和创新实践。2015年10月25日，笔者应邀参加在武汉大学举办的"第四届中美数字时代图书馆学情报学教育国际研讨会"，在会上曾作了"数据驱动的时代特征与图情教育的创新转型"的大会发言，在回答与会代表的提问时，曾就"融合图书馆"的问题同与会代表进行了互动。此外，笔者所撰写的《数据驱动的时代特征与图情教育的创新转型》一文（刊载于《图书情报知识》2016年第1期），关键词也包括了"融合图书馆"（Blended Library）。

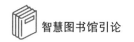

2015年10月，南京大学信息管理学院朱庆华教授中标的2015年国家社科基金重大项目"面向大数据的数字图书馆移动视觉搜索机制及应用研究"，其中研究探讨的"移动搜索机制"与融合图书馆有异曲同工之妙。

在互联网和移动互联网澎湃汹涌的发展大潮下，图书馆应当有自身价值观的定力，这就是知识资源的收集、存储、加工、研究、传播、服务的文化空间和教育设施，这就是以不变应万变。但同时，图书馆也应当以不息为体、以日新为用，因万物互联发展之势而谋，应智能互动之势而动，顺社会信息化大潮而为，主动把握机遇，跟上日渐丰富成熟的虚拟现实的变革步伐，在数字图书馆建设的基础上奋力向智慧图书馆的高级形态——融合图书馆跃升，将延伸虚拟空间的业务链与延伸图书馆的服务链紧密结合起来，使图书馆的存量现实空间在虚拟空间的融入下得到升级、强化和增值，从而提升中国图书馆的创新力和服务力，为构建覆盖全社会的图书馆现代公共服务体系注入新的创新活力。

融合图书馆发挥了信息技术的引领作用，从图书馆自身的供给侧发力，提升馆员的信息素养，提升图书馆的服务能级，以满足日益增长的用户需求侧的信息服务和知识导航的需求，以规避新环境下图书馆被边缘化的可能危机。融合图书馆的创新理念和创新发展体现了以人为本的服务理念，更加注重从图书馆自身发展的供给出发，更加注重图书馆员的知识服务水平，更加注重图书馆供给体系的质量和效率，更加注重优化图书馆服务结构流程，更加注重改善图书馆服务的知识空间和信息环境。因此，中国图书馆事业应当以融合图书馆的发展理念，从图书馆服务的需求结构、供给结构、投入结构，从图书馆的环境结构、空间结构、区域结构、用户与馆员结构，创新和重塑图书馆的服务模式和服务形态。从德国康斯坦丁大学图书馆"融合图书馆"的创新理念与创新实践传递出如下的信息：融合是当代全球图书馆的服务性格和创新空间管理的语言，我们需要做的是适应并塑造这样的性格和语言而不是反其道而行之，这就是当代中国图书馆事业创新发展的题中应有之义。

（完成于2016年1月19日）

智慧图书馆引论 ◎ **历史篇**

智慧图书馆是未来图书馆的新模式

随着全球智慧地球与智慧城市的发展，智慧图书馆的理念与实践已经在国内外图书馆界有了初步的探索。作为未来图书馆的新模式，智慧图书馆将成为图书馆创新发展、转型发展和可持续发展的新理念和新实践。

一、智慧图书馆的提出

1995年，比尔·盖茨在《未来之路》一书中率先提出了物物相联的雏形。1999年，物联网的概念被正式提出并迅速波及全球。而以物物相联的智能技术为信息基础的智慧城市（Smart City）则是20世纪末特别是21世纪初以来在全球展开的未来城市发展的新理念和新实践。

（一）智慧与智慧城市

智慧（smart）一词可解释为对事物认知、应对和创新的聪明才智和应用能力，也作"智惠"。智慧的古英语"smeortan"源于西日耳曼语支，与德文中的"激痛"有所关联，在古英语中原是"引发剧烈疼痛"的意思，现在用得最多的义项是智能。1972年，smart一词首次被解释为"智能型的并具备独立工作的技术设备"。根据牛津英语语料库统计，此后"smart"成为与"card"（卡）搭配最多的词语。[①]

[①] Oxford Dictionaries［EB/OL］.［2011-03-12］. http://oxforddictionaries.com/view/entry/m_en_gb0783660#m_en_gb0783660.

根据2007年10月欧盟委员会发表的《欧盟智慧城市报告》,①智慧城市可以从六大坐标维度来界定,即智慧经济、智慧流动、智慧环境、智慧人群、智慧居住和智慧管理。从全球智慧城市建设的实践进行分析概括,智慧城市可以定义如下:"以数字化、网络化和智能化的信息技术设施为基础,以社会、环境、管理为核心要素,以泛在、绿色、惠民为主要特征的现代城市可持续发展韬略。"②

(二)智能图书馆的提出

在智慧城市发展的前后,国内图书馆学界就已经出现"智能图书馆"的学名。目前,我国已发表有10多篇直接与智能图书馆相关的论文(还有不少是间接相关的论文,并未使用智能图书馆的学名),多是从建筑与技术的角度讨论图书馆的系统实施。如张洁、李瑾于2000年发表的《智能图书馆》一文认为,21世纪的图书馆应建成智能大厦,智能图书馆是把智能技术运用在图书馆新馆舍建设之中形成的一种现代化建筑,它是高新技术(计算机、多媒体、现代通讯、智能保安、环境监控等)与建筑艺术的有机结合,③这是我国较早的关于智能图书馆的研究文章。陈鸿鹄于2006年发表的《智能图书馆设计思想及结构初探》一文认为,"智能图书馆(Intelligent Library,简称IL)是把智能技术运用在图书馆建设之中形成的一种现代化建筑,是智能建筑与高度自动化管理的数字图书馆的有机结合和创新,是在二者共同发展的基础上产生的,它应同时具备两者的设计思想、基本要求、特征和功能。"④这些关于智能图书馆的初期研究体现了我国图书馆学界对信息技术的敏感性和前瞻性,但尚局限在建筑和技术领域,还缺乏对于智慧图书馆的灵魂与精髓层面的研究。

(三)智慧图书馆的提出

"智慧图书馆"的理念和实践率先出现在欧美的大学图书馆、公共图书馆和博物馆中。2003年前后,芬兰奥卢大学图书馆提供的一项新服务称为

---

① Giffinger R, Fertner C, Kramar H, et al. Smart cities-ranking of european medium-sized cities [R]. Vienna: Centre of Regional Science, Vienna University of Technology, 2007.
② 上海社会科学院信息研究所.智慧城市论丛[M].上海:上海社会科学院出版社,2011:1-5.
③ 张洁,李瑾.智能图书馆[J].图书馆理论与实践,2000(6):2-3,31.
④ 陈鸿鹄.智能图书馆设计思想及结构初探[J].现代情报,2006(1):116-118.

"Smart Library",这一服务隶属于"Rotuaari Project"项目。①与此同时,芬兰奥卢大学图书馆的学者还发表了题为《智慧图书馆:基于位置感知的移动图书馆服务》的会议论文,指出 Smart Library 是一个不受空间限制的、可被感知的移动图书馆服务,可以帮助用户找到所需图书和相关资料。②同年10月,澳大利亚昆士兰州立图书馆也曾探讨了智慧图书馆与智慧社区建筑的关系问题。③其实早在2004年之前,加拿大首都渥太华的一些图书馆和博物馆以及多所大学和公共图书馆就已经建立起了以"智慧图书馆"(Smart Library)命名的联盟,利用同一个搜索引擎为读者提供一站式服务。④2004年,米勒等学者在国际会议上发表了有关智慧图书馆的研究报告,题为《智慧图书馆:强调科学计算的图书馆的SQE最佳实践》。米勒等人认为智慧图书馆是指运用大量软件质量工程(Software Quality Engineering,简称SQE)的实践,力图使用户和开发人员避免犯各类错误,包括使用、配置、安装中的错误,以及因应用程度的变化而导致的绩效下降或死锁等方面的错误。⑤可见,世界图书馆界关于智慧图书馆的研究已从技术趋向了服务与管理以及社区的建设,体现出智慧图书馆的本质追求。

2005年以来,我国图书馆界也开始从智能图书馆的研究深入到智慧图书馆的研究与实践,如上海图书馆率先开展了手机图书馆的移动服务,台北市立图书馆则应用RFID(Radio Frequency Identification,无线射频识别)技术建成了无人服务的智慧图书馆。⑥2010年,严栋发表了《基于物联网的智慧图书馆》一文,他认为智慧图书馆就是以一种更智慧的方法,通过利用新一代信息技术来改变用户和图书馆系统信息资源相互交互的方式,以便提高交互的明

---

① Dynamic localisation of books and collections: second version of smart library is being tested [EB/OL].[2011-11-15].http://virtuaalikampus.oulu.fi/English/smartlibrary.html.
② Aittola M, Ryha nen T, Ojala T. Smart library: location-aware mobile library service [J]. International Symposium on Human Computer Interaction with Mobile Devices and Services, 2003(5): 411-415.
③ Raunik A, Browning R. Smart libraries build smart communities in queensland [EB/OL].[2011-11-15].http://conferences.alia.org.au/online2003/papers/raunik.html.
④ Can't find what you're looking for using smart library [EB/OL].[2011-11-15].http://biblioottawalibrary.ca/en/main/find/catalog/looking/smart.
⑤ Miller M C, Reus J F, Matzke R P, et al. Smart libraries: best SQE practices for libraries with an emphasis on scientific computing [EB/OL].[2011-11-15].https://e-reports-ext.llnl.gov/pdf/314914.pdf.
⑥ 黄裔宏.台北市立图书馆应用RFID成立无人服务智慧图书馆介绍[EB/OL].(2009-06-18)[2011-11-15].http://tech.rfidworld.com.cn/2009_6/2009618954168830.html.

确性、灵活性和响应速度，从而实现智慧化服务和管理的图书馆模式。[①]2011年，董晓霞等人发表了《智慧图书馆的定义、设计以及实现》一文，认为智慧图书馆综合了感知智慧化和数字图书馆服务智慧化。[②]

（四）智慧图书馆尚处于初始阶段

综观2003年以来全球智慧图书馆（前期为智能图书馆）的理论研究与实践，可以得出如下结论：目前全球的智慧图书馆尚处于起步阶段，无论是理论研究还是实践探索都有待深化。Wiki和百度百科还未设立"智慧图书馆"（Smart Library）和"智能图书馆"（Intelligent Library）词条，这从一个侧面反映了这一主题领域的研究与实践成熟的程度和还未受到世人普遍关注的现状。国内智慧图书馆的研究较多地注重与物联网、云计算及数字图书馆、复合型图书馆等概念相联系。[③]2011年初，笔者在主编《智慧城市辞典》时曾将"智能图书馆"列入了辞典的条目，作为智慧教育的一部分。[④]但无论是智能图书馆还是数字图书馆，无论是物联网还是云计算，这些都是从信息技术维度出发的技术型图书馆；而智慧图书馆注重的是在信息技术基础上的整合集群与协同管理，注重的是新信息技术支撑下的泛在、便捷和跨越时空的读者服务，注重的是图书馆的创新发展、转型发展和可持续发展。2011年10月27日，在中国图书馆年会暨中国图书馆学会年会的分会场上，笔者作了题为"智慧图书馆初探"的演讲，初步分析了智慧图书馆的主要特征。当一个公共图书馆既重视信息技术的重要作用，又重视用户的知识服务和公共文化的社会与环境担当；既重视文献资源的智能管理，又能将读者参与式的互动管理与服务等融入其中，并将以上要素作为共同推动公共图书馆可持续发展并追求更高品质的图书馆服务时，这样的公共图书馆可以被定义为"智慧图书馆"。数字化、网络化和智能化是智慧图书馆的信息技术基础，人与物的互通相联是智慧图书馆的核心要素，而以人为本、绿色发展、方便读者则是智慧图书馆的灵魂与精髓。智慧图书馆的外在特征是泛在，即智能技术支持下的无所不在、无时不在的人与

---

① 严栋.基于物联网的智慧图书馆[J].图书馆学刊，2010（7）：65-68.
② 董晓霞，龚向阳，张若林，等.智慧图书馆的定义、设计以及实现[J].现代图书情报技术，2011（2）：76-80.
③ 黄刚军，张广祥，张毅.RFID技术及其在智能图书馆的应用[J].电子测试，2007（6）：22-26.
④ 上海社会科学院信息研究所.智慧城市辞典[M].上海：上海辞书出版社，2011：106-107.

知识、知识与知识、人与人的网络数字联系；其内在特征是以人为本的可持续发展，以满足日益增长的读者的知识需求。智慧图书馆就是对图书馆走向未来科学发展的战略认知和明智应对的具体方法，这对于图书馆而言，无疑是一场发展理念创新、服务技术提升、管理形态转型的革命。

二、智慧图书馆的核心要素

（一）书书相联的图书馆

书书相联的图书馆是智慧图书馆服务与管理的技术基础。书书相联需要建立文献感知服务系统和整合集群管理系统。这里讲的"书"是一个抽象的概念，包括印刷型、数字型、网络型的各类载体的多媒体文献。书书相联，就是将S馆中的各类文献之间建立起跨系统应用集成、跨部门信息共享、跨库网转换互通、跨媒体深度融合、跨馆际物流速递的服务与管理新形态；就是将S馆与P馆及X馆中的各类文献也同样建立起类似的联系。例如，澳大利亚昆士兰州大学图书馆允许读者在座位上实现印刷型、数字型、网络型的文献检索、书刊阅览、复制传递；又如，中国上海图书馆同城一卡通的237个总分馆中，用于一卡通借阅的文献实现了跨越空间的单一集群系统的书书相联，使读者可以跨时空实时了解文献存储和流通的状况。

（二）书人相联的图书馆

书人相联是智慧图书馆服务与管理的关键。书书相联需要通过书人相联来激活；书人相联体现出以人为本的图书馆发展理念与实践。这里的书人相联，包括文献与馆员的互通相联、文献与读者的互通相联。以深圳图书馆的"城市街区24小时自助图书馆"为例，有一些业界人士认为只要花费数十万元，在城市中的某个地点放上一台储存数百本图书的服务机就可以了。其实不然，殊不知深圳图书馆的这种自助服务是建立在此服务机与彼服务机互联（书书相联）的基础之上的，更重要的是他们将前台的服务机与负责后台的集群网络化布点、信息化管理、一体化物流的人的管理相联系（书人相联）；如果没有书人相联的后台高智能化的集群控制，前台的独立服务机将处于孤岛状态，缺乏感知技术、机械传输、自动控制、数据通信技术的支持，无法预先实现书书相联、书人相联的数字化、网络化和智能化的转型，无法预先进行即时化与敏感

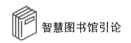

度的管理提升,一哄而上的服务机终将成为摆设,中看而不中用。书人相联还可拓展为物人相联。多年前,法国国家图书馆已开通读者座位预订系统;2011年11月,中国厦门大学图书馆也开设了自动选座系统服务,使读者与图书馆设施联系起来,体现了智慧图书馆的全面互联互通的服务管理品质。①

(三)人人相联的图书馆

人人相联是智慧图书馆服务与管理的核心。人人相联包括馆员与馆员的相联、馆员与读者的相联、读者与读者的相联。自21世纪初以来,在中国各大图书馆开展的网上联合知识导航站及各类移动服务,开创了图书馆界人人相联的服务新形态。在网络的支持下,这种馆员间的人人相联使服务咨询平台整合了馆内外乃至境内外参考咨询的人力资源,并与读者形成了便捷、专业的互动。这种人人相联的图书馆理念还体现在图书馆的内部管理及专项的读者服务等实践之中,也将为图书馆管理走向社会化营造良好的信息技术环境。

(四)任何时间可用的图书馆

任何时间可用的图书馆是智慧图书馆服务与管理的时间延伸。物理空间的图书馆有闭馆的时间,但虚拟图书馆可以全天候开放并为广大读者提供服务。有了数字化、网络化和智能化的基础建设,图书馆如同一台便捷式电脑随时可以打开使用,使读者可以在方便的任何时间与知识进行对话。尽管物理空间的图书馆依然会有公共空间的魅力和吸引力,但智慧图书馆会给读者带来网络空间在时间上的更多自由与选择,使原本以图书馆开放时间为逻辑点的传统服务模式发生变革,让读者感到图书馆随时存在和可即时利用。

(五)任何地点可用的图书馆

任何地点可用的图书馆是智慧图书馆服务与管理的空间拓展。传统图书馆给人以建筑的象征,即它是一个空间位置的存在。智慧图书馆则颠覆了这种观念,在泛在城市(无线城市)的信息技术支持下,读者在任何地点(如办公室、地铁、机场候机厅、家庭居室等)都可以利用图书馆,让图书馆真正成为

---

① 詹璟,陈璐.上自习前先选座位:厦大图书馆将投入自动选座系统[EB/OL].(2011-11-18)[2011-11-15].http://www.xmnn.cn/dzbk/xmsb/epaper/html/2011-11/18/content_341601.htm.

广大读者身边的图书馆,让读者感到图书馆的随地存在和便捷利用。如美国佛罗里达机场与布劳沃德县图书馆(Broward County Library)合作,为旅客提供有15 000种免费电子书,读者通过笔记本电脑与智能手机等载体即可免费阅读。通过这个项目图书馆可以在一个用户一份拷贝(one-copy/one-user model)的原则下提供"永远可用"的电子书服务,读者不再需要等待别人归还拷贝才能借阅,让书与人跨时空地联系起来。①

(六)任何方式可用的图书馆

任何方式可用的图书馆是智慧图书馆服务与管理的形态创新。在书书相联、书人相联、人人相联及馆相联的前提下,图书馆将呈现出新形态,读者在利用方式上将会有多种选择,无论是传统的印刷型还是新型的数字型,无论是前一代的数字阅读还是新一代的移动推送,无论是互动型的文字还是多媒体的呈现,无论是索引文摘还是深度挖掘,无论是网上直播还是视频点播,智慧图书馆的载体给馆员和读者带来无穷尽的、互通的新途径与新方法,从而也构成了图书馆服务与管理的新形态。

三、智慧图书馆的主要特征

(一)数字化是智慧图书馆的技术前提

未来公共图书馆纸质资源的增长会越来越少,数字资源将逐渐成为主要的知识资源载体,以数字资源为基础的虚拟图书馆将逐渐从专家的预测和局部的现象发展成为整体的图书馆服务与管理的主要表现形态。21世纪的第一个10年,全球电子书的销量开始逐渐超过纸质图书,这是图书馆数字化发展的重要信息。1997年中国开始了数字图书馆试验工作,2001年中国国务院批准国家数字图书馆工程立项,并先后投入了巨额资金,用于建设世界上最大的中文数字信息保存基地,构建支持数字资源采集、加工、保存、服务的技术支撑平台,通过国家骨干通讯网向全国和全球提供高质量的以中文数字信息为主的服务,建设世界上最大的中文数字信息服务基

---

① Michael Kozlowski.佛罗里达机场为旅客提供15 000种免费电子书[EB/OL].(2011-11-06)[2011-11-15].https://www.bookdao.com/article/30322/.

地，构建以国家图书馆为服务中心、以中国各大图书馆为服务节点的数字资源传递和服务体系。截至2010年9月，国家数字图书馆数字资源保有量已达480个TB，包括文本、图像、音频、视频、网络资源等多种类型；同时，县级数字图书馆推广计划已使中国2 940个县级图书馆初步具备了数字图书馆的服务能力。[①]英国国家图书馆2011年6月20日在伦敦召开新闻发布会，公布了该馆与Google达成的历史文献数字化协议，协议内容包括将25万册最早可以追溯到18世纪的历史文献在数年内全面数字化。英国国家图书馆馆长达梅·琳内·布林德利表示：该馆的前辈们就设想让所有人都能够获取知识，而如今的这一计划是让所有人都能够随时随地获取知识；该馆的目标是提供这些历史材料的永久性访问权，并且希望借助该馆的藏书和Google的技术来实现这一目标。[②]数字图书馆的发展将不断夯实书书相联的智慧图书馆的发展基础。

（二）网络化是智慧图书馆的信息基础

网络已成为未来公共图书馆服务的重要载体和空间，被称为第四代媒体的互联网媒体正在与物理空间和社会空间一起成为公共图书馆服务的三大空间。网络化的发展趋势使公共图书馆的远程服务量不断增加。公共图书馆通过互联网、手机等信息手段和载体，可以开展不受时空限制的网上书目检索、参考咨询、文献提供和各类信息的获取和视听欣赏。据国际电信联盟分析，至2010年底，全球互联网用户人数超过20亿，手机用户达到53亿，3G注册用户达到9.4亿。[③]在中国，截至2010年底，中国网民已达4.57亿，手机网民达3.03亿，均居世界首位。[④]在信息化的技术环境下，网络化与数字化的融合以及电信网、广电网和互联网的三网融合，使公共图书馆的服务发生了泛在化的变化，即任何读者在任何时间、任何地点通过任意信息传播载体可以获取其所需要的信息。由于公共图书馆的计算机数量不断增加、更多的读者通过网络查阅数字

[①] 庄建.国家数字图书馆推广工程启动［N］.光明日报，2010-12-16（4）.
[②] 范昕.大英图书馆古籍将数字化［N］.文汇报，2011-06-23（6）.
[③] 张毅.年底全球网民数量将破20亿　全球短信发送量将达6.1万亿条［N］.新民晚报，2010-10-29（B23）.
[④] 张玉玲，李慧.中国视听新媒体发展大视野：来自第一部中国视听新媒体蓝皮书的报告［N］.光明日报，2011-02-24（16）.

文献及通过手机接收图书馆的各类移动服务、图书馆的宽带速度不断加快、图书馆的网上信息日益丰富，图书馆的网络化进程发展前景无可估量，网上服务量将成倍增长，网络空间的地位将更加重要。这些正是智慧图书馆发展的前提。

（三）集群化是智慧图书馆的管理特征

图书馆的集群化综合服务平台可以实现知识与信息的共建性整合、集约式显示、便捷性获取、无障碍转换、跨时空传递等，从而使公共图书馆向智慧型图书馆转型。图书馆的集群化发展势将表现为以下三大特征：

1. 整合

通过整合，可以集地区图书馆文献信息，汇全国各类图书馆知识库群，聚全球自然人文智慧。公共图书馆及各类图书馆系统都有数量众多的特色文献和数字资源，但相当数量的信息仍处于沉睡状态，既不互通互联，也不共建共享，获取很不便捷。这就需要打破"老死不相往来"的行业条块格局，将各自馆藏和馆建的信息资源加以联通，打通行业条块和馆际之间的信息壁垒，畅通地区与国家间的信息通道。通过整合使知识资源的视角从点拓展到条线、块面和区域，使服务和管理也从孤立的点转移聚焦于条线的交流、块面的联系和区域的互动，这些正是新形势下促进图书馆服务创新所必须具备的信息服务环境。

2. 集群

集群概念是由美国哈佛大学迈克尔·波特教授于20世纪90年代初首次提出的，图书馆的服务与管理集群是图书馆服务和管理转型发展的有效工具。通过服务与管理集群，图书馆的规模效应凸显，协同联盟共享拓展，知识内容更为丰富，传递成本大大降低，服务品质显著提升，从而使广大的读者受益。例如，上海原本条块分割、相互独立的市区县图书馆、街镇图书馆以及大学图书馆和专业图书馆，在一城、一网、一卡、一系统的创新理念指导下，经过2000—2010年10年的创新驱动和整合发展，一卡通读者持证率和网上服务率成倍上升，形成了全球最大的城市图书馆单一集群系统。可见，强大的集群将推进创新并优化服务。

3. 协同

协同服务将为公共图书馆的未来发展注入活力。协同服务体系在国内外图书馆界已成为一种共识,并正在成为日益明显的发展趋势。这种协同服务体系有行业协同、地区协同、国家协同、全球协同等各种形态。例如,中国"国家科技文献信息资源与服务平台"在全国科技信息文献系统、国家图书馆系统、中国科学院文献情报系统、高等院校图书与信息系统、国家专利文献系统等之间进行了协同信息服务,成为国家科技基础条件五大平台之一。这种将分散趋向集约、将异构趋向统一、将自治趋向分布的信息协同服务机制,需要从顶层设计层面予以整体规划和推进,从而克服布局分散和重复建设的弊端。这正是智慧图书馆的管理使命所在。

四、智慧图书馆的本质追求

(一)绿色发展

绿色发展将成为未来图书馆的发展战略。绿色发展可以从自然、环保和安全等要素予以观察。从自然要素来观察,绿色发展就是在公共图书馆建筑中融入自然元素,让读者和馆员更加亲近自然。如于2005年7月对外开放的新加坡国家图书馆新馆,采用在建筑的5楼和10楼的外台建数百平方米的绿化带并种植香树的设计来减轻读者阅读时的视力疲劳;此外,还设计鹅卵石小路,使读者在阅读思考之余,可以在这里散步和休息。美国华盛顿州西雅图市图书馆也在馆内种植了许多品种的植物,使读者在阅览休闲中感受绿色的气息。中国的上海图书馆在建筑南端起伏的大片绿地中用植物组合成了"求知"二字,将图书馆的文化与绿化自然地结合起来;其他如常熟市图书馆、苏州市图书馆、甘肃省图书馆、上海浦东新区图书馆等,也都在建筑设计中体现出"园中有馆、馆中有园"的文化理念。从环保的角度来观察,绿色发展就是在公共图书馆管理中注重环境保护、节能减排。古今中外的许多大型图书馆建筑都采用了巨型空间无间隔的设计,四周均采用了玻璃幕墙,在给人以雄伟壮观、气势恢宏的感受之余,也给节能减排、资源节约带来了困难。绿色图书馆的发展战略呼唤资源节约型图书馆的设计和管理,如采用智能型的窗帘和感应式电梯,以节约电能;防止因书库的过度装修带来的浪费和环境污染。从安全的角度来观察,绿色发展就是在公共图书馆面向读者和馆员的管理中,注重将方便读者与安全防范结合起来,将美观典雅与卫生安全结合起来,将方便读者与信息安全结合起来。

（二）数字惠民

以读者为本始终是图书馆服务和管理的根本追求。智慧图书馆的数字惠民，就是在网络环境下体现出惠及读者和方便读者的图书馆服务。这种服务，是一视同仁的服务、是就近便捷的服务、是温馨细致的服务、是一体化高效的服务，也是可选择的多样化的服务。通过图书馆的信息泛在技术和无线网络技术，读者可以不受图书馆开放时间的限制，在馆外查阅图书馆馆藏文献；通过信息整合的网络一体化平台，读者可以在城乡的任何一个公共图书馆服务点进行文献的通借通还、网络信息检索。智慧图书馆这一生长着的有机体，为读者利用图书馆节约了时间，提供了便利。

五、智慧图书馆新模式的重要意义

智慧图书馆是以信息技术为基础和前提的，但它超越了技术的层面，更多地从服务管理、人力资源、智能惠民、环境友好着眼，是图书馆实现科学发展、转型发展和可持续发展的新理念和新实践。如果说智慧城市"可以带来更高的生活质量、更具竞争力的商务环境和更大的投资吸引力"，[1]那么智慧图书馆则可以带来更高的服务管理质量、更具魅力的公共文化环境和更大的信息共享空间。智慧图书馆将为图书馆界注入新的活力，带来新的愿景和新的希冀，也将为读者带来新的体验和新的收获，并有助于构建体现公益性、基本性、均等性和便利性的公共文化服务体系。智慧图书馆的便捷、多样、灵活、高效、绿色以及更着力的数字惠民、更积极的参与互动、更深入的共享协同、更广泛的感知集群将使图书馆实现四大转型：一是从数量规模扩展向质量内涵提升转型；二是从主要依靠增加馆舍和硬件投入向主要依靠科技进步、馆员和读者素质提升、服务管理创新转型；三是从自发、独立、分散的图书馆发展向协同、整合、规范的科学发展转型；四是从追求不计成本和能耗的建筑规模向资源节约和安全保障转型。智慧图书馆正是实现以上四大转型的未来图书馆发展的新机遇，将使图书馆真正迈向未来的可持续发展之路。

20世纪后期就有学者预言图书馆的消亡，但经过数十年的发展，全球图

---

[1] IBM商业价值研究院.智慧地球［M］.上海：东方出版社，2009：15.

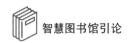 智慧图书馆引论

书馆依然存在，全球城市图书馆新建筑不断涌现。①尽管在网络环境下读者利用信息可以有多种选择，但图书馆专题的深度咨询、导航式的专业分析研究等都是数据平台和搜索引擎难以完全取代图书馆的原因；深入性、专题性、针对性和特色性正成为网络环境下图书馆吸引读者的魅力所在，图书馆可以为个人、企事业机构及政府部门提供多样化的、灵活的、有针对性的个性化服务。

也有人曾描述了未来数字图书馆的发展愿景："数字图书馆就像一个大熔炉，所有的数字信息在其中煅烧、冶炼，然后水银泻地一般，通过覆盖世界各个角落的互联网传播开去。大众阅读将彻底碎片化、多媒体化、动态化，任何手持设备都能够显示内容，计算机可以在任何时间、任何地点，瞬间将任何内容，在全球范围内，以任何载体、形态、格式和体验传输给任何需要它的'读者'。"②这里所描述的正是转型发展后的智慧图书馆的创新形态。

（完成于2011年11月20日）

---

① 基恩.网民的狂欢：关于互联网弊端的反思[M].于德良，译.海口：南海出版公司，2010：53-54.
② 王世伟.公共图书馆是什么[M].上海：上海社会科学院出版社，2010：9-10.

信息文明的起源发展与图书馆的持续创新

一、信息文明与图书馆发展趋势研究命题的提出

文明是历史发展的动力,不同的文明构成了人类历史发展不同的时代特征和发展格局,并对各个时期的经济、政治、社会、文化、军事和环境等的发展趋势形成了重大影响。"文明"一词在中国古代六经中就已出现了。作为六经之首(《汉书·武帝纪赞》:"孝武初立,卓然罢黜百家,表章六经。"唐颜师古注:"六经,谓《易》《诗》《书》《春秋》《礼》《乐》也。"①)的《易·文言》(后入《周易·乾卦》)中有"天下文明"之说,②《尚书·舜典》中也有"濬哲文明"的用语,③用以形容和描绘人类社会的进步。从纵向的人类文明发展史观察,信息文明是农业文明和工业文明之后的新文明形态。日本学者较早地提出了信息社会和信息文明的概念。1964年,梅棹忠夫发表了《情报与文明》,文中提出了"信息社会"和"信息化"的概念。④被誉为"信息社会之父"的增田米治在1980年出版的《作为后工业社会的信息社会》一书,成为研究信息文明较早的著作,作者认为信息文明从根本上是人文文明,它将带来统一的精神和物质文明。作者在书中讲述了一个信息时代的诞生,指出作为信息社会重点的计算机技术,将对人类社会产生比工业革命更为决定性的影响,信息技术不仅意味着对当代工业社会产生巨大的社会经济影响,也是社会变革的力量,足以将人类社会变成一种绝对新的形式,即信息社会。在未来的全球信息社会

---

① (汉)班固撰,(唐)颜师古注.汉书:第1册[M].北京:中华书局,1962:212.
② 黄寿祺,张善文.周易译注[M].上海:上海古籍出版社,2004:16.
③ (汉)孔安国传,(唐)孔颖达正义.尚书正义[M].上海:上海古籍出版社,2007:72.
④ 唐涛.国外信息社会理论研究[C]//上海市哲学社会科学规划办公室,上海社会科学院信息研究所.国外社会科学前沿(17).上海:上海人民出版社,2014:330-333.

中，所有公民将通过全球信息和知识网络结合在一起，形成全球意识，从而消除文化、利益和国籍的差异。[①]同样，信息革命所带来的信息文明也引领了图书馆的新变革和新提升，创造了图书馆服务的新空间和新形态，拓展了图书馆服务的新领域和新载体，极大地提高了图书馆服务的效率和效能。信息文明的过去、现在与未来究竟与图书馆的发展趋势具有怎样的关系，这一命题已经摆在图书馆学人的面前，需要我们加以解答。有学者在评论《信息简史》时认为："信息的方式就是文明样式。看懂这本书有两个意义：第一，向后，相当于换了个角度又梳理了一遍人类史；第二，向前，明白了为什么作为一种信息工具的互联网，可以重塑人类文明的面目。"[②]而《信息简史》的作者也认为："我们已经可以清晰地认识到，信息是我们这个世界运行所仰赖的血液、食物和生命力。它渗透到各个科学领域，改变着每个学科的面貌。"[③]这里笔者试图从纵向的维度将信息文明融入图书馆发展的整体进程进行审视，从信息文明的视角来对图书馆的发展加以认知并作些初步的探讨。

信息文明尽管是对后工业社会而言，在20世纪中期被认为是继工业文明之后信息文明时期的发端，但有关信息载体和信息方式的文明可以视作前信息文明时期，其发展的进程贯穿了人类文明的发展史，包括文字信息、文献载体、信息传播等信息的文明元素在人类文明起始阶段就已逐渐产生，这些信息的文明元素与青铜器文明、城市文明、宗庙祭祀文明等一起，成为人类文明发端的最重要和最基本的元素，对图书馆的发展趋势也产生了重大影响。因此，这里重点探讨信息文明起源发展时期自动化、数字图书馆、互联网（移动互联网）、人工智能等对图书馆创新发展的影响。

二、信息文明起源发展与图书馆的持续创新

（一）信息文明的起源与发展

美国未来学家阿尔文·托夫勒在以计算机为代表的信息技术出现之后不久，就敏锐地发现了其中所寓含的文明意义，他在所著的《第三次浪潮》一书

---

① Masuda Y. The information society as post-industrial society [M]. Tokyo: World Future Society, 1980: 71.
② （美）詹姆斯·格雷克.信息简史[M].高博，译.北京：人民邮电出版社，2013：XIV.
③ （美）詹姆斯·格雷克.信息简史[M].高博，译.北京：人民邮电出版社，2013：5.

中，为人类文明发展的历史勾勒出农业文明、工业文明和信息文明的三大历史时期的发展轨迹，为人们研究与理解人类文明发展史提供了全新的视野。[①]尽管作者当时还没有明确地将第三次浪潮用"信息文明"来加以概括，只是用了"现在正在开始的阶段"的说法，并搜集或自创了一大堆组词，包括隐约可见的空间时代、信息时代、电子时代、环球一村、电子技术时代、后工业社会、科学技术革命、超工业社会等，但其登高望远和见微知著的智慧已显露于字里行间。信息文明的起源与发展，使人类社会的生产方式发生了质的变化，形成了信息生产方式，信息、情报、知识、数据等不仅成为人类社会的基本要素，而且成为较之物质和能源更为重要的资源。2003年，在瑞士日内瓦召开的信息社会世界峰会所发表的《原则宣言》中，对信息文明所形成的"信息社会"下了一个定义：信息社会是一个"以人为本、具有包容性和面向全面发展的信息社会。在此信息社会中，人人可以创造、获取、使用和分享信息和知识，使个人、社会和各国人民均能充分发挥各自的潜力，促进实现可持续发展并提高生活质量。"[②]从以上定义中我们可以看到信息文明时期所形成的特点：以人为本、包容性、全面发展、可持续发展等，体现出信息文明时期最重要的资源已转为信息和知识。

信息文明时代是现代信息技术全面改变社会的时代，有学者将这种全面改变概括为4个方面：一是从自然化认识论走向技术化认识论；二是从常规认识论走向创新认识论；三是从精英认识论走向大众认识论；四是从宏观认识论。[③]笔者曾经对信息社会的发展特征进行过初步的探讨，认为信息社会正呈现向两极发展的趋势：一方面，信息社会体现出更大、更多、更广、更宽、更深的发展特点；另一方面，信息社会也体现出更小、更微、更细、更短、更简的发展特点。这种两极分化的发展特点通过大数据、互联网、移动互联网等表现出多样的载体和丰富的内涵。[④]以上所讨论的信息文明所形成的四大改变和更宏观及更微观发展的特点，也正是信息文明时代图书馆服务与管理中已

[①] （美）阿尔文·托夫勒.第三次浪潮［M］.朱志焱，潘琪，张焱，译.北京：生活·读书·新知三联书店，1984：49-56.
[②] 张新红，等.中国信息社会测评报告［M］.北京：经济管理出版社，2011：3.
[③] 肖峰.信息时代认识论研究的新走向［N］.光明日报，2016-12-08（16）.
[④] 丁波涛，王世伟.信息学理论前沿——信息社会引论［M］.上海：上海社会科学院出版社，2016：265.

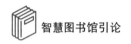

经和正在发生的变革。

如同前信息文明时期文字和印刷术的发展给图书馆带来了巨大的变革一样，信息文明的起源与发展、信息文明时代所形成的新的特点也成为图书馆发展的有力杠杆，成为推动图书馆事业与时俱进的革命力量。从20世纪70年代起，中国图书馆的发展先后经历和正在实践着图书馆自动化、数字图书馆、互联网（移动互联网）、人工智能等一波又一波的创新发展浪潮。

（二）图书馆自动化的第一波创新发展

1946年，在美国宾夕法尼亚大学诞生了第一台电子计算机之后，全球逐步兴起了自动化和信息化的浪潮。从1974年至1975年，在中国图书馆自动化的第一波创新发展中，有三件事值得一提：一是1974年8月，在国家主导下，中国开始启动"汉字信息处理工程"，中国图书馆界也随之开启了图书馆自动化的应用进程。同年，中国国家图书馆会同中国科学院图书馆、清华大学图书馆、北京大学图书馆等开始研究和使用从美国引进的数据库磁带。二是刘国钧先生在《图书馆工作》1975年第1期上发表了《马尔克计划简介——兼论图书馆引进电子机算机问题》，刘先生以敏锐而独到的眼光注意到国际图书馆事业进展中机读目录的重要作用，文章对中国图书馆自动化、信息化和现代化起到了重要的开山和启蒙作用。三是中国国家图书馆于1975年专门成立了"自动化发展部"，这一新业务机构的设置，不仅使图书馆自动化技术引起了图书馆界的重视，而且促进了图书馆业务机构的改革重组。① 从20世纪70年代至90年代中期，基于计算机自动化系统的开发，中国图书馆事业翻开了图书馆自动化的新篇章。有学者将这一时期分为3个阶段，即单功能系统（1978—1986）、集成系统（1987—1992）、网络建设（1993年以后），从而为之后的数字图书馆的发展奠定了基础。与此同时，这一时期的图书馆数据库建设和网络系统建设也同步推进。在引进包括美国国会图书馆等50多种国外数据库的同时，中国的文献型数据库、事实型数据库、全文数据库、高校图书馆的书目数据库等均有了长足的发展；基于文献资源共建共享的各类图书馆网络系统建设不断涌现，其中有专业型的中关村地区科研与教育示范网，有行业型的中国教育科研信息网，也有地区型的"上海市文献资源共建共享协作网"，还有机构型的

---

① 王世伟.新中国图书馆服务理念与实践60年［J］.图书馆杂志：2009（10）：8.

"中国科学院网上文献信息共享系统工程"等。[①]

(三)数字图书馆的第二波创新发展

自20世纪90年代前期开始,"数字"一词开始成为经济、社会和文化发展的重要修饰定语,如数字地球、数字经济、数字地图、数字鸿沟、数字电视、数字电影、数字图书馆、数字化生存等。最早进行数字图书馆研究的文献始见于1992年,这一年美国国家科学基金会曾主持了一个"电子图书馆研讨班"(后于1992年12月更名为"数字图书馆研讨班"),在研讨班上有专家提到了数字图书馆计划,并做了《数字图书馆:它是什么,为什么是这样的》的主题发言。1993年11月至1994年2月间,美国连续召开了4次与数字图书馆有关的专题会议,为全球数字图书馆的理论与实践开了先河。自1995年起,英国、德国、加拿大、法国、日本、澳大利亚、新西兰、新加坡等国家的数字图书馆建设也先后启动。[②]1996年,美国麻省理工学院教授兼媒体实验室主任尼古拉·尼葛洛庞帝的《数字化生存》问世,作者在结语中指出:"我们无法否定数字化时代的存在,也无法阻止数字化时代的前进,就像我们无法对抗大自然的力量一样。"[③]该书英文版曾高居《纽约时报》畅销书排行榜,并被翻译成30种语言。当本书出版20年后,人们在更大背景下重读这部经典,将其看作是新IT时代即智能时代的说明书。[④]

数字图书馆的创新发展浪潮很快波及中国。早在1994年,中国图书馆界就曾开始进行了"数字图书馆"的对话;1996年在北京召开的第62届国际图联大会中,也曾将数字图书馆作为大会研究的一个专题。[⑤]

中国数字图书馆较大规模的推进可追溯至试验型数字图书馆项目。1996年5月,在中国国家图书馆和上海图书馆等联合提议下,文化部向国家申报了中国试验型数字图书馆项目,第二年获得批准。1997年初,由中国国家图书馆牵头,联合上海图书馆、深圳图书馆、广东中山图书馆、辽宁省图书馆、南

---

① 张树华,张久珍.20世纪以来中国的图书馆事业[M].北京:北京大学出版社,2008:183.
② 刘炜,等.数字图书馆引论[M].上海:上海科学技术文献出版社,2001:20-57.
③ (美)尼古拉·尼葛洛庞帝.数字化生存[M].胡泳,范海燕,译.北京:电子工业出版社,2017:229.
④ (美)尼古拉·尼葛洛庞帝.数字化生存[M].胡泳,范海燕,译.北京:电子工业出版社,2017:17,49.
⑤ 刘炜,等.数字图书馆引论[M].上海:上海科学技术文献出版社,2001:74-75.

京图书馆、广西桂林图书馆等7家机构共同承担的"中国实验型数字图书馆"科研项目开始启动。①1998年7月,中国数字图书馆工程的申请被正式提出,并融入了国家图书馆二期工程。在国家图书馆导夫先路的基础上,国家科技数字图书馆、中国高等教育数字化图书馆、中关村科技园区数字图书馆相继问世。2007年7月,由文化部牵头,组织成立并召开了首次"全国数字图书馆建设与服务联席会议",会议成员包括中国国家图书馆、文化部全国文化信息资源建设管理中心、上海图书馆、中国科学院国家科学图书馆、CALIS管理中心(北京大学图书馆)、CADAL管理中心(浙江大学图书馆)、中央党校图书馆、国防大学图书馆等8家全国最主要的数字图书馆建设单位,形成了全国范围内跨系统的数字图书馆建设沟通协调机制。从2007年至2010年,先后召开了11次会议,就数字图书馆建设中的重点问题进行研讨、协商和合作,并以指南形式发布关于数字图书馆建设的相关政策和原则。②

作为第二波创新发展的数字图书馆较之第一波的自动化发展,其信息化更具广度和深度。以广度而言,如中国试验型数字图书馆项目的目标是建立多馆协作、互为补充、联合一致的数字图书馆,实现多类型、分布式、规范化、具一定规模、整体性较强的资源库。中国高等教育数字化图书馆自2004年启动后,经过数年建设即被评为国内最大的文献资源共建、共享和保障服务体系。以深度而言,由国家图书馆牵头的国家数字图书馆建设注重信息资源的整合与揭示,注重图书馆公开课实现全新阅读推广,注重全面推进新媒体阅读,并正计划注重运用大数据技术做好分析与整合。

数字图书馆为图书馆在21世纪的发展提供了广阔的空间和机遇。在数字图书馆的环境下,传统图书馆面临着一系列的改组、调整和重建。2000年11月由刘炜等人编写完成的《数字图书馆引论》一书,曾专门讨论了"数字化对传统图书馆的变革"问题,包括:数字化资源建设新领域、电子文献整理新标准、网上读者服务新形式、资源共建共享新网络、数字图书馆市场营销等。

在数字图书馆的发展进程中,图书馆分成了历史发展逻辑的4种形态,包括传统图书馆、自动化图书馆、复合图书馆和数字图书馆。复合图书馆最显著的特点就是数字资源和印刷型资源的复合共存。当1996年英国图书馆学者最

---

① 张树华,张久珍.20世纪以来中国的图书馆事业[M].北京:北京大学出版社,2008:183.
② 周和平.中国图书馆事业发展报告2012[M].北京:国家图书馆出版社,2013:390.

早使用"复合图书馆"这一概念之后,在中国,台湾学者顾敏于2000年率先介绍了复合图书馆的新理念及其构想,①大陆学者初景利于2001年发表《复合图书馆的概念及其发展构想》、黄宗忠于2002年发表《论图书馆新模式——复合图书馆》等文章。②在以上研究中,学者们认为复合图书馆是未来图书馆的新模式,进入21世纪之际,大多数图书馆必须同时承担数字图书馆和传统图书馆的社会功能和角色;国内学者提出了中国发展复合图书馆的构想,为数字图书馆的第二波创新发展提供了新理念、新战略和新模式。

(四)互联网的第三波创新发展

20世纪最后30年互联网的创建和发展,形成了覆盖全球的数字化、网络化、泛在化、互联化的人类文明新形态和新方式,为信息文明书写了新的篇章。1969年9月1日,第一个电脑网络奥普网络(APPANET)上线,刚开始的4个节点分别设置在美国加州大学洛杉矶校区和圣塔芭芭拉校区、犹他大学、斯坦福研究所。1990年,全球信息网(World Wide Web,缩写为WWW)在日内瓦的欧洲核子研究中心(CERN)发明,开启了世界拥抱互联网的进程。③1994年4月,北京中关村的教育与科研示范网通过美国公司接入互联网国际专线,被认为是中国融入全球互联网的标志性事件。包昌火、谢新洲在2006年出版的《竞争环境监测》一书的第六章中专门讨论了"利用互联网的环境监测",内容包括互联网的搜索、利用互联网进行宏观环境调查、利用互联网进行行业研究、利用互联网进行市场调查、利用互联网进行竞争对手跟踪、互联网上的常用信息源、环境监测系统软件等,为情报学界开拓了互联网环境下理论与实践创新发展的新空间。④范并思和李东来则在2010年出版的《中国公共图书馆发展蓝皮书(2010)》中专门介绍并论述了现代信息技术应用促进公共图书馆发展的问题,其中重点介绍的就是互联网和移动互联网技术,如"支持全覆盖的网络服务""图书馆2.0技术与服务""OPEC上的书目信息

---

① 顾敏.千禧年初复合图书馆的服务及其发展策回升[J].图书情报工作:2000(3):5-8.
② 初景利.复合图书馆的概念及其发展构想[J].中国图书馆学报:2001(3):3-6;黄宗忠.论图书馆的新模式——复合图书馆[J].图书情报知识:2002(3):10-15,26.
③ (美)曼纽尔·卡斯特.网络社会的崛起[M].夏铸九,等,译.北京:社会科学文献出版社,2003:53-60.
④ 包昌火,谢新洲.竞争环境监测[M].上海:上海科学技术文献出版社,2006:600-672.

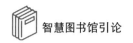

检索""图书馆卡互通技术""RFID技术的应用""手机图书馆和移动阅读服务"等。①以上研究成果从一个侧面反映了互联网和移动互联网在信息文明与图书馆持续创新发展中的影响和作用。

2013年,"互联网+"这一新理念开始出现。腾讯董事会主席马化腾认为:"'互联网+'就像电能一样,把一种新的能力或DNA注入各行各业,使各行各业在新的环境中实现新生。"②中国的图书馆界也顺势而为,在"互联网+"中进行了丰富多彩的实践探索和理论研究,并进而拓展至"图书馆+"。③

(五)人工智能的第四波创新发展

当数字图书馆、互联网(移动互联网)还在不断发展之时,作为移动互联网下一幕的人工智能开始登上信息文明的舞台并逐渐成为主角,"互联网+"逐渐换位于"智能+","智能时代""智能革命""机器智能"等开始成为经济、社会和文化发展的重点和热点,人类正迈向数据一切、网罗一切、连接一切、智能一切的大智能时代,在万物感知、万物认知、万物互联基础上的万物智能正呈现出井喷式的新一轮创新和发展趋势。

刘慈欣在给《智能革命——迎接人工智能时代的社会、经济与文化变革》一书所写的序言中认为:"上溯历史,我们发现人工智能的概念与自动化有着密切的关系,可以说自动化是这个概念的起源。在过去相当长的一段时间里,在人们的心目中,自动化就是人工智能。"④尽管当年的自动化系统已表现出相当多的智能特征,但自2016年开启的人工智能的新时代已与过去自动化不可同日而语。如今的人工智能的内容和应用已进入自然语言处理、计算机视觉、无人驾驶、模式识别、语音识别、机器学习、机器翻译、人机交互、智能网络搜索、认知科学、神经科学等各个领域和学科。2015年7月,国务院发布《关于积极推进"互联网+"行动的指导意见》,其中已提到了人工智能。⑤2016

---

① 公共图书馆研究院.中国公共图书馆发展蓝皮书(2010)[M].深圳:海天出版社,2010:82-106.
② 马化腾,等.互联网+:国家战略行动路线图[M].北京:中信出版社,2015:1-3.
③ 陈超.用"互联网+"和"图书馆+"成就全民阅读[N].文汇报,2015-04-24(05).
④ 李彦宏.智能革命——迎接人工智能时代的社会、经济与文化变革[M].北京:中信出版社,2017:序2.
⑤ 新华社.国务院4日发布《关于积极推进"互联网+"行动的指导意见》[EB/OL].(2015-07-04)[2015-07-05].http://news.xinhuanet.com/politics/2015/07/04/c_1115816931.htm.

年，人工智能在国内外形成了大发展的浪潮。这一年10月，美国政府发布《为人工智能的未来做好准备》《美国国家人工智能研究与发展战略规划》两份重要报告，① 同年12月，美国政府又发布了《人工智能、自动化与经济》的报告。② 在中国，2016年5月，为落实《关于积极推进"互联网+"行动的指导意见》，加快人工智能产业发展，国家发展改革委、科技部、工业和信息化部、中央网信办共同制定并下发了《"互联网+"人工智能三年行动实施方案》，③ 从国家层面正式提出了人工智能产业发展的计划和方案。邬贺铨院士在给吴军《智能时代：大数据与智能革命重新定义未来》一书所写的序言中指出："大数据与机器智能相伴而生，促进物联网从感知到认知并智能决策的升华，催生了智能化时代。这是一个计算无所不在、软件定义一切、数据驱动发展的新时代。"④ 2017年4月，百度创始人李彦宏出版专著《智能革命——迎接人工智能时代的社会、经济与文化变革》，认为人工智能将是照亮又一新时代的火种。"在不久的未来，智能流会像今天的电流一样平静地环绕、支持着我们，在一切环节提供养料，彻底改变人类经济、政治、社会、生活的形态。"⑤

"人工智能+图书馆服务"是信息文明为当代图书馆创新转型提供的又一种机遇、可能和解决方案，将成为图书馆颠覆性创新的一项全新技术和强有力的新引擎。实际上，在移动互联网阶段，当众多读者手持智能手机访问图书馆之时，原来依赖台式机和笔记本电脑进行的图书馆服务已显现令人担忧的端倪，智能化的移动互联网已向人们发出了变革的警示。人工智能在图书馆的广泛而深度的应用只是时间问题，机器人取代图书馆员、电脑取代人脑、各类传统服务岗位不断消失也只是时间问题。当大数据思维取代机械思维之时，图书馆管理与服务的内容和形式必将随之发生变革。人工智能具有的感知能力、记忆和思维能力、深度学习和自适应能力乃至行为决策能力，构成了智能系统或

---

① 王潇.美国发布人工智能发展规划 呼吁优先发展基础、长期的研究［EB/OL］.（2016-10-26）［2017-07-02］.http://www.ccidnet.com/2016/1026/10200133.shtml.
② 未央网.白宫发布报告《人工智能、自动化和经济》［EB/OL］.（2016-12-22）［2017-07-02］.http://www.weiyangx.com/223608.html.
③ 国家发展改革委，科技部，工业和信息化部，中央网信办."互联网+"人工智能三年行动实施方案.［EB/OL］.（2016-05-25）［2016-06-12］.http://www.miit.gov.cn/newweb/n1146290/n1146392/c4808445/content.html.
④ 吴军.智能时代：大数据与智能革命重新定义未来［M］.北京：中信出版社，2016：序1.
⑤ 李彦宏.智能革命——迎接人工智能时代的社会、经济与文化变革［M］.北京：中信出版社，2017：13.

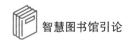

智能化系统，尤其是人工智能自适应、自学习、自校正、自协调、自组织、自诊断及自修复的深度学习能力，将形成图书馆服务的"最强大脑"。图书馆将逐渐告别并摆脱以往重复、繁重、污染（如历史文献书库）的工作与环境，图书馆员将成为新一代的智慧馆员，他们将与机器智能和谐共进，不再依附于传统"岗位"，将运用智能技术塑造图书馆服务与管理的全新"平台"，并进入自由劳动快乐工作的新境界。诚如尼葛洛庞帝在《数字化生存》中所描述的："让计算机认识你，懂得你的需求，了解你的言词、表情和肢体语言"，①将来的电脑将能够观察、倾听，不像一台机器，而更像一位善解人意的仆人。我们应以主动智能的积极姿态，充分释放新一轮信息文明带来的巨大发展能量。实际上，正当我们于2016—2017年迎接人工智能时代的曙光之时，人工智能的应用在多年前就已在国内外图书馆有所萌芽。清华大学图书馆于2010年底在该馆网站的服务栏目中将人工智能引入图书馆咨询服务系统，新设置了智能聊天机器人，包括图书馆知识问答、查询馆藏图书、百度百科、自我学习训练等内容，开创了在线参考虚拟实时咨询服务的新模式。②之后，一些图书馆也迅速跟进，推出了类似的服务。以上案例仅仅是人工智能在图书馆实践中的试水而已，人工智能在图书馆的应用还刚刚开启，未来发展的空间无可限量甚至难以预测。图书馆传统服务中那些重复性的读者办证、文献编目、信息检索、读者咨询、图书搬运、图书借阅、数据记录……正是机器智能擅长的事情，其可以不知疲倦地替代原本由图书馆员承担的工作。

图书馆自动化时期，是连接人与信息的时期；数字图书馆和互联网时期，是连接人与服务的时期；人工智能时期，则是连接人与机器智能的时期。在人工智能的助力下，"智能+服务"的图书馆空间和平台将朝着实时的交互识别、智能聚合、个性定制、泛在可视的方向演进。

在前信息文明时代，空间信息的传递靠烽火台、电话等；在信息文明的网络智能时代，宽带技术实现了"海内存知己，天涯若比邻"的诗意般的人际空间沟通，图书馆的服务更趋向个性化和人性化。文献检索从前信息文明时代的分类主题到信息文明时代的自动化、数字图书馆和互联网阶段的设计检索；

---

① （美）尼古拉·尼葛洛庞帝.数字化生存［M］.胡泳，范海燕，译.北京：电子工业出版社，2017：85.
② 姚飞，张成昱，陈武.清华聊天机器人"小图"的移动应用［J］.现代图书情报技术：2014（7/8）：120.

如今在智能时代，将更进一步提升为个体度身定制的推荐引擎，从而为读者提供更快捷、更多样、更立体、更方便、更精准、更即时的服务。当今的图书馆业界无须恐惧机器智能的崛起，而应该从现在开始以拥抱的心态对未来图书馆的创新转型做好设想和准备。

（完成于2017年7月6日）

数据驱动的图书馆学情报学

2019年对于中国的图书馆学情报学而言，有不少研究热点和创新趋势，但最显著、最重要并对整个图书馆学情报学产生重大推动力的无疑是数据驱动，主要表现在这一学术研究点的热度持续升高，这一学术主题的研究更为聚焦、更为深化、更为拓展，这一学术主题的影响力也更为扩大、更为跨界、更加国际化。我们可以通过数据驱动、数据主导、数据计算、数据服务、数据素养等5个方面来予以具体观察。

一、数据驱动

进入21世纪第二个10年以来，大数据持续成为学术界关注的热点，特别是2017年至2019年，中央政治局就大数据、人工智能、区块链先后举行了3次集体学习，不仅为经济社会发展的数据驱动提供了战略指引，也为数据驱动的图书馆学情报学提供了创新指引。2017年12月，中共中央政治局就实施国家大数据战略进行了集体学习，习近平总书记在主持学习时强调，大数据发展日新月异，我们应该审时度势、精心谋划、超前布局、力争主动，深入了解大数据发展现状和趋势及其对经济社会发展的影响，分析我国大数据发展取得的成绩和存在的问题，推动实施国家大数据战略……加快建设数字中国。[①]2018年10月，中共中央政治局就人工智能发展现状和趋势举行集体学习，习近平总书记主持学习时强调，人工智能是引领这一轮科技革命和产业变革的战略性

---

① 习近平.实施国家大数据战略加快建设数字中国［EB/OL］.（2017-12-09）［2019-12-10］.http://www.xinhuanet.com//politics/2017-12/09/c_1122084706.htm.

技术，具有溢出带动性很强的"头雁"效应。在移动互联网、大数据、超级计算、传感网、脑科学等新理论新技术的驱动下，人工智能加速发展……加快发展新一代人工智能是我们赢得全球科技竞争主动权的重要战略抓手，是推动我国科技跨越发展、产业优化升级、生产力整体跃升的重要战略资源。①2019年10月，中共中央政治局就区块链技术发展现状和趋势进行集体学习，习近平总书记在主持学习时强调，区块链技术的集成应用在新的技术革新和产业变革中起着重要作用，我们要把区块链作为核心技术自主创新的重要突破口，明确主攻方向，加大投入力度，着力攻克一批关键核心技术，加快推动区块链技术和产业创新发展。②显然，新一代科技革命和产业变革正在引领新时代经济的高质量发展，也正在催生以数据驱动为主要特征的图书馆学情报学的研究新主题、新方法和新形态。与此同时，英国学者维克托·迈尔-舍恩伯格和肯尼思·库克耶所著《大数据时代》中有关大数据的一批研究成果的问世，助推了数据驱动的学术热潮。2018年，"大数据视域下数字人文研究"被列入由中国人民大学、《学术月刊》和《光明日报》联合举办的"2018年度中国十大学术热点"；点评专家王晓光教授在入选理由中认为："2018年，伴随'数字中国'理念的兴起和哈佛大学中国历代人物传记资料库（CBDB）的示范效应，数字人文研究进一步受到中国人文学界的关注，包括历史学、文学、语言学、图书情报学、艺术学等多个学科的学者都加大了数字人文研究力度，催生了众多领域导向性专题数据库建设与探索性研究项目；这些项目是当代技术条件下的'典籍编撰'活动，也是人文研究在未来数字空间中延续繁荣的基础。"③在数据驱动持续升温的发展进程中，2019年的图书馆学情报学更是显现出数据作为发展基点的重要驱动力的年度学术发展特征。

据人大报刊复印资料《图书馆学情报学》编辑部提供的数据，该刊在2019年全年12期中，共全文转载了200篇图情学科的相关论文，其中62篇是关于数据主题和数据方法研究的，占全年总转载量的31%。从这些论文刊载的

---

① 习近平.加强领导做好规划明确任务夯实基础 推动我国新一代人工智能健康发展[EB/OL].（2018-11-01）[2019-12-10].http://paper.people.com.cn/rmrb/html/2018-11/01/nw.D110000renmrb_20181101_1-01.htm.
② 习近平.把区块链作为核心技术自主创新重要突破口加快推动区块链技术和产业创新发展[EB/OL].（2019-10-26）[2019-10-26].http://203.192.15.131/content/20191026/Page01DK.htm.
③ 中国十大学术热点研究课题组.中国学术热点趋势报告（2018—2019）[M].上海：上海人民出版社，2019：32.

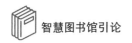

期刊分析，图书情报学界的专业学术期刊不约而同地形成了群体聚焦，几乎所有期刊都围绕数据主题发表了不同研究维度的学术论文，其中部分论文具有开创性并提出了研究新命题。《中国图书馆学报》作为最具学科影响力的学术期刊，在这一主题的研究中起到了引领作用，刊发了多篇以数据研究为主题的论文，如王芳的《数据科学视角下数据溯源研究与实践进展》、胡小菁的《文献编目：从数字化到数据化》、刘炜的《5G与智慧图书馆建设》等。另外还有丁遒劲的《文献元数据集成管理研究》(《情报学报》)、曹树金的《大数据驱动的图书馆精准服务研究》(《大学图书馆学报》)、杨九龙的《人工智能在图书馆应用的理论逻辑、现实困境与路径展望》(《图书情报工作》)、陈传夫的《完善政府数据开放主体制度的路径研究》(《情报科学》)、黄如花的《图书馆参与政府数据开放运动的驱动因素、实践发展与启示》(《情报资料工作》)、吴丹的《基于可穿戴设备的医疗健康数据生命周期管理与服务研究》(《信息资源管理学报》)、聂磊的《从数据科学视角看情报学与数据的关系》(《图书情报知识》)、周耀的《区块链技术在智慧图书馆中的应用研究》(《现代情报》)、葛燕君的《图书馆数据开放的内涵、价值、实施与隐私保护》(《情报杂志》)、丁波涛的《政府数据治理面临的挑战与对策》(《情报理论与实践》)、张连分的《大学图书馆开展数据管理服务的实践和成效评析》(《图书馆建设》)、王世伟的《关于人工智能与图书馆服务重塑的五个问题》(《图书与情报》)、顾立平的《国外开放科研数据的激励政策》(《图书馆论坛》)、李卓卓的《面向效能评估的英美公共图书馆数据采集及启示》(《国家图书馆学刊》)、彭程程的《"智慧校园"学者画像系统研究》(《数字图书馆论坛》)、焦海霞的《由信息素养馆员向数据素养馆员转型：动因、模式与路径》(《图书馆学研究》)等；2019年3月创刊伊始的《文献与数据学报》也发表了初景利的《以信息和数据为核心构建图情档学科体系与能力》一文。以上这些学者群体与刊物群体的高度聚焦与关注，充分体现出2019年图情学术研究中的数据驱动特征。不仅如此，这些论文围绕数据驱动主题所研讨并涉略的数据开放、数据管理、数据控制、数据质量、数据溯源、数据挖掘、数据大脑、数据共享、精准服务、数据伦理、数据规范、数据计算、数据关联、数据引用、数据保存、数据安全、科学数据、数据仓储、数据战略、数据馆员、数据可携权、数据生命周期、从数字化到数据化、人工智能和5G通讯与图书馆重塑等诸多内容，既有对以往学术研究的进一步深化，也有许多新的学术亮点和学术研究新命题，对于面向未来的图书馆学情报学研究而言，具有重要的开新和启迪作用。

二、数据引导

国家社科基金重大项目在一定程度上体现出学术研究的前沿性、战略性、发展性和交叉性，也在一定程度上折射出学术研究的发展趋势和学术研究在一定时期内的重点。2019年，在新中标的国家社科基金重大项目中有10位图情界学者新担任了首席专家，其中主持数据研究和数据方法领域重大课题的有8位，占首席专家总数的80%。如陈传夫主持的《社会数字化转型背景下图书馆发展风险规制研究》、吴丹主持的《面向三大公共数字文化工程资源融合的多语言信息组织与检索研究》、夏立新和叶继元主持的《新时代我国文献信息资源保障体系重构研究》、杨海平主持的《南海疆文献资料整理中的知识发现与维权证据链建构研究》、邱均平和唐晓波主持的《基于大数据的科教评价信息云平台构建和智能服务研究》等，① 这些图情学界领军人物的课题设计、内容选择与研究路径，无疑在图情学科领域起到了研究导向的作用，让图情学界对未来数据驱动的图书馆学情报学有了更多的期待和热望。

2019年，高校的图情院系和图情学术组织分别举办了多场颇具学术影响力的以数据为主题的研讨会，在图情学界吹起了阵阵数据引导的学术春风。

2019年8月，主题为"新时代图书馆的转型发展：均衡 融合 智慧"的中国图书馆年会在内蒙古鄂尔多斯市东胜区隆重召开，年会中举办的"开放科学与机器智能环境下学术信息服务范式变革"分会场、"智慧·融合·跨越——智慧图书馆阅读服务创新"分会场、"信息素养与可持续发展"主题论坛等都秉持数据驱动的创新理念，围绕服务范式、服务创新和可持续发展等不同主题进行了理论与实践紧密结合的研讨。在"开放科学与机器智能环境下学术信息服务范式变革"分会场，中国科学院《全球变化数据学报（中英文）》编辑部主任刘闯做了"科学数据新型服务的战略取向与创新举措"的研究报告，一针见血地指出现阶段我国的科学数据面临产能高共享率极低、高质量学术论文及关联科学数据外流的困境与短板，旗帜鲜明地提出了我国需要把国家公共财政资助产生的数字化科技资源的掌控权留在中国科技界的建言。中国科学院计算

---

① 全国哲学社会科学工作办公室.2019年度国家社科基金重大项目立项名单公布［EB/OL］.（2019-12-04）［2019-12-17］.http://www.npopss-cn.gov.cn/n1/2019/1204/c219469-31490279.html.

机网络信息中心大数据部数据工程实验室主任李成赞则做了"云环境下数据出版探索与实践"的研究报告,分享了中国科学院计算机网络信息中心围绕数据出版模式最新探索与实践的相关信息,如云环境下数据出版框架与平台建设、数据有效传播机制、数据影响力评价等。①2019年8月,上海图书馆学会、中国图书馆学会数字图书馆专业委员会联合举办了"AI在图情——2019图书馆前沿技术论坛",这是基于人工智能飞速发展的浪潮和图情领域正在兴起的智慧图书馆、智慧情报、科技智库、数字人文等应用热潮顺势而为的学术活动,孙坦、张智雄、刘炜、王鑫、祝忠明、章成志、阮光册、王军、欧石燕、赵羽翔等多位在数据研究领域活跃的专家学者分别围绕认知计算、语义网络、深度学习、神经网络、本体应用、区块链、知识图谱、开放计算、自动标引、关联数据、数字人文、众包等数据智能前沿的诸多主题进行了深入探讨,并从问题导向和现实导向出发,针对人工智能将如何颠覆图书情报行业、智慧数据及应用、下一代系统与数字人文等业界关注并疑惑的命题有针对性地展开了交流和互动。这些研讨无疑对图情学界同样起到研究方向的数据引导作用,也为图情学界的学术研究开辟了一片新天地。②

武汉大学大数据研究院作为图书馆学情报学界在数据驱动方面的学术重镇,于2019年11月举办了"2019珞珈大数据论坛",在论坛的多场主旨报告中,无论是李建成的《数字改变世界》还是曾大军的《混合智能及其在复杂场景预测中的应用》,无论是樊文飞的《社交媒体的营销分析》还是张俊博士的《金融大数据平台建设实践》,均体现了图书馆学情报学界在数据驱动研究中的跨界、前沿、应用的学术特点,论坛上大数据研究院、武汉数文科技公司、阿里乡村事业部实验室的技术专家分别分享交流了最新的研究成果。论坛所显示出的数据驱动的学术气场给业界内外的学者和同行留下了深刻的印象。显然,"珞珈大数据论坛"不仅成为以问题导向和数据驱动为特色的跨界学术交流大平台,也成为培养数据科学复合型人才的学习大

---

① 中国图书馆学会.2019年中国图书馆年会"开放科学与机器智能环境下学术信息服务范式变革"分会场(北京)在中科院文献情报中心召开[EB/OL].(2019-08-20)[2019-12-11].http://www.lsc.org.cn/contents/1432/13892.html.
② 上海市图书馆学会.AI在图情——2019图书馆前沿技术论坛(IT4L2019)会议顺利召开[EB/OL].(2019-08-17)[2019-12-13].http://society.library.sh.cn/node/6289.

平台。①

此外，由南京大学信息管理学院于2019年10月举办的主题为"智能社会中的信息系统创新"的信息系统协会中国分会第八届全国大会、由北京大学信息管理系2019年11月举办的主题为"图书馆变革发展：效能、智能、赋能"的全国图书馆学博士生学术论坛、由上海图书馆学会2019年12月举办的主题为"数据之巅——多源多维度数据研究的眺望"的学会年会青年学者论坛、由吉林大学管理学院2019年12月举办的主题为"数据生态与智慧服务"的青年学者论坛暨学科建设研讨会等，内容大都围绕数据驱动展开，持续不断地为图书馆学情报学研究注入了数据驱动的动力与活力。

三、数据计算

在数据驱动和数据引导下，数据计算成为图情学术研究中更为普遍的方法。2019年11月在南开大学召开的中国社会科学情报学术年会上，有许多学者围绕数据计算进行了主旨演讲。如王晓光的《从文献资源到智慧数据：语义增强的方法与路径》、黄水清的《新时代人民日报分词预料：语料库构建与性能测评》等，其视域和方法无疑给图书馆学情报学研究提供了新方法和新路径的诸多启迪。

在数据计算方面，中国图情界首次以数据统计为主题的国际学术研讨活动具有创新性和国际性。2019年11月，由国家图书馆研究院、中国图书馆学会公共图书馆分会城市图书馆工作委员会、广州图书馆等机构在广州图书馆联合举办的"提升效能、创新发展与图书馆统计"学术研讨会，体现了深度的前沿理论引领和创新性的实践探索的有机结合。曾经担任国际图联主席的克劳迪娅·卢克斯在研讨会上所做的题为《国际图联〈图书馆统计宣言〉的解读》的演讲，为人们带来了数据计算的更为广阔的国际视野。她从国际图联的《图书馆统计宣言》出发，阐释了图书馆统计数据及统计工作的重要意义，并从数据收集、数据统计、数据评估等方面展开，希望图书馆界能越来越重视统计数据，用数据为图书馆发声，其观点为数据计算的图书馆学情报学理论如何与图

---

① 司湘云，王丹丹，刘政昊.2019珞珈大数据论坛隆重举行［EB/OL］.（2019-11-15）［2019-12-15］.http://bdi.whu.edu.cn/news_show.aspx?id=921.

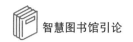

书馆实践相结合提供了具有可操作性的重要路线图。同时，研讨会也揭示了目前中国图书馆界在图书馆统计方面存在的统计口径不一致、填报数据质量参差不齐等短板，为推进图书馆统计制度更加完善、更加定型，为进一步提高图书馆在数据统计方面的治理体系和治理能力提供了理论与实际相结合的探索。①

在数据计算方面特别值得一提的是，2019年9月，华东师范大学与科睿唯安公司进行战略合作的科研项目开始启动，此项目以华东师大信息学系赵星教授领衔的学术团队为主导，旨在以数据计算、分析和提炼为方法，向学术界展示中国哲学社会科学研究国际化进展、前沿、热点与话语权。尽管这一以数据计算为主要研究方法的重大学术项目成果尚在进行之中，但可以预期的是，这一跨界合作的重大项目以文化自信和国际化的胸怀，以时不我待与数据驱动同频共振的机遇意识，将成为图书馆学情报学界运用计算方法的重大全新成果，实现图书馆学情报学理论研究方法与实践目标紧密结合的穿越和超越。

四、数据服务

在数据驱动的学术大背景下，图情重要机构于2019年也推出了基于数据管理的学术服务并对未来的数据服务进行了研讨和规划。

联合在线发布古籍数字资源成为2019年图情学界实现跨界学术影响力的重要服务举措。2019年11月，国家图书馆（国家古籍保护中心）与吉林省图书馆、山东省图书馆、宁波天一阁博物馆、广东省社科院图书馆、内江师范学院图书馆、河南省唐河县图书馆等20家单位，联合在线发布古籍数字资源7 200余部（件），使全国在线发布的免费古籍资源超过7.2万部（件）。②试想，对如此巨量的历史文献进行跨时空的在线服务，如果没有协调整合的数据管理平台是难以完成的。

开放数据应用开发竞赛成为2019年图情学界实现跨界学术影响力的又一重要服务举措。上海图书馆的开放数据应用开发竞赛由国家文化和旅游公共服务研究上海图书馆基地主办，这一赛事自2016年至2019年已举办4届，2019年的赛事自

---

① 中国图书馆学会."提升效能、创新发展与图书馆统计"学术研讨会在广州图书馆成功举办［EB/OL］.（2019-12-02）［2019-12-15］.http://www.lsc.org.cn/contents/1351/14722.html.
② 杜羽.7.2万部古籍数字资源可免费阅览［N］.光明日报，2019-11-13（11）.

4月至9月延续了半年之久并进一步扩大合作范围，与6家数据合作机构共同打开数据宝库，面向国内外征集以开放数据为基础的优秀移动应用产品原型或服务创意，以期更加充分地释放开放数据的价值，最大限度地挖掘其背后的应用潜力。这一数据服务的赛事持续升温，相对2018年竞赛，2019年度的竞赛报名团队数量和参赛人数分别增长了40.9%和35.5%，还吸引了多名来自中外合办和境外高校的学生和研究人员参赛，如来自境内的上海纽约大学以及来自境外的美国佛罗里达大学、美国北得克萨斯大学、德国波恩大学、美国得克萨斯A&M大学、英国华威大学和美国加州大学戴维斯分校等，使这一图情界的数据服务赛事更具国际影响力。[①]

未来的数据服务如何规划和深化成为2019年图情界管理者和研究者思考的重要命题。全国数字图书馆建设与服务联席会议制度自2007年7月建立以来取得了一系列重要成果。2019年12月，全国数字图书馆建设与服务联席会议第二十次会议在北京召开，主题为"图书馆转型发展与未来规划"。会上，汪东波的《新时代国家图书馆转型发展的实践与思考》、刘炜的《第三代图书馆系统与数字图书馆未来发展》、赵艳的《国家科技知识服务体系发展思考》、罗云川的《公共数字文化融合背景下公共图书馆创新服务的探索实践》等报告，围绕数据驱动的图书馆服务进行了交流。会议明确了数据驱动的图书馆服务转型发展方向与"十四五"规划思路，讨论并通过的《数字图书馆资源管理指南》对加强和规范图书馆数据资源管理具有重要的指导意义。[②]

五、数据素养

图情学界多年关注的信息素养命题在2019年表现得更为聚焦，成为年度信息素养研究的重要学术活动并呈现出信息素养向数据素养聚焦的发展趋势。

2019年8月，由武汉大学信息管理学院、中国图书馆学会学术研究委员会、澳门大学图书馆、《图书馆杂志》社联合举办的"信息素养与可持续发展"主题论坛聚焦图书馆行业发展信息素养教育的议题，并与联合国教科文组织

---

① 上海图书馆上海科学技术研究所.上海图书馆2019开放数据应用开发竞赛奖项揭晓为您呈现历史建筑与开放创新的完美盛宴［EB/OL］.［2019-12-13］.http://beta.library.sh.cn/SHLibrary/newsinfo.aspx?id=780.
② 中国图书馆学会.全国数字图书馆建设与服务联席会议第二十次会议在北京召开［EB/OL］.（2019-12-06）［2019-12-11］.http://www.lsc.org.cn/contents/1186/14744.htm.

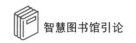

"全民信息计划"(Information For All Program)的优先领域相联系,来自海峡两岸及澳门的6位专家,围绕如何提升信息素养教育的质量、如何提升公民的信息素养水平、信息素养教育如何推动联合国2030可持续发展目标的实现等问题进行了精彩的主旨演讲。如张久珍的《数据素养教育的设计与实施》,指出了数据素养教育将成为信息素养教育的重要内容和发展方向;彭慰的《大学本科生的信息素养教育——台湾经验分享》则总结了中国台湾地区不同的大学在开展本科生信息素养教育的一致目标,即培养大学生成为批判性思考、独立学习与终身学习者;黄如花的《信息素养教育对可持续发展目标的贡献》,阐述了如何通过信息素养教育促进可持续发展目标的实现;林佳的《新媒体时代的信息素养教育——清华大学实践案例》,强调每一位社会公民需要较传统媒体时代具备更好的信息素养以适应新媒体时代的信息环境;吴丹的《近十年国外信息素养理论研究》从理论研究的角度梳理了近十年国外图书情报学领域信息素养研究的进展并提出了未来研究的趋势;耿琳琳的《翻转教学法在信息素养讲座中的应用:以澳门大学图书馆为例》,以澳门大学图书馆为案例,探讨了雨课堂工具的应用场景,强调对信息素养教育发挥的作用。在主题论坛上,中国图书馆学会秘书长霍瑞娟介绍了由中国图书馆学会和武汉大学信息管理学院等单位共同发起的《中国公民信息素养教育提升行动倡议》,倡议提出了4项主要内容:面向国家信息化战略需求,构建中国公民信息素养培养体系;面向国家教育创新战略需求,推动优质信息素养教育资源建设与共享;面向国际信息素养教育新环境,建立中国信息素养教育论坛;面向国家文化走出去战略需求,传播信息素养教育的中国声音,号召全国各级各类图书馆和有关机构积极响应并联合倡议,开展行动。[1]

在中国图书馆学术年会的基础上,中国图书馆学会和武汉大学信息管理学院于2019年11月又联合举办了首届图书馆对公众开展信息素养教育研讨班。本次研讨班向学员介绍了当前信息环境下联合国2030可持续发展议程和联合国教科文组织"全民信息计划"的有关内容,指出国际图联和中国科协等有关方面对信息素养教育的高度重视,为学员阐述了我国图书馆对公众开展信息素养教育的重要意义。研讨班上,霍瑞娟的开幕致辞、黄如花的《我国图书馆对

---

[1] 中国图书馆学会."信息素养与可持续发展"主题论坛[EB/OL].(2019-09-05)[2019-12-11]. http://www.lsc.org.cn/contents/1432/13962.html.

公众开展信息素养教育探索》和《国际公众信息素养教育的发展与动态》、潘卫的《我国公众信息素养教育现状与策略》、林佳的《信息环境对公众信息素养教育的影响》、冯玲的《公共图书馆与信息素养教育》等报告以及图书馆的现场教学,为学员们带来了理论与实践相结合的丰富的数据素养学习内容。[①]

2019年数据驱动的图书馆学情报学,如同高山大川,远望可见其势,近察可见其质。2019年的图情学术界的数据热点,不仅在图情学术圈形成了热点,而且这种学术温度也影响感染了圈外的学术界,如在2019年国家社科基金各个学科的重大项目中,采用数据收集、数据挖掘、数据计算、数据分析方法的项目已占到相当的比例;数据服务已让整个学术界受益,而数字人文的发展,也促进了中国社会科学情报学会数字人文专业委员会、武汉大学大数据研究院与敦煌研究院在敦煌文化方面采用数据方法的协同创新,并于2019年7月举办了敦煌文化遗产数字化国际研讨会。数据驱动的图书馆学情报学将进一步释放本学科的学术创造活力,以点石成金的智慧激活国情学界蛰伏的巨大发展潜能。可以预见的是,数据驱动将在未来若干年内继续成为图书馆学情报学的研究热点和推动力。需要指出的是,在数据驱动带来普遍学术红利的同时,我们也应该以批判的眼光和反思的精神对这一学术热点进行思考,即我们需要在泥沙俱下的复杂多样的数据中进行鉴别研判并去伪存真,在与日俱增的表层物象数据中通过人的智慧发现深层互联的真相,在浩如烟海习以为常的数据浪潮中发现其中价值的亮点,在数据驱动的大背景下始终秉持学术的道德、价值、伦理和智慧。武汉大学大数据研究院院长马费成教授在"2019珞珈大数据论坛"致辞中表示,"武汉大学大数据研究院的目标是基于人工智能技术、大数据技术和其他现代信息技术构建当代人文社会科学研究的数字平台、为人文社会科学研究带来新的研究范式,以期建成我国人文社科研究的大数据高地,其宗旨是服务武汉大学文社会科学研究、辐射全国、走向世界"。[②]这正是对2019年数据驱动的图书馆学情报学的当下洞察和未来愿景的诠释。

（完成于2019年12月18日）

[①] 中国图书馆学会.首届图书馆对公众开展信息素养教育研讨班在海口举办［EB/OL］.（2019-12-02）［2019-12-11］.http://www.lsc.org.cn/contents/1214/14715.html.
[②] 司湘云,王丹丹,刘政昊.2019珞珈大数据论坛隆重举行［EB/OL］.（2019-11-15）［2019-12-15］.http://bdi.whu.edu.cn/news_show.aspx?id=921.

加快数字发展中的中国智慧图书馆建设

一、引言

自21世纪初欧美大学图书馆提出"智慧图书馆"和"融合图书馆"的概念并进行了初步的实践试验之后,[①] 自21世纪初始,中国图书馆界伴随着智慧城市的进程,在全国一体化文化资源共建共享和城乡总分馆建设的基础上,逐步兴起了智慧图书馆理论研究与实践探索的高潮。在互联网、物联网、移动互联网、大数据、云计算、人工智能、5G、区块链等新一代信息技术的持续波浪式驱动下,中国智慧图书馆建设在近20年特别是近10年来可谓风生水起,迈出了令人刮目相看的新步伐。总体而言,我们对在加快数字发展中的中国智慧图书馆建设可以从以下5个方面来加以观察:第一,一体化进程中的图书馆资源共享化;第二,跨时空形态下的图书馆服务泛在化;第三,人机协同环境下的图书馆人才融合化;第四,数字整体转型条件下的图书馆管理智慧化;第五,新冠肺炎疫情条件下的图书馆全面智能化。本文试图从中国公共图书馆的视角对以上的新发展进行鸟瞰巡览。

二、一体化进程中的图书馆资源共享化

21世纪伊始,中国公共图书馆迈出了一体化进程中图书馆资源共享化的新路,这一创新的理念与实践在国家层面和地方层面同时展开。

---

① 王世伟.国际大都市图书馆服务体系研究[M].北京:国家图书馆出版社,2018:104-132.

（一）全国文化信息资源共享工程

从国家层面而言，从2002年开始，国家重大文化建设工程——"全国文化信息资源共享工程"开始实施，并曾连续6年被写入中央一号文件，且先后被列入《国民经济和社会发展第十一个五年规划纲要》《2006—2020国家信息化发展战略》等国家重要规划和发展战略。[①]通过国家中心、省级分中心、县级支中心、乡镇/街道社基层服务点的持续建设和推进，使图书馆资源在一体化的进程中持续推进城乡公共文化服务体系一体建设，提高了文化惠民工程的覆盖面和实效性。据国家图书馆研究院《2019年中国公共图书馆事业发展基础数据概览》的统计，全国电子图书馆藏总量已近8.66亿册，网站访问量达到21.18亿页次，充分体现出文化资源共享的巨大效益。

（二）城乡总分馆体系建设

从地方层面而言，2000年11月，上海市领导对上海图书馆未来发展提出了指导意见，要求上海图书馆进一步把图书馆的服务功能拓展辐射到上海全市的高校和各个区县，共同联手建设上海市中心图书馆。以切入点而言，上海图书馆在借鉴世界发达国家城市图书馆服务管理模式的基础上，提出了在整个城市中实行市、区县和街镇图书馆通借通还一卡通，这一城市图书馆一体建设的全新模式，成为具有中国特色的智慧图书馆建设的新形态。[②]在此之后，各具特色的城乡一体化公共图书馆创新机制与服务模式在全国东中西部和东北地区广泛形成，特别是上海、北京、杭州、嘉兴、苏州、深圳、广州、东莞、佛山等地的公共图书馆一体化建设，为全国公共图书馆的一体化发展提供了可资借鉴的成功案例。2007年8月，国家发布《关于加强公共文化服务体系建设的若干意见》，特别强调了总分馆一卡通服务方式的城乡一体化发展思路，提出："鼓励具备条件的城市图书馆采用通借通还等现代服务方式，推动公共文化服务向社区和农村延伸。"如浙江省嘉兴市在城乡总分馆建设的实践探索中，形成了"政府主导、整体规划，三级投入、集中管理，资源共享、服务创新"的

---

① 张彦博.公共文化服务的创新与跨越[M].北京：国家图书馆出版社，2010：序言.
② 王世伟.上海市中心图书馆的十年发展与未来愿景[J].图书馆杂志，2011（01）：47-52.

一体化创新模式,使图书馆的资源共享向均等化和可及性深入发展。① 上海市嘉定区图书馆从2017年起进行了"我嘉书房"的创新实践,成为多方共建共享的新模式、县域总分馆建设的新探索、主题图书馆建设的新实践、公共图书馆全域服务的新形态、繁荣发展乡村文化的新路径、图书馆文旅深度融合的新趋势、深化阅读推广的新载体,也为打造数字中国智慧社会的公共图书馆创新发展提供了新经验。② 需要指出的是,近年来城市总分馆体系建设在许多城市初步布局的基础上,在持续推进、不断深化,并创造出因城制宜的各种实践探索。以北京市为例,同城一卡通的总分馆建设项目自2016年起注重统筹推进街道(乡镇)图书馆"一卡通"工作,2019年5月印发《北京市街道(乡镇)图书馆"一卡通"服务规范》,明确了"一卡通"图书馆的设施设备、服务资源、服务内容等具体标准,各图书馆建设完成后均可对照《规范》进行检查验收;"一卡通"建设采用了独立建设、合作建设、购买服务等多种方式,截至2020年底,北京全市333个街道(乡镇)公共图书馆实现"一卡通"全覆盖,全面完成场馆、硬件、设施网络和基本标准服务的接入工作。③ 又如,2021年2月1日,整合浙江全省文献资源集于一身的信息资源共建共享平台正式上线运营,该平台打破图书馆和图书馆之间、地区和地区之间的信息壁垒,形成全省图书馆一张网、文献资源和活动信息一朵云,实现全省文献信息资源一站检索、统一揭示,帮助用户快速了解文献在全省的分布情况,为文献获取提供线索,实现了文献信息资源共建共享,成为提升图书馆基础服务效能的一次全面提升和一项实实在在的便民举措,也成为新形势下智慧图书馆一卡通服务方式在省际范围内的新发展。④

(三)全国智慧图书馆体系建设的新内涵

中国公共图书馆在深度一体化与智能化的进程中,于2020年初提出了"智慧图书馆体系"的创新思路,在经过广泛征求意见、深度论证并反复修改

---

① 王世伟.中国特色公共图书馆发展道路初探(下)[J].图书馆杂志,2013(06):5.
② 王世伟.基于生动实践的中国公共图书馆理论创新——以"我嘉书房"为例[J].国外社会科学前沿,2019(07):53-57.
③ 北京市文化和旅游局.北京市实现街道(乡镇)图书馆"一卡通"全覆盖[EB/OL].(2021-03-01)[2021-04-12].https://mct.gov.cn/whzx/qgwhxxlb/bj/202103/t20210301_922345.htm.
④ 陆健,严红枫.浙江实现全省图书通借通还[EB/OL].(2021-02-03)[2021-02-03].https://epaper.gmw.cn/gmrb/html/2021-02/03/nw.D110000gmrb_20210203_8-09.htm.

的基础上，中国国家图书馆向国家有关部门提出了建设"全国智慧图书馆体系"的建议。面向未来的智慧图书馆体系建设，有基于以下的创新发展视角：一是图书馆的资源加工组织与服务方式需要适应新变化；二是图书馆需要敏锐感知并主动参与构建知识服务新生态；三是图书馆需要利用智慧化技术打造更具价值的馆舍空间。从图书馆业务的全流程智慧化管理、知识资源的全网立体集成、知识服务生态链条的全域连通、学习阅读空间的线上线下虚实交互等智慧图书馆的特点出发，"全国智慧图书馆体系"提出了如下的总体思路：依托国内已有数字图书馆基础设施、资源及服务网络建设成果，以及国家图书馆与全国各级公共图书馆之间已有的较为成熟的行业协同网络，充分发挥各级图书馆在知识信息收集、汇聚、加工整合及关联揭示等方面的专业技术优势，联合打造面向未来的下一代图书馆智慧服务体系和自有知识产权的智慧图书馆管理系统，推动实现图书馆空间、资源、服务、管理等的全面智慧化升级。简而言之，"全国智慧图书馆体系"就是以云上智慧图书馆作为支撑全国智慧图书馆体系运行的云基础架构，以全网知识内容集成仓储建设、智慧图书馆管理系统、智慧化知识服务运营环境作为三大着力点，以全国各级图书馆及其基础服务点普遍建立线上智慧服务空间作为体系的神经末梢，并以智慧图书馆评价体系建设、智慧图书馆标准规范体系建设、智慧图书馆研究及人才培养体系建设作为三个支撑保障体系。[①]"全国智慧图书馆体系"的提出、构想与未来的推进，将成为中国智慧图书馆在"十四五"和2035远景目标进程中的创新理念和全新实践，有望构建起高质量发展的智慧图书馆全国一体布局和空间枢纽节点支撑体系。中国智慧图书馆的这种整体转型，将有助于提升公共图书馆服务的整体规模，也将助力于实现服务与管理的效益与效能的提升，还将有助于提高公共图书馆的服务管理的质量与便捷度，并有望形成在全球公共图书馆业界的示范引领功能。

(四)全媒体传播和数字文化工程新导向

在社会主义文化繁荣发展工程中，国家"十四五"规划和2035远景目标纲要与时俱进地提出了"全媒体传播和数字文化"工程，内容包括推进国家、

---

① 饶权.全国智慧图书馆体系：开启图书馆智慧化转型新篇章[J].中国图书馆学报，2021（1）：4-12.

省、市、县四级融媒体中心（平台）建设、推进国家有线电视网络整合和5G一体化发展、分类采集梳理文化遗产数据，建设国家文化大数据体系等。①这对迈向未来的智慧图书馆建设无疑是一个重要的抓手和新载体。需要提出的是，一体化进程中的图书馆资源共享化不是简单的文献数据堆积，而是更广泛、更便捷、更个性、更智能、更安全的文献存储、传递、获取和利用，这对全媒体传播和数字文化工程是一个新要求。

（五）智慧图书馆绿色发展的新形态

2021年初始，国内首批"被动房"智慧图书馆在河北省高碑店市的燕赵公园、植物公园和世纪广场内出现，这是高碑店市2020年度的民生实事工作，依托第23届国际被动房大会举办地的资源优势，采用了当前世界领先的装配式超低能耗建筑技术建设的智慧图书馆，可为市民提供恒温、恒湿、恒氧、恒洁、恒静的阅读环境。被动房是世界房屋建筑未来方向，它不需要空调和暖气，房间全年有新鲜空气，不潮湿、无霉菌，四季的室温都维持在人体最适宜的18—24℃之间，能节省95%的能源。这一采用智慧化云平台及管理平台的全新智慧图书馆新形态，实现了无人值守和24小时自助化服务，不受传统图书馆开放时间、空间和服务模式的限制，读者进入智慧图书馆内，只需要携带本人身份证就可自行在一体机上完成借书还书的所有操作，或刷身份证即可开门进馆阅读。馆址选在公园和广场内，这种"公园+图书馆"的组合让百姓生活多了几许诗意。②

三、跨时空形态下的图书馆服务泛在化

在开启全面建设社会主义现代化国家新征程中，我国已转向高质量发展阶段，广大读者对于图书馆的文化服务需要从一般阅读需求变成了发展型、智慧型的需求，而跨时空形态下的图书馆服务泛在化正是这种发展型、智慧型需求

---

① 光明日报.中华人民共和国国民经济和社会发展第十四个五年规划和2035年远景目标纲要［EB/OL］.（2021-03-13）［2021-03-13］.https://epaper.gmw.cn/gmrb/html/2021-03/13/nw.D110000gmrb_20210313_4-01.htm.
② 张萌.全国首批"被动房"智慧图书馆建成［EB/OL］.（2021-01-21）［2021-04-18］.http://www.gba.org.cn/h-nd-1498.html.

的体现。智慧图书馆建设在跨时空形态下的图书馆服务泛在化，推动了星罗棋布的图书馆服务网点布满城乡各大小空间，使公共图书馆服务更具可及性，使更多的公共图书馆服务资源和服务项目实现了线上通、掌上取、一网办，将智慧惠民不断落到实处，泛在化、一体化、互联化已经成为公共图书馆智慧建设的优势特征，诠释着"公共图书馆，让阅读学习更美好"的理念。

（一）高质量发展进程中的服务泛在化

在移动互联网建立起广大读者和馆员之间的互联之后，大数据、云计算、物联网、人工智能、5G、区块链等新技术使万物互联达到了全新的境界，起到了基础性和带动性的作用，为智慧图书馆的更深度发展构筑了全方位的信息网络神经系统，使人与人、物与物、人与物的互联更为广泛、更为深入、更为便捷，融入了几乎所有的时间、空间和场景；通过体感交互和生物识别等技术，万物互联的新入口使读者和馆员能随处、随时、随机、随便地实现泛在化的交互，多端显示、跨屏连接、程序应用、远程操控、精准对接、抖音视频、实时传送、泛在服务成为新服务形态，其为广大读者带来的普惠化的数字体验，使公共图书馆的服务更加精准、更加智能、更加高效。

对于新一代信息技术的快速迭代，我们应当克服对新技术的焦虑担忧、等待观望的心态，应以积极乐观、主动拥抱的心态看待科技革命的未来，使每个图书馆和图书馆员以及读者拥有更高的"技术赋能商"，使新思想与新技术更好地结合起来，让图书馆服务趋向更高品质。

（二）线上泛在获取将成为主通道

如果说，以往图书馆资源的获取更多的是通过线下实体物理图书馆空间的话，那么随着智慧图书馆建设的发展，线上泛在获取将成为读者与图书馆资源发生关系的主要通道。苏格兰国家图书馆2020年9月发布了2020—2025年发展战略，内有五大优先发展战略，其中包括了"促进获取"：逐步将线下活动转为线上形式；提高数字资源的可获取性，帮助公众以最具创意的方式利用馆藏资源；深度挖掘馆藏资源；在"吸引读者"战略中提出"创新服务内容与形式，将资源与活动延伸至苏格兰的所有社区"。[①]其实，苏格兰国家图书

---

① 国家图书馆研究院.苏格兰国家图书馆发布2020—2025年发展战略［J］.国家图书馆学刊，2020（6）：53.

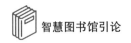

馆所提出的促进线上获取的发展战略,实际上已逐步成为中国各地区公共图书馆的现实进展,而2020年以来的全球疫情加速了线上泛在获取成为主通道的进程。

（三）全国公共图书馆的抖音传播矩阵

新一代信息技术使图书馆服务上云破圈,而抖音平台以其丰富的内容及面向所有读者用户的独特技术新优势为读者带来的了多姿多彩的视频和音频服务内容,使读者有了更多的图书馆智慧服务通道的自由选择性及内容的可及性。

2020年4月世界读书日期间,国家图书馆联合全国近100家图书馆启动抖音传播矩阵,以短视频和话题相结合的方式开展馆藏推介,同时邀请读者讲述读书故事并交流学习心得,活动期间累计发布短视频16.7万条,播放量近20亿次。①此举充分显示出图书馆服务全面智能化进程中的无限可能性。

（四）以一体化思维创新智慧图书馆建设地区协同发展新格局

中国智慧图书馆存在着明显的中东西部和东北地区的发展落差,特别是西部的老、少、边等欠发达地区基础设施的相对落后和网信费用的缺乏以及人员素养的滞后等,都影响着中西部和东北地区智慧图书馆建设的前行步伐；尽管全国已实现了全面脱贫,但文化相对滞后的现象仍然严重存在。诚如中欧数字协会主任克劳迪娅·韦诺蒂所指出的,农村地区存在"双重数字鸿沟"的风险,即在数字基础设施严重不足的同时,还缺少数字技能和人力资本,因此通过教育和培训提高数字素养和技能是实现普惠和公平的关键。②这就对智慧图书馆的创新和高质量发展提出了一体协同发展的新要求。

在面向未来的智慧图书馆建设中,如何以新的发展理念,通过一体化思维推进东中西部和东北地区图书馆的创新协同发展,实现城乡之间、区域之间、馆际之间、馆员和读者之间的高质量服务资源的深度均衡化,让广大读者均能

---

① 饶权.全国智慧图书馆体系：开启图书馆智慧化转型新篇章［J］.中国图书馆学报,2021（1）：7.
② 方莹馨.弥合数字鸿沟 共享发展红利［EB/OL］.（2020-12-08）［2020-12-08］.http://paper.people.com.cn/rmrb/html/2020-12/08/nw.D110000renmrb_20201208_1-17.htm.

享有公平和高质量的公共图书馆服务，是一个全新的命题。从数据驱动的大背景出发，我们可以布局东数西移，即进一步加大国家图书馆、东部地区图书馆的服务数据西移至中西部和东北地区图书馆，加强数据驱动中西部和东北地区智慧图书馆建设；也可以布局东数西储，即将国家图书馆、东部地区图书馆的服务数据同时存储于中西部和东北地区图书馆，这样不仅具有数据共享的意义，也具有数据安全的意义；还可以布局东数西算，在中西部和东北地区选择若干公共图书馆建设智慧图书馆数据计算中心，让国家图书馆和全国公共图书馆的服务数据在更广泛的地区得到计算，带动智慧图书馆建设在更大范围内共同高质量的发展。当然，这种一体化思维创新智慧图书馆建设地区协同发展新格局不仅应是东西单向的，更应是东西互向的，即在东数西移、东数西储、东数西算的同时，也可以在一体化思维的总体布局，考虑西数东移、西数东储、西数东算。

四、人机协同环境下的图书馆人才融合化

人机融合是面向未来的智慧图书馆建设的新环境和新特征，这种人机融合，是智能时代最显著的特点，它对智慧图书馆建设中的人才资源建设和创新读者服务都提出了新要求。

（一）智能时代的人机融合

随着智能时代的来临，有关人机共存、人机交互、人机一体的话题离我们每个人越来越近了。自2016年以来，关于人工智能时代的讨论兴起了高潮。2016年8月，学者吴军出版专著《智能时代：大数据与智能革命重新定义未来》，[1] 2017年4月，百度创始人李彦宏出版专著《智能革命：迎接智能时代的社会、经济与文化变革》，[2] 同年5月，担任创新工场人工智能工程院院长的李开复等出版了《人工智能》一书，[3] 由此也引发了有关机器换人、机器人与人类的主体地位平等、人工智能是否取代人类等一系列更为热烈的时代命题讨

---

[1] 吴军.智能时代：大数据与智能革命重新定义未来［M］.北京：中信出版社，2016.
[2] 李彦宏.智能革命：迎接智能时代的社会、经济与文化变革［M］.北京：中信出版社，2017.
[3] 李开复，王咏刚.人工智能［M］.北京：文化发展出版社，2017.

论。尽管有的讨论的意义价值本身还有待讨论，但在智能技术日新月异的条件下，有关人的自我进化和发展提升的命题则是实实在在的现实，需要包括图书馆员在内的人们予以高度重视。我们生活在一个充满算法、数据和智能的时代，人向处理数据的机器转变，机器向人的智慧转变，人机融合的算法将改变我们服务与管理的方式。因此，最为理性、最为科学、最为创新的思路就是在人机协同环境下实现图书馆人才的融合化发展。这种人机融合将使人工智能在多个层次发挥作用，既有智能的图书馆管理者，又有智能的图书馆员；既有智能的各类服务设施，又有智能的图书馆服务助理；既有智能的数据计算存储，又有智能的随身陪伴，如此等等。这样的人机融合的智慧化发展，解放了图书馆员的简单重复劳动，有助于图书馆员为读者提供更为个性化和精致化的服务，极大地提高了图书馆管理与服务的效率和效能，也促进了图书馆员的全面发展。从全国图书馆的最新发展观察，图书馆服务机器人在人机交互中正在不断进步，其能够在非结构化的服务环境中体验学习，不断应对更多的复杂且动态的图书馆服务环境，如在迎宾导读、参考问询、自助消毒、卫生清洁、区域配送等工作岗位上已表现相对成熟。

（二）人机协同的人才资源建设

人工智能时代的世界不仅仅是万物互联的，而且还是深度融合的。从人工智能现有的发展审视，人工智能将导致图书馆工作岗位的增减和重新配置，但总体上不会形成大量岗位的减少。2020年12月21日，据世界经济论坛（WEF）网站发布的题为《重置未来工作的议程：疫后世界中的颠覆与更新》报告显示，新冠肺炎疫情正在加快自动化进程，到2025年，"机器人革命"将使8 500万个人工工作岗位被机器取代，管理和数据处理中的常规或体力劳动最容易受到威胁；但同时新技术也将创造9 700万个工作岗位。[1]如何提升图书馆员的服务技能和禀赋，如何推动图书馆员与人工智能技术更深度的协同与融合，从而助力图书馆服务的创新转型，已成为图书馆人才资源建设的全新命题。

---

[1] 刘霞. 8 500万个岗位5年内或由机器代劳世界经济论坛报告称9 700万个新职位虚位以待［EB/OL］.（2020-10-23）［2020-10-26］. http://digitalpaper.stdaily.com/http_www.kjrb.com/kjrb/html/2020-10/23/content_455629.htm?div=-1.

在人机协同的融合化发展进程中，对于智能技术的飞速发展和全面渗透，我们还是应当保持冷静和审慎。人工智能具有重塑更新图书馆服务的巨大能力，但我们不能忽视新技术背后的人的因素和技术伦理，应当十分重视信息伦理、算法正义、技术向善的问题。同时，图书馆员的反思能力、批判性思维、分析并解决问题的数据素养以及图书馆员对变化环境适应力和对于读者新需要的不断演变的灵活性等，都将是未来智慧图书馆建设中人力资源需要着力提高的重要内容。人工智能尽管为我们收集了动态的复杂数据，也为我们提供了万物互联的相关性，但图书馆服务与管理的复杂及动态的逻辑还是需要依靠人的智慧来认知，在不断变化的环境中确定前行的目标和路径。

人机协同的发展趋势，为图书馆员提升服务质量和效能提供了无限的可能性。如通过图书馆大脑，图书馆员可以绘制人机服务创新拼图，擘画人机融合深海蓝图。在人机协同的环境下，图书馆员可能成为"两栖馆员"，即图书馆员可以兼任两份以上的业务工作，这样可以使图书馆员在从事业务工作中有更多的选择，在工作学习更加充实之余，也能够从事自己真正喜欢的事情。在人机协同的智慧图书馆建设中，无论是图书馆员还是读者，都需要探索全新的学习和培训新方法和新路径。以往具有的固化的、标准化的、驯良化的学习培训应当转型为个性化、互动性、创造性的学习培训，图书馆员和读者不再是被动地接受培训，而是变为服务创新的知识建构者，培训的主体与客体将成为学习培训的共同体，而线上的跨时空学习培训将成为新常态。

（三）人机协同进展中的读者服务

人机协同正在提升公共图书馆的读者服务。人机协同推动了读者智能服务预案的生成并帮助图书馆员在面临各类服务问题时能即时决策，助力图书馆员自主分析，对服务项目进行数据挖掘、溯源及趋势研判。美国旧金山公共图书馆在《旧金山公共图书馆2016—2021年战略规划》中，设定的目标之一就是"提供高速接入的互联网和计算机，以及可用于结账的技术工具；推出重新设计的虚拟图书馆，以增强用户体验和更便捷地使用数字馆藏。"[①]

---

① The San Francisco Public Library Five Year Strategic Plan 2017—2021［EB/OL］.https://sfpl.org/about-us/facts-figures/strategic-priorities.

五、大、云、物、移背景下的图书馆管理智慧化

大数据、云计算、物联网和移动互联网推动了图书馆管理的整体智慧化转型进程，数字出版和数字人文成为这种进程的助推器，而在图书馆管理智慧化的进程中也需要确立正确的理念并采取科学的方法。

（一）整体化转型中的图书馆管理智慧化

如果说以往数字图书馆的建设多少还停留在局部化、碎片化的层面的话，那么如今的公共图书馆管理智慧化建设正在迈入整体转型的阶段，而这种整体转型，突破了以往自上而下的行政管理模式，正在逐步趋向并形成文化主管机构、公共图书馆、读者与社会多位一体的协同式新型治理关系，公共图书馆的管理图谱也迈向了更为精细化和精准化的新阶段。更为重要的是，智慧图书馆已从着力建设发展到了建设与治理并重的新阶段，未来图书馆管理智慧化的发展将使图书馆本身变成一台灵敏而聪明的电脑，形成图书馆创新与高质量发展的内生力量。随着新一代信息技术的飞速发展，图书馆资源与馆员和读者通过移动及线上的应用，使馆员与馆员、馆员与读者、读者与读者的交流互动从物理空间的聚合逐渐趋向物理空间和网络空间的分散协同，这些都在倒逼图书馆管理的智慧化发展，不断推动图书馆管理治理架构和业务流程的再造重组。

加快图书馆数字化转型，是支撑起大规模在线图书馆服务的关键。公共图书馆要在文献资源、人才建设和读者服务三大领域实现数字化转型，这是一项整体性的转型；这一数字化的全面转型，需要由治理的数字化的支撑；而治理的数字化，又将成为三大领域转型的坚实基础。通过数字化整体转型，图书馆服务与管理将在数字孪生的环境下逐步实现按需服务、柔性管理、流程极简、智慧共生的管理智慧化新境界。

（二）图书馆智慧平台的研究与示范项目

图书馆管理的智慧化转型可以追溯至21世纪第二个10年的中期。2015年4月，文化部文化科技司在深圳召开了"图书馆智慧平台的研究与示范"科技项目专家验收会，该项目在智慧图书馆的理念指导下对图书馆通体转型升级进行了积极的试验探索，成为中国当代图书馆管理智慧化进程起始的标志性

成果。①

（三）上海图书馆5G+智慧图书馆战略合作框架协议

图书馆管理的智慧化需要借助创新、协调、开放、共享的新发展理念。2020年12月9日，上海图书馆与中国移动通信集团上海有限公司在5G全球创新港举行了"5G+智慧图书馆战略合作框架协议"签约仪式。这一战略协议的签署，旨在通过智慧化、智能化重新定义图书馆的生产力和生产关系，重塑图书馆服务，为图书馆带来革命性的变革。通过创造场景、创造想象力、创造可能性、来引领全世界阅读模式的升级。②在图书馆管理智慧化的进程中，中国公共图书馆正积极推进智慧图书馆的试点，在实践中形成可复制、可推广的管理新模式和新经验。

（四）数字出版环境下的图书馆管理智慧化

2020年12月，中国新闻出版研究院发布了《步入高质量发展的中国数字出版——2019—2020中国数字出版产业年度报告》。该报告显示，2019年，国内数字出版产业整体收入规模为9 881.43亿元，较上年增长11.16%；其中：互联网期刊收入23.08亿元，电子书58亿元，数字报纸（不含手机报）8亿元，博客类应用117.7亿元，在线音乐124亿元，网络动漫171亿元，移动出版（移动阅读、移动音乐、移动游戏等）2 314.82亿元，网络游戏713.83亿元，在线教育2 010亿元，互联网广告4 341亿元。③不仅如此，据统计，2019年中国科幻阅读市场总体产值约为20.1亿元，同比增长13%。除传统纸媒图书之外，数字阅读和有声读物也在稳步增长。2019年，科幻类型的数字阅读市场规模约为6亿元，同比增长40%；科幻有声阅读市场规模约为8 000万元，同比增长为33%。④在这样的文献全面数字化的背景强压下，公共图书馆必须在原来数字图书馆的基础上向图书馆管理智慧化跃升，在文献数字形态、读者服务模

---

① 深圳新闻网.盐田区《图书馆智慧平台的研究与示范》项目通过验收［EB/OL］.（2015-04-20）［2017-02-18］.https://www.sznews.com/news/content/2015-04/20/content-11483634-2.htm2016.
② 上海图书馆（上海科学技术情报研究所）与中国移动通信集团上海有限公司签署战略合作协议［J］.上图导航，2021（01）：1.
③ 舒晋瑜.2019年国内数字出版产业收入较上年增长11.16%［EB/OL］.（2020-12-30）［2020-12-30］.https://epaper.gmw.cn/zhdsb/html/2020-12/30/nw.D110000zhdsb_20201230_1-02.htm?div=-1.
④ 叶子.中国科幻 悄然长大［N］.人民日报（海外版），2020-11-24（05）.

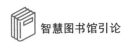

式、智慧平台渠道、互联管理机制等方面加快创新,以适应日新月异的图书馆文献资源数字转型的服务环境。

(五)数字人文为图书馆管理智慧化注入新活力

2018年,"大数据视域下数字人文研究"被列入由中国人民大学、《光明日报》和《学术月刊》联合推出的"2018年度中国十大学术热点"。点评专家王晓光教授在入选理由中认为:"2018年,伴随数字中国理念的兴起和哈佛大学中国历代人物传记资料库(CBDB)的示范效应,数字人文研究进一步受到中国人文学界的关注,包括历史学、文学、语言学、图书情报学、艺术学等多个学科的学者都加大了数字人文研究力度,催生了众多领域导向性专题数据库建设与探索性研究项目,这些项目是当代技术条件下的'典籍编撰'活动,也是人文研究在未来数字空间中延续繁荣的基础。"① 数字人文在一些公共图书馆进行了卓有成效的实践探索,取得了可喜的成果。深度聚焦数字人文的中国问题,以"积淀与超越:数字人文与中华文化(Benevolence and Excellence: Digital Humanities and Chinese Culture)"为主题的2020数字人文年会于10月19日至21日在上海举行,多位学者在年会上做了主旨报告。中国人民大学新闻学院彭兰教授在主旨报告《人工智能在新闻生产中的应用》中提出了"万物皆媒,物力增强人力"的观点。她指出,智能设备和传感器等,可以成为人的器官的延伸,帮助人获得更强的信息获取与判断能力;通过智能设备、传感器等数据,能更好地理解人的行为与状态、人所处的环境等。数字文化遗产专委会(筹)主任潘志庚在主旨报告《基于VR/AI的数字文化遗产》中阐述了文化遗产数字化与传承的关系,指出了当前遗产保护尚缺乏文化遗产所承载的文化主体的语义表示和形式化表达方法,文化遗产呈现和传承方式局限于数字化重现,缺乏沉浸式的互动体验问题。美国巴克内尔大学比较与数字人文教授Diane Jakacki则在线上做了题为《绘制Z轴:重置空间人文的过去与现在》的主旨报告,她介绍了数字化的城市研究方法,表示借助技术手段对城市进行研究有着非凡的意义,并分享了其研究项目Reed London,这一项目将伦敦城市相关制作成数字地图,通过挖掘实现历史重建,分析现代伦敦如何运作,展示

---

① 中国十大学术热点研究课题组.中国学术热点趋势报告(2018—2019)[M].上海:上海人民出版社,2019:32.

了数字化在人文社科方面的应用。^①以上主旨报告尽管都是围绕新闻、数字遗产以及城市研究命题展开，但对于公共图书馆管理和服务的智慧化不无启示的意义和价值，为图书馆管理和服务的智慧化脑洞大开提供了理论启示和实践指引。在2020年数字人文年会上，上海图书馆夏翠娟研究员做《上海图书馆历史人文大数据平台的技术架构：设计与实施》现场报告，介绍了上海图书馆历史人文大数据平台原型系统的建设背景、架构、实施以及未来展望，以历史人文大数据平台的实践经验对数字人文数据基础设施建设的方法与范式进行诠释；上海图书馆张宏玲副研究馆员做《从数字化走向数据化——基于历史人文大数据平台的上海图书馆资源建设新探索》现场报告，对上海图书馆基于历史人文大数据平台的资源化建设服务探索的新成果进行了阐述及总结；上海图书馆历史人文大数据中心研究团队的12名成员还进行了场景快闪报告，依据本次历史人文大数据中心的建设经验，分别从跨数据集的语义检索、IIIF技术在历史人文大数据平台中的应用、文本分析工具、HGIS挖掘特色馆藏、近代报人群体的社会网络关系图谱构建、"初心之地"红色旅游移动应用程序开发等各维度进行阐述。[2]这样的图书馆管理与服务的数字化转型无疑为公共图书馆的深度智慧化发展提供了全新的视野。

随着数字人文理论与实践的进展，2020年7月31日，《数字人文研究》期刊获国家新闻出版总署批准在国内外公开发行，这一数字人文的学术期刊（季刊）由中国人民大学信息资源管理学院、中国人民大学书报资料中心合办。该刊在获批之际，正式公布了14个选题指南，包括：数字人文的理论、认识论、方法论；数字人文的发展历史与社会影响；数字和计算方法以及在历史、文学、语言、考古、建筑、艺术、传播等领域的应用；数字人文领域的新兴技术与工具；图书、档案、博物与数字人文；数字记忆的理论与实践；数字人文教育；数字文化遗产；数字人文与艺术和媒介传播；数字人文学术共同体；开放数据与数字人文；数字人文的批判与反思；数字人文的产业实践；与数字人文学科相关的任何其他主题等，这无疑为图书馆智慧化的发展提供了更为广宽的新视野、新路径、新技术与新方法。正如编者在2021年《数字人文研

---

① 上海图书馆.2020数字人文年会在上海图书馆开幕［EB/OL］.（2020-10-21）［2020-10-21］.http://beta.library.sh.cn/SHLibrary/newsinfo.aspx?id=916.

② 上海图书馆.2020数字人文年会主题论坛召开［EB/OL］.（2020-10-22）［2020-10-22］.http://beta.library.sh.cn/SHLibrary/newsinfo.aspx?id=917.

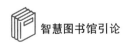

究》第1期的发刊词中所言:"在数字文明历史大幕渐渐拉开之际,人文学术与数字科技碰撞融合,形成多学科深层交流的数字人文方兴未艾。……数字人文以跨越壁垒、交叉融汇之品格,造应开放、包容、探索、共享、出新之灵魂。人文与科技、传统与现代、古老与年轻的多种基因在这里对撞、共振与融通,牵涉对象、思维、方法、技术诸多方面,亦文亦理,亦道亦术,亦思亦行,形成了有涯亦无涯的开阔学术版图。"①

(六)图书馆智慧化管理的发展理念

在智慧图书馆的管理中,我们应当秉持以读者为中心的理念,既要不断满足顺应普遍大众读者的新需要,也要不断满足各具特点的分众读者的新需要,还要不断满足千差万别的个别读者的新需要。要做到这一点,就需要运用智慧大脑的精细化的分析和预测功能。

在智慧图书馆管理智慧化的进程中,我们也要秉持实事求是、因地制宜的原则。以5G技术为例,在目前的信息技术条件下,一些远离中心城市的偏远乡镇,其5G的覆盖率还较低,很难满足智慧图书馆发展中基本的5G网络需求,因此不能不切实际地在一些条件尚不具备的乡村图书馆推广5G技术的相关智慧服务项目。

在智慧图书馆管理智慧化的进程中,我们还应在数据驱动的进程中,更加注重运用人的智慧,将海量数据上升为具有各类服务功能的丰富的知识,并将知识进一步上升为图书馆管理与服务的智慧,从而将数据驱动与知识驱动紧密结合起来,在采矿炼金的算力和算法中形成智慧图书馆建设的全新图谱,在不断深化读者服务中充分体现出数据和知识的功能。

(七)图书馆管理智慧化是一个系统工程

图书馆管理智慧化是具有系统性和复杂性的管理新命题,涵盖技术、资源、政策、法律、社会、文化、伦理、安全等诸多领域,需要秉持创新、协调、开放、共享的新发展理念,通过馆内外的协同共治予以持续推进。作为一个全新的文化治理命题,图书馆管理智慧化需要在发展中加强治理,在深化治

---

① 人大新闻网.中国人民大学《数字人文研究》期刊获国家新闻出版署批准发行[EB/OL].(2020-08-20)[2021-04-10].http://irm.ruc.edu.cn/displaynews.php?id==6463.

理中创新发展。从公共图书馆乃至整个图书馆行业而言，要在顶层设计中，谋划图书馆管理智慧化的基础性、综合性、系统性、统领性、前瞻性的政策法规，需要在未来的发展中，逐步建立起管理智慧化的伦理规范和政策法规及相应的政策体系，形成图书馆管理智慧化的服务评估和管控能力；针对图书馆各项智慧技术的研发、使用、治理，提出图书馆服务主体和客体应该遵循的服务共同体的相关原则，围绕智慧向善、科技向善等伦理价值，构建图书馆管理智慧化的评估评价体系，引导图书馆管理智慧化的健康持续发展，全面提升公共图书馆文化治理能力和治理现代化水平，使公共图书馆真正成为一个不断演进的智慧生命体。

六、新冠肺炎疫情条件下的图书馆全面智能化

自2020年初以来，人类处于新冠肺炎全球大流行的特殊历史时期，无接触服务的现实需求极大地推动了图书馆的全面智能化进程。

（一）全面智能化的发展契机

2020年12月，作为"汉语盘点2020"活动重要组成部分，国家语言资源监测与研究中心发布了"2020年度中国媒体十大新词语"，其中有：新冠疫情、健康码、无接触配送等，这些新词语一定程度上记录并反映了包括公共图书馆服务在内的社会学习生活的新变化。"十三五"收官之际，新型冠状病毒肺炎成为近百年来人类遭遇的范围最广的全球性大流行病。在2020年初以来的疫情防控与读者服务中，互联网和移动互联网的作用愈益凸显，数字转型加速，网上服务不断创新发展，智能技术以更加全面、更加深入、更加鲜明的角色参与到图书馆的公共卫生危机治理与图书馆的各项服务之中，让广大图书馆员和读者都切身感受到了线上阅读、网络咨询、无接触服务的广泛开展；健康码、云展览讲座、线上阅读推广、直播荐书等各类智能技术场景更为丰富多样，数字化的发展成果融入了图书馆服务与管理的方方面面，加速了图书馆的全面智能化，用人工智能解决图书馆服务各类实际问题的需求和能力呈现出爆炸式增长，为图书馆全面赋能提供了契机。新一代信息技术如同一群"犀牛"悄然闯入公共图书馆领域，全面智能化的图书馆服务显示出了在防疫特殊环境下的服务韧性。

（二）"上云用数赋智"的十大场景

我们可以看到，在2020年初以来的公共图书馆新服务"上云用数赋智"行动中，形成了至少十大场景：一是智码检疫，二是网络预约，三是线上咨询，四是云端讲座，五是网上展览，六是远程共享，七是直播带书，八是视频会议，九是智能消毒，十是频端推送。①在疫情严格防控阶段的无接触服务中，几乎形成了"阅无纸境"的全新服务新形态，而提供技术支撑的正是飞速发展并融入各项应用的智能技术。可以这样讲，无接触的线上服务不仅成为公共图书馆服务复苏的重要方向，也已成为公共图书馆面向未来创新发展的重要引擎。许多智能场景和应用服务已成为服务常态，在公共图书馆服务总量中发挥的作用越来越大，并形成了不可逆的状态，成为公共图书馆创新发展的最活跃要素和驱动力。

（三）数据伦理与数据安全

数据伦理与数据安全是深化智慧图书馆建设的底座。在图书馆全面智能化的进程中，数据伦理与数据安全也被提上了议事日程，在智慧图书馆推进全面智能化的进程中，既要智能用"脑"，也要智能用"心"，以读者至上的理念深化智能技术的应用。图书馆应当也必须成为数字包容的积极推动者。如何兼顾个人隐私保护与图书馆服务发展创新，如何在新发展阶段、新发展理念和新发展格局中既注重增强数字国际竞争力又注重国家数据主权安全的保护，并建立起符合实际、管控精准、可操作性的数据保存与流通管理体系，都是智慧图书馆建设的新命题。

运用智慧伦理帮助老年读者跨过"数字鸿沟"是智慧图书馆建设中数据伦理的一个重要方面。在新一代信息技术快速迭代的进程中，一部分老年人（包括部分中年人）因为不会使用智能手机甚至不会上网被挡在了智慧图书馆之外，在诸多智能化服务面前，难以享受新技术带来的便捷，甚至还造成了一定困扰。因此，如何在智慧图书馆的各项服务环节，加强适老化的设计，并对老年读者加强新技术如何使用的应用操作培训，帮助老年读者消除对智能技术的

---

① 王世伟.论"十四五"期间公共图书馆"全程智能"发展的三重境界［J］.图书建设，2020（6）：36.

恐惧与疑虑，同时适当保留方便老年读者的人工服务，这是智慧图书馆建设中数据伦理的新命题。2020年12月11日，中国青年报发表了题为《90后教90岁老人跨越"数字鸿沟"》的报道，讲述了90后淘宝客服孟蝶帮90岁老人更换智能手机后，教她怎么使用、怎么下载和支付，以及将老人老伴儿生前的照片打印成有塑封的纸质版本的事情。①针对老年人面临的"数字鸿沟"问题日益凸显的现实痛点和难题，2020年11月24日，国务院办公厅印发《关于切实解决老年人运用智能技术困难实施方案》，这对日益发展的智慧图书馆管理智慧化而言，同样是一个全新的挑战。令人可喜的是，一些公共图书馆在破除"数字鸿沟"方面已动了不少脑筋并进行了一些初步的实践和新的探索，如对老年读者进行智能手机使用的现场培训等。此外，国家工业和信息化部于2021年4月12日发布了《关于进一步抓好互联网应用适老化及无障碍改造专项行动实施工作的通知》，该通知以抓好《工业和信息化部关于印发互联网应用适老化及无障碍改造专项行动方案的通知》（工信部信管〔2020〕200号）的实施，加快推进互联网应用适老化及无障碍改造专项行动，助力老年人、残疾人等重点受益群体平等便捷地获取、使用互联网应用信息为目标，具体提出了《互联网网站适老化通用设计规范》《移动互联网应用（App）适老化通用设计规范》的改造标准，这对智慧图书馆建设中如何进一步做好智能技术适老化服务是一个更为具体的指导。②

帮助少儿读者免受人工智能的负面影响也是智慧图书馆建设中数据伦理的一个重要方面。2020年9月，联合国儿童基金会数字连接政策专家史蒂夫·沃斯卢领导起草了一套指导方针，旨在帮助政府和公司制定人工智能（AI）政策时，要考虑儿童需求。据估计，儿童至少占在线用户的三分之一。沃斯卢认为，儿童正处于智力、情感和身体的发育阶段，非常容易被塑造，这套指导方针可以保护他们免受人工智能的负面影响。该方针除了涵盖隐私、安全、公平和可解释性等主题外，还关注了AI对儿童的适用性，更考虑了儿童的独特发展需求，强调了人工智能系统应该对孩子也是可以解释的。除了减轻AI危害外，该方针的目标还在于鼓励开发可以增进儿童成长福祉的AI系统。

---

① 石佳.90后教90岁老人跨越"数字鸿沟"[N].中国青年报，2020-12-11（05）．
② 工业和信息化部办公厅.工业和信息化部办公厅关于进一步抓好互联网应用适老化及无障碍改造专项行动实施工作的通知工信厅信管函〔2021〕67号[EB/OL]．（2021-04-06）[2021-04-12]．
https://www.miit.gov.cn/zwgk/zcwj/wjfb/txy/art/2021/art_b04e1baa455c448b80fb790d7c50bfd4.html.

例如，如果设计得当，基于 AI 的学习工具应该能加强儿童的批判性思维和提高其解决问题的能力，并且也可适用于有学习障碍的孩子。情感 AI 助手虽然技术还不太成熟，但也应能提供心理健康支持、改善自闭症儿童的社交能力。又如，谨慎使用面部识别功能可以帮助识别被绑架或被拐卖的孩子。人工智能的少儿方针无疑将赋予少年儿童读者创造未来的权力和动力。①

对人脸识别技术进行评估与调整是智慧图书馆数据安全的现实要求。人脸识别技术作为一种信息采集方式，其所提取到的个人面部信息为个人敏感信息，理应受到比普通个人信息更加严格的保护。在图书馆智慧化的进程中，一些图书馆已采用人脸识别技术用于图书馆的各项服务，这是需要进行评估并调整的。人脸识别侵犯个人隐私已成为信息技术推进的热点之一，正在制定的个人信息保护法草案对处理包括人脸等个人生物特征在内的敏感个人信息已做出专门规定，要求只有在具有特定目的和充分必要性的前提下，方可处理个人敏感信息，并应在事前进行风险评估。这对智慧图书馆建设中已经采用或将要采用人脸识别技术是一个法律指导。人脸识别技术具有非接触的侵入性的特点，这一技术较为便捷地对个人不可复制的隐私进行监测、抓取、匹配、记录、处置，必须要有足够的监管约束力度与之匹配。实际上，在公共图书馆的数据安全方面，不仅是人脸识别，读者个人信息安全在不少方面都需要关口前移。

2020 年 12 月，在全国政协"人工智能发展中的科技伦理与法律问题"双周协商座谈会上，国家科技部副部长李萌在《探索构建符合中国国情的人工智能治理框架》的报告中，提出了推动人工智能伦理治理的 8 项原则，即和谐友好、公平公正、包容共享、尊重隐私、安全可控、共担责任、开放协作、敏捷治理等，这对智慧图书馆建设如何做好数据伦理和数据安全是一个很好的指导。②

（四）智慧图书馆全面智能化实践的动态进展

新冠肺炎疫情条件下的图书馆全面智能化呈动态进展之势，一些公共图书

---

① 张佳欣.联合国发布儿童人工智能政策九项要求［EB/OL］.（2020-09-28）［2020-09-28］.http://digitalpaper.stdaily.com/http_www.kjrb.com/kjrb/html/2020-09/28/content_454490.htm?div=-1.
② 谢靓.全国政协召开双周协商座谈会 围绕"人工智能发展中的科技伦理与法律问题"协商议政 汪洋主持［EB/OL］.（2020-12-23）［2020-12-24］.http://www.rmzxb.com.cn/c/2020-12-23/2744634.shtml.

馆在智慧图书馆创新发展中迈出了新的步伐。

2021年4月28日，为进一步推进江苏公共图书馆大数据应用和智慧图书馆建设工作，以"深析数据、共建智慧"为主题的江苏公共图书馆大数据应用与智慧服务研讨会在南京图书馆举办，来自国家图书馆、上海图书馆、浙江图书馆、安徽省图书馆、北京大学、南京大学和全国各地众多公共图书馆的专家、学者围绕大数据基础应用、平台建设、智慧图书馆体系建设、公共服务数字化转型以及人工智能等5个方面展开了深入研讨。2019年，南京图书馆完成全省智慧文旅示范项目"江苏省公共图书馆大数据服务平台"，建成全国首家省级公共图书馆大数据中心，2020年获得江苏省文化和旅游厅首批重点实验室认定。实验室基于大数据，实时发布全省图书馆运行情况，统计阶段性发展状况，提供多维度、深层次的业务分析报告，实时了解服务情况，了解读者阅读倾向。数据中心已采集101家公共图书馆业务数据、33家客流数据、72家活动数据，实现101家公共图书馆数据共享、备份修复、分类排行、可视分析等功能，开启了数据成果转化新征程。①

为推进公共文化服务与科技融合发展，坚持"技术驱动，智慧发展"，广东省立中山图书馆自2020年10月起着手研发新型自助借阅设备——图书智能借阅车。该款智能书车被命名为"智能借阅·小书僮"，经过前期研发及测试，于2021年4月23日正式投入使用。这一智能借阅新技术实现了移动书车的实时数据交互、精准化推荐及移动管理，读者通过个人智能手机终端与图书馆设备和管理系统进行人机交互，可充分体验图书馆智能设备带来的科技感和便捷性。该款借阅车包含自助借还书、图书检索与导航、智能图书推荐、免费听书资源等多项功能，读者只需使用微信扫描书车上的二维码领用小车，即可体验超市购物式的新型借阅方式。读者还可以实时检索图书馆馆藏，检索结果会显示图书详细位置信息。未来，这一智能新创意还可以配合智能书架，无缝衔接图书导航系统，实现图书定位和导航功能，带领读者前往图书所在位置。通过内置的自助借还书系统，读者挑选出心仪的图书后可直接在小车上进行借阅操作，也可以即时获取听书资源并收藏到自己的手机里，戴上耳机随时播放畅听，充分体现出图书馆创新智能设备所带来的互联感和便捷度。据悉，这一智

---

① 钟晶晶，高鑫.大数据让南图有了智慧"蓝图"[EB/OL].（2021-04-28）[2021-04-28].https://jnews.xhby.net/v3/waparticles/1206/pJifi1obSlJRzF35/1.

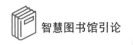

能创新获得了新型实用、外观设计两项专利。①

2021年4月23日,"下一代图书馆智慧服务平台研讨暨长三角智慧阅读圆桌会议"在苏州第二图书馆举行。针对智慧图书馆建设中所面临的理念革新、应用落地、生态构建等挑战,研讨会围绕"下一代图书馆智慧服务平台"和"智慧图书馆转型"这一主题,探讨了新时代图书馆智慧阅读与智慧服务的发展方向,讨论了"十四五"时期图书馆系统平台向下一代智慧图书馆服务平台过渡与转型的途径方法,并就如何推动图书馆信息化系统的转型升级、加速国内智慧图书馆应用生态建设、促进未来图书馆事业和国家文化事业的高质量发展等问题展开深入探讨和研究。与会专家们从多个角度,以《智慧阅读:全面阅读推广的发展方向》《图书馆的数据生态建设》《开放图书馆平台社区建设:技术突破与模式创新》等为主题,针对智慧图书馆的未来建设与发展以及智慧阅读做了主旨报告,对图书馆服务平台转型、智慧应用生态建设进行了深入探讨,对下一代图书馆智慧服务平台目前的开发进展工作进行了演示,为公共文化服务领域的全面数字化发展提供了有益探索。此外,在本次会议上,上海图书馆、南京图书馆、浙江省图书馆、安徽省图书馆还联合发布了《长三角智慧阅读倡议书》,共同倡议大力推进长三角智慧阅读、提高长三角地区全民阅读的能级和水平、促进长三角地区公共图书馆高质量一体化发展。本次大会的举办,对推动图书馆信息化系统的转型升级、加速国内智慧图书馆应用生态建设、促进未来图书事业和国家文化事业的高质量发展具有重要意义。②

七、结语

在图书馆发展整体创新转型的数字化进程中,我们步入了"十四五"的新发展阶段。在此阶段,虽然我国发展仍然处于重要战略机遇期,但机遇和挑战都有新的发展变化。2021年3月公布的《中华人民共和国国民经济和社会发展

---

① 广东省立中山图书馆.广东省立中山图书馆上线"智能借阅·小书僮"畅享借阅新模式[EB/OL].(2021-05-11)[2021-05-11].http://whly.gd.gov.cn/news_newzwhd/content/post_3279239.html.
② 上海图书馆上海科学技术情报研究所.下一代图书馆智慧服务平台研讨暨长三角智慧阅读圆桌会议成功举办[EB/OL].(2021-04-23)[2021-04-27].https://library.sh.cn/#/index/newsBulletin/newsDetails?news=987.

第十四个五年规划和2035年远景目标纲要》将"加快数字化发展建设数字中国"作为专门篇章，并具体指出要"加快数字社会建设步伐""提供智慧便捷的公共服务，推进线上线下公共服务共同发展深度融合""积极发展智慧图书馆等"；同时明确了云计算、大数据、物联网、工业互联网、区块链、人工智能、虚拟现实和增强现实等数字经济重点产业，以及智能教育、智慧文旅、智慧社区、智慧政务等数字化应用场景，①这些对于进一步创新并深化中国智慧图书馆建设，无疑是一个全新的发展环境与发展机遇。此外，都市圈、城市群发展将成为当代中国经济增长的新风口，也是未来5—10年中国发展最大的结构性潜能，比如互联网数字经济的发展、高铁网络的快速建设。这些元素将会成为我国都市圈、城市群建设发展中的后发优势，也将成为智慧图书馆发展的有利环境。中国智慧图书馆建设应当乘势而上，努力构建起数据资源最丰富、数据类文献最集中、数据应用场景最广泛的图书馆体系，围绕数字发展构筑起"云—数—智—链"的智慧图书馆的迭代。智慧图书馆所带来的图书馆重塑与更新将优化公共图书馆的空间布局，将形成新的服务增长点，也有望激发内在的创新活力，释放潜在的发展动力。因此，我们应当改变以信息技术的战术应对图书馆发展战略的思维模式，将新一代信息技术飞速发展作为新发展阶段创新和高质量发展的关键变量，将智慧图书馆建设作为新发展阶段的关键落子，秉持技术服务战略的理念，在战略指导下融入发展技术。

　　智慧图书馆是一个动态的发展进程，也是当代中国图书馆事业创新发展的突破口，更是推动图书馆事业动能转换、实现更高质量发展的重要支撑，其开启了中国当代图书馆事业奋力前行的新赛道，可谓此消彼长，不进则退。虽然中国智慧图书馆建设起步相对稍晚，但后劲足、潜力大、前景广，未来的发展有很大的拓展提升空间。中国智慧图书馆事业必须走深走实，在一体化、共享化、泛在化、融合化、智能化诸多方面持续发力，不断推动图书馆的数字化和智能化的更新重塑，实现从文化大国向文化强国的转变。自20世纪80年代以来，中国公共图书馆在向世界图书馆界同行学习的同时，也在不断地提升发展自我；如今，在百年未有之大变局中，中国公共图书馆正在实现向智慧图书馆的转型。在新发展阶段，我们需要加快构建以国内大循环为主体、国内国际

---

① 中国政府网.中华人民共和国国民经济和社会发展第十四个五年规划和2035年远景目标纲要［EB/OL］.（2021-03-13）［2021-03-13］.http://www.gov.cn/xinwen/2021/03/13/content_5592681.htm.

双循环相互促进的新发展格局，在继续融入世界图书馆事业大家庭的过程中，以智慧图书馆的新理念和新实践创造性地融入，紧紧扭住未来公共图书馆高质量发展的这一主攻点，在全球公共图书馆事业的创新发展中，在学习借鉴的同时起到建设性引领的作用。

中国智慧图书馆建设是中国图书馆未来高质量发展的题中应有之义，而这样的高质量发展，不仅是对图书馆文献数字化的要求，更是对图书馆方方面面的总要求；不仅是对东部地区图书馆的要求，更是对中国所有地区图书馆的要求；不是图书馆一时一事的要求，而是图书馆必须长期坚持的要求。推动中国智慧图书馆建设也是未来创新高品质的文化生活的必由之路。

站在智慧图书馆建设的高山之巅，我们更能领略创新和高质量发展的图书馆事业之江河奔腾，智慧蝶变正在引发公共图书馆的蝶变。2020年11月18日，彭博新闻网站刊载了署名乔恩·多米尼克·奎罗洛的文章《你最喜欢的下一个餐厅或许不是餐厅》，论述了网上无堂食就餐的未来发展。①我们或许可以借以比喻未来智慧图书馆的发展：你最喜欢的下一个图书馆或许不是图书馆，而是在新的发展阶段智慧图书馆建设高质量发展所呈现的新形态。

（完成于2021年5月26日）

---

① 乔恩·多米尼克·奎罗洛.你最喜欢的下一个餐厅或许不是餐厅[N].参考消息，2020-12-09（12）.

智慧图书馆引论 ◎ 转型篇

图书馆新环境新理念新模式与新形态

进入21世纪第二个10年以来，全球大都市图书馆正面临着发展变化的新环境。日新月异的信息技术的发展、可持续发展理念在图书馆的深入与实践、发展中国家特别是中国城市图书馆令人称奇的创新发展，使全球大都市图书馆的服务在新理念的指导和引领下正对以往的大都市图书馆管理与服务范式提出挑战，并在创新的发展进程中孕育出现了诸多新模式、新形态和新服务，图书馆服务进入了新旧模式形态的换档期，需要我们进行总结、研究与深入思考，以创新转型与持续发展构筑大都市图书馆服务的升级版。

一、新环境

（一）科技革命与信息技术的发展

信息技术、生物技术、新能源技术、新材料技术等技术的交叉融合正在引发新一轮科技革命和产业变革，特别是以大数据、云计算、物联网、移动互联网、智慧城市、智能制造（包括机器人、3D打印和可穿戴设备等）等为主要载体的新一代信息技术正在持续发挥其渗透力和扩散力，催生着网络空间时代的到来。2014年7月，在上海图书馆举办的第七届国际图书馆论坛上，国际图联主席西尼卡·西皮莱在题为《乘风破浪还是随波逐流——如何在信息狂潮下把握方向》的主旨报告中指出：在这个瞬息万变的数字和印刷环境中，我们致力于地球村居民获取信息和文化遗产资源的能力。图书馆如何在新的信息环境下演变以保持其不被边缘化，也许是当今图书馆面临的最紧迫的问题。[①] 尽管西尼卡·西皮莱主席就信息技术发展对图书馆的巨大影响的这一研判此前在

---

① 西尼卡·西皮莱.乘风破浪还是随波逐流——如何在信息狂潮中把握方向［J］.图情观察快递，2014（11）：1-2.

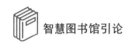

国内外的诸多学者中已多次被提及,但这次出于国际图联主席之口且语气之重,令业界内外深度关注。信息数据流的狂潮使大都市图书馆原有的业务流程与服务格局的边界被打破,使技术、管理与服务的创新资源的整合更加灵巧,由新技术带来的服务更新和服务转化更加迅速,服务方式和路径载体更新换代不断加快。

互联网的发展和用户的剧增推动了网络时代的到来。据国际电信联盟2014年上半年发布最新预测数据:至2014年底,全球互联网用户数量有望达到30亿,其中三分之二来自发展中国家。全球移动宽带用户数量也将达到23亿,普及率将达32%,预计55%的用户来自发展中国家。[①]据2014年7月发布的《中国移动互联网发展报告(2014)》蓝皮书提供的数据,我国移动互联网用户总数已升至8.38亿户,在移动电话用户中的渗透率达67.8%;手机网民规模达5亿,占总网民数的8成多,手机上网使用率达83.4%,首次超过电脑,成为第一大上网终端。这些数据表明我国移动互联网发展已进入全民时代。[②]无论是全球30亿人接入互联网还是中国手机成为上网第一大终端,这些网络社会的数据在不断增长变化的同时,也正在形成由数量到质量的转换,即:网络空间已发展成为与现实空间等量齐观的人类生存空间,这两大空间既互为颉颃又互相融合转换。而在不远的将来,人们在网络空间的工作与生活时间将会超过现实空间,意味着网络空间将成为人类社会生存空间的主要形态。互联网、移动互联网已逐渐成为包括大都市图书馆在内的全球性基础设施。网络空间的服务与管理对于大都市图书馆而言,已不是可有可无的非主流业务,而应成为不可或缺的业务主体。信息技术的飞速发展和广大读者学习方式和获取信息的路径载体的变化已经并将继续对大都市图书馆的服务转型提出挑战,无论是发展战略、馆藏资源、业务格局、还是建筑设计、人员结构、服务载体,都将面临不断的重新洗牌。

(二)绿色发展战略和生态文明建设

2011年5月,国际经合组织(OECD)发布了《迈向绿色增长》的报告,认为绿色增长是指在确保自然资源能够继续为人类福祉提供各种资源和环境服

---

① 人民网研究院.互联网前沿追踪[N].人民日报,2014-06-26(20).
② 李鹤,杨玲.全民移动互联时代来临[N].人民日报,2014-06-12(14).

务的同时，促进经济增长和发展。①首都图书馆曾在2011年与中国图书馆学会和德国文化中心歌德学院联合举办的"图书馆的可持续性——德国绿色图书馆建设"的报告，颇具前瞻性的眼光。世界银行和国务院发展研究中心联合课题组于2013年3月发表的《2030年的中国：建设现代、和谐、有创造力的社会》主报告中，有专章讨论了"抓住绿色发展的机遇"问题。②2012年11月，党的"十八大"报告中将中国特色社会主义事业的总体布局由以往的三位一体（经济建设、政治建设、文化建设）和四位一体（经济建设、政治建设、文化建设、社会建设）进一步发展并明确提出五位一体的总布局（经济建设、政治建设、文化建设、社会建设、生态文明建设），同时还提出要大力推进生态文明建设的发展战略，指出要着力推进绿色发展、循环发展、低碳发展，形成节约资源和保护环境的空间格局、产业结构、生产方式、生活方式，为全球生态安全做出贡献。③大都市图书馆与国土空间、资源节约、城市生态环境、市民绿色素养等均有诸多联系，大都市图书馆作为城市文化发展的重要载体不能游离于绿色发展和生态文明建设之外，理应承担起应有的使命和义务；在这方面，大都市图书馆的发展还刚刚起步，尚有许多事情要做。

（三）文化多样化的持续推进

文化多样化与世界多极化、经济全球化、社会信息化、国际关系民主化一起，成为当今世界正在发生深刻复杂变化的最主要特征之一。2014年3月，国家主席习近平在联合国教科文组织总部发表的演讲中对文化多样化问题进行了生动而深入的阐述："文明是多彩的，人类文明因多样才有交流互鉴的价值。阳光有七种颜色，世界也是多彩的。一个国家和民族的文明是一个国家和民族的集体记忆。人类在漫长的历史长河中，创造和发展了多姿多彩的文明。从茹毛饮血到田园农耕，从工业革命到信息社会，构成了波澜壮阔的文明图谱，书写了激荡人心的文明华章。'一花独放不是春，百花齐放春满园。'如果世界上只有一种花朵，就算这种花朵再美，那也是单调的。不论是中华文明，还是世

---

① 科学技术部国际合作司，中国科学技术信息研究所.促进创新绿色增长［EB/OL］.［2014-07-28］. http://www.istic.ac.cn/ReportDetail.aspx?ArticleID=94292.
② 世界银行和国务院发展研究中心联合课题组.2030年的中国：建设现代、和谐、有创造力的社会［M］.北京：中国财政经济出版社，2013：44-51.
③ 本书编写组.十八大报告辅导读本［M］.北京：人民出版社，2012：13-40.

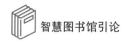

界上存在的其他文明,都是人类文明创造的成果。"①习近平主席还提出了文明是平等的、文明是包容的观点。文明因交流而多彩,文明因互鉴而丰富。大都市图书馆承担着人类文明永久保存延续的使命担当,也肩负着人类文明传播共享互鉴的功能职责,在文化多样化持续推进的环境下,可以创造性地继承并开拓各类基于文化多样化的服务,而世界多极化、经济全球化、社会信息化、国际关系民主化的发展环境为大都市图书馆在文化多样化的发展中有所作为提供了更为有利的发展环境和拓展空间。

二、新理念

大都市图书馆的发展新理念,往往显现并来源于与文化相联系的社会科学、信息技术、城市发展以及相关的政治经济发展环境,也会融入新馆建筑的设计之中。进入21世纪以来,在数字化、网络化和智能化的浪潮下,全球大都市图书馆依然一座座拔地而起,成为这些城市的文化象征。埃及亚历山大图书馆(2000)、特立尼达和多巴哥国家图书馆(2001)、日本国立国会图书馆关西分馆和国际儿童图书馆(2002)、美国西雅图图书馆(2004)、新加坡国家图书馆新馆(2005),以及中国香港中央图书馆(2001)、深圳图书馆(2006)、重庆图书馆(2007)、南京图书馆(2007)、中国国家图书馆二期(2008)、杭州图书馆(2008)、上海浦东新区图书馆(2010)、天津图书馆二期(2011)、河北省图书馆新馆(2011)、首都图书馆二期(2012)、山西省图书馆新馆(2013)、广州图书馆新馆(2013)、湖北省图书馆新馆(2013)、辽宁省图书馆二期(2014)等,向世人展现了一个又一个令人赞叹的大都市图书馆实体建筑;此外,还有许多新馆尚处于在建和计划建设中。这些新建筑的功能设计均体现了一些全新的特点,向人们展示了大都市图书馆发展的新理念、新模式、新形态以及随之而来的新服务,形成了新一轮的图书馆创新设计与转型升级。2013年11月,党的十八届三中全会提出推进文化体制机制的创新、构建现代公共文化服务体系的改革要求,这对中国特色大都市图书馆建设而言,无疑是一个全新的理念。

---

① 习近平.在联合国教科文组织总部的演讲[EB/OL].(2014-03-28)[2014-07-22].http://news.sohu.com/20140328/n397345604.shtml.

(一)第三空间

美国社会学家雷·奥登伯格（Ray Oldenburg）在1989年出版的《绝好的地方》(*The Great Good Place*)一书中，认为家庭居住空间为第一空间，职场为第二空间，而城市的酒吧、咖啡店、博物馆、图书馆、公园等不受功利关系限制的公共空间为第三空间，也是一个城市最能体现多样性和活力的地方。[①]2009年8月，吴建中较早地将国际图联"作为第三空间的图书馆"的理念引入中国的图书馆界，引起业界的广泛关注。[②]2012年5月，在国家图书馆研究院组织编写的《公共图书馆概论》一书中，褚树青将"作为第三文化空间的图书馆"作为公共图书馆发展战略的思考之一。[③]方家忠则结合广州图书馆新馆建设，用第三空间的理念进行了新馆建筑特征的分析研究，将新理念与新实践结合起来。[④]

在第三空间理念的指导下，中国诸多图书馆新馆形成了作为场所的空间设计形态：有的形成了适合数量不等供读者自由讨论的既开放又独立的空间；有的形成了老年读者和少年儿童的阅读交流场所；有的为读者群提供了交流思考和头脑风暴的空间隔断；有的借鉴世界大都市图书馆的设计为读者专门提供影像放映的幕布房，也有的结合讲座和展览的需求，将展览与讲座的内容与文献阅览空间灵活地组合起来；还有的图书馆结合读者的个性化、多样化和自组织的需要，形成了"微交流"的空间形态，配备可移动的展板、书架、桌椅和电子屏幕等设备设施，开展小型化的真人书、展览、沙龙等活动。同时，许多新馆还在内部设计了餐厅、咖啡吧、提供电影放映和演出的多功能厅、高保真音响视听室、中小型的书店、文具和纪念品商店等，为大都市图书馆作为

[①] Ray Oldenburg.The Character of The Third Palacess.[EB/OL].[2014-07-23].http://cache.baiducontent.com/c?m=9d78d513d98312e44fede5235340803a4913c0362bd7a1482bc39339d53e0c564717b6fb70715613d3b4293a5cf95e5c9bb26821661420c6cf93c80b9bac92596dcf776a2b5ddc1644c419de8d1d7a9634d71ab7a043a1fcb22592ddcfce9a030f9314127af7a0d8015653dd6f87456cbcbbdd13421a0dbfe73435ac5f7023982817e113f3b1376953d1a28d5d4ac93dd0164bd1f06b&p=c9769a47909f07ff57ee9575615d80&newp=8e6fcf0f85cc43fb08e2977f060d94231611d73f6590cf512496fe499030&user=baidu&fm=sc&query=Ray+Oldenburg+of+The+Great+Good+Plac+first++published+time&qid=&p1=1.
[②] 吴建中.为市民打造第三空间[EB/OL].[2014-07-24].http://www.libnet.sh.cn/tsgxh/list/list.aspx?id=6990.
[③] 汪东波.公共图书馆概论[M].北京：国家图书馆出版社，2012：363-373.
[④] 方家忠.广州图书馆新馆开放服务后若干启示[J].图书馆杂志，2014(2)：4-9.

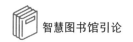

第三空间创设了丰富多彩的空间形态和服务模式。芬兰赫尔辛基火车站旁的Library10是2005年建立的新型图书馆。它位于市民云集的市中心区域，为市民提供了丰富的音乐资源和多样化组合的计算机工作站，成为第三空间的成功案例。美国西雅图图书馆采用不同色彩进行图书馆区域空间识别的创意新颖别致，该馆还将"第二起居室"的理念与定位（living room）用醒目的大字印在不锈钢材料的大型区域隔断面上，让人过目不忘。美国得克萨斯州贝萨尔郡出现了首家数字无书图书馆的设计，而墨西哥国家图书馆则让电子阅读延伸至图书馆建筑之外的绿化园林之中，形成了贴近自然的智能空间。

（二）体验互动

笔者曾于2006年5月撰写了《体验图书馆刍议》的文章，认为体验图书馆是图书馆管理与服务的一种理念与追求。[①]在新的环境下，体验图书馆已注入了新的内涵，需要进行新的认知。体验互动的理念是与第三空间理念相互联系的新理念。第三空间具有中立性、平等性、交流性、包容性、舒适性、活力感、归属感，读者在这里既可以感受令人肃然起敬的环境氛围和精神美妙的体验心路，也可以实现平等包容的各类新科技的亲身体验，具有巨大的气场魅力。大都市图书馆不仅提供了现实空间中的讲座、展览、演出、研讨、竞赛、共同阅读、文献修复、自助服务、志愿服务等的体验互动，也提供了网络空间的数字冲浪、微信接力、粉丝点评、远程咨询、个性推送、视频欣赏、图像传递、网络直播、多屏融合等的体验互动。

在科技革命和产业变革的新环境下，文化科技体验更具有社会教育的功能。不少大都市图书馆富有新意地导入了机器人、3D打印、创客空间、有限印刷、大屏触控、智能书架，设计了别具一格的智能互联的流动汽车图书馆，提供了各类新颖的电子阅读载体，通过创客空间、大数据展示、消除数字鸿沟的培训等，使读者在大开眼界的同时，也在体验互动中提升了文化素养和科技素养。在信息技术如此迅猛发展的背景下，消除信息数字鸿沟与消除文盲一样迫切。让各个阶层的市民都有机会学习、体验、运用、熟悉现代科技在实际生活中的应用，这是大都市图书馆在消除信息数字鸿沟中本应担当的社会责任。

体验互动在读者未进入图书馆建筑时已经开始，是国内外一些图书馆的实

---

① 王世伟.体验图书馆刍议.新世纪图书馆［J］.2006（5）：14-16.

践新思路。法国国家图书馆、埃及亚历山大图书馆、美国西雅图图书馆,以及中国的国家图书馆二期、深圳图书馆、广州图书馆、上海青浦区图书馆和嘉定区图书馆等,都让读者在远望新馆建筑时有一种文化的感动,这种文化的感动正是一种深入内心的无声的体验和教育。

体验互动给广大读者带来的是一种独特自由的阅读思考的氛围、宁静典雅的学习创新的气场、亲身感悟的现场具象的体验。在体验互动理念指导下的图书馆新服务使现实空间与网络空间实现了交互融合,吸引着无数读者经常光顾。这在一定程度上解释了在数字化、网络化和智能化的环境下,诸如中国香港中央图书馆、杭州图书馆、广州图书馆、浦东新区图书馆新馆落成之后为何仍天天人满为患的缘由。

(三)市民图书馆

全球的城市化进程和经济全球化的发展推动着世界城市人口的流动。根据联合国经济和社会事务部2014年7月更新的《世界城镇化展望》报告的数据显示,到2050年,全球城镇人口将再增加25亿,而且绝大部分增加的城镇人口将集中在亚洲和非洲;未来城市人口增加最多的是印度、中国和尼日利亚。[①]2014年7月,中国国务院印发《关于进一步推进户籍制度改革的意见》,提出到2020年,努力实现1亿左右农业转移人口和其他常住人口在城镇落户。[②]城市人口的大幅度增加将给全球特别是亚洲和非洲的大都市图书馆的服务带来新挑战,我们需要运用市民图书馆的新理念予以指导。城市人口统计可以有多个层次的概念,如户籍人口、常住人口、流动人口、市区人口、郊区人口、服务人口、旅游人口等。从大都市图书馆的服务而言,也应从以上多个层次加以谋划,既要为户籍人口的市民服务,也要为常住人口的市民服务;既要满足市中心区域市民的文化需求,也同样要满足郊区市民的文化需求;既要为流动人口中的市民服务,也要为旅游人口中包括境外的读者服务;既要为所在城市的市民服务,也要通过网络空间等通道为域外的读者提供服务。因此,大都市图书馆的服务与管理应当统筹兼顾,对服务人口也应该有新的统计

---

① 张伟.世界城镇人口2050年将达64亿[EB/OL].(2014-07-18)[2014-07-20].http://www.cssn.cn/dybg/201407/t20140718_1259149.shtml.
② 新华社.户籍制度改革全面实施[N].人民日报,2014-07-31(01).

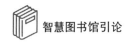

范围和统计方法。

面向未来的图书馆首先应该是人的图书馆，如同大学要拆除围墙一样，图书馆建筑也要拆除"门槛"，而图书馆网络空间同样要破除信息鸿沟，易于市民亲近，易于吸引各类市民进入现实空间和网络空间的图书馆并便捷地对其资源加以利用，使大都市图书馆在市民图书馆理念的指导下成为吸引和汇聚市民的文化高地。市民图书馆的新理念要求图书馆要将人本理念融入建筑设计和业务流程的各个服务与管理细节，让市民真正成为图书馆的"根本"。近年来，深圳图书馆新建了全市捐赠换书中心，该中心在市民中积极倡导营造的"捐赠交换"理念，正是市民图书馆理念的体现。市民图书馆理念体现了大都市图书馆公益性、基本性、均等性和便利性服务的功能定位，是人本理念在大都市图书馆服务中的具体化，彰显了"和谐、自由、平等、公正"的社会主义核心价值观。

（四）智慧图书馆

智慧图书馆的新理念率先出现在21世纪初期的欧美大学图书馆、公共图书馆和博物馆中。自2005年以来，中国图书馆界也开始从智能图书馆的研究深化至智慧图书馆的研究，并在实践中进行了积极地探索。智慧图书馆具有三大特点：一是互联的图书馆，具体细分为全面感知、立体互联和共享协同的图书馆；二是高效的图书馆，具体细分为节能低碳、灵敏便捷和整合集群的图书馆；三是便利的图书馆，具体细分为无线泛在、就近一体和个性互动的图书馆。①智慧图书馆作为未来图书馆发展新模式的顶层设计和全局解决方案，将成为图书馆未来发展的战略决策思考和实践路径选择，也将在现代公共文化服务体系的标准化、均等化的发展进程中发挥其信息化和可持续发展的独特的重要作用。随着网络空间时代和万物互联世界的到来，人们对于智慧图书馆的新理念将会有更深切感悟并创造出更多的实践案例。

（五）现代公共文化服务体系

2013年11月，党的十八届三中全会在文化方面提出了"构建现代公共文化服务体系"的改革要求。这是中国大都市图书馆未来若干年发展的新理念和

---

① 王世伟.论智慧图书馆的三大特点［J］.中国图书馆学报，2012（6）：22-28.

新目标。笔者认为，现代公共文化服务体系主要体现在5个方面，即标准化、均等化、法制化、社会化、智慧化。其中标准化和均等化是十八届三中全会构建现代公共文化服务体系中提出的具体要求，即"促进基本公共文化服务标准化、均等化"；法制化是国家治理体系和治理能力现代化的集中体现，也是公共图书馆事业健康发展和可持续发展的制度安排和重要保障；社会化体现了社会主义核心价值体系的"民主"价值观在公共图书馆管理上的诉求，也是发展具有广泛参与式的现代文化治理的有效方式；智慧化是顺应现代大都市图书馆事业迈向深度信息化并面向世界、面向未来、面向现代化的必然要求。

三、新模式

（一）读者自助模式

在一个技术高度发达、用户信息素质日渐提高的时代，图书馆的很多传统业务和服务内容都可以交给计算机和相应的设备来完成，图书馆员将从烦琐的事务性工作中解脱出来。如果说20世纪末读者自助模式在大都市图书馆还是个例和试点模式的话，那么进入21世纪的第二个10年，读者自助服务模式已呈普遍模式，读者对自助服务的需求也越来越强烈。在各个新落成的大都市图书馆新馆中，自助借还设施已成为必配的基本设施，不少图书馆开设了较大区域的多媒体自助阅览区；读者自助的范围从原来的书刊借阅、书目查询、文献复制、订座服务拓展至饮水服务、楼层服务查询、报纸大屏阅览、书刊自助消毒、讲座手机预订、音乐欣赏选择、影视节目观看、24小时自助服务等；被动等候的参考咨询已转向主动即时的一体化解决方案的服务平台。一些新建的大都市图书馆在空间布局与设计上充分考虑了读者自助服务的需求，为用户提供更多的自助设备、自助系统和自助服务。读者自助模式不仅节省了图书馆的大量空间，而且使馆员有更多时间做其他专业性更强的工作，提高了馆员与读者交流的机会。图书馆原有的参考咨询台、借阅台、办证台等服务桌面的减少将有利于增进读者与图书馆员面对面的交流，读者主动咨询的自助服务意识的增强将使图书馆员在与用户的交流中进一步提升图书馆的服务价值。

20世纪90年代出生的读者是在互联网和多屏触控的环境中长大的，他们具有更强的自我意识，更张扬、更叛逆、更加不遵循传统、更容易接受新事物等方面的性格特点，能用手机解决的就不开电脑，成为这一代人的信息行为特

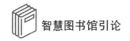

征。因此，大都市图书馆的现代青年读者群和中老年读者群的行为习惯应是大都市图书馆管理与服务需要超前思考的问题，而读者自助模式就是其中的选项之一。

（二）分众细化模式

大都市图书馆新馆服务新格局中的分众服务所呈现的更为细化的服务模式，推动了大都市图书馆的读者服务工作向更细化、更深化、更多样、更便捷、更精致、更舒适方向的进一步发展，这也是大都市图书馆为市民提供基本的均等化服务和分众的差异化服务相结合的题中应有之义。如有的图书馆会根据社会老龄化的趋势，增设老年人阅览区，为老年读者提供独立的人际交流空间；有的图书馆会根据少年儿童的学习特点，将少儿服务区进一步按年龄细化（如0—4岁的婴儿读书区等），并利用软体区隔以保证儿童玩耍区域的安全；有的图书馆会顺应少儿文化教育和信息素养教育的需求，专设少儿体验区；有的图书馆会为残疾读者提供设置在平街层的视障阅览室以及残疾停车位、无障碍通道、无障碍洗手间；有的图书馆会将服务空间分为研究型读者和大众型读者并会根据读者类型提供相应的各类服务；在一些移民数量众多的城市的大都市图书馆，还会为各国移民提供语言细分的文献服务区，等等。无论是新馆空间设计或是旧馆空间改造，都是按照分众细化服务的模式展开，这种服务模式摆脱了公共设施僵硬静态的面孔，为不同群体的读者提供了更温馨和更个性化的服务。

（三）绿色发展模式

绿色发展模式是一种在大都市图书馆发展中注重绿色环保和节能减排、注重自然与建筑和人保持和谐统一的发展范式。图书馆的建筑选址、水资源的维护、能源使用的效率、环保材料的选用、室内空气的质量、垃圾的分类处理、减少废弃物的产生等，都是绿色发展模式应当考虑的范畴。绿色发展模式在一些新馆中，主要体现于采用"被动式"的光电建筑应用形式，如使用绿色屋顶等设计方案来减少能源的使用，通过利用自然光来节能，通过风能、太阳能来调节室内温度，通过雨水收集与利用来节水等。这种绿色发展模式改变了以往图书馆通过电能"主动式"的温度调节系统模式，运用自然水资源的循环利用来减少对社会现存水资源的需求，是名副其实的"绿屋"。为了让自然和建筑与人更和谐地统一，新加坡国家图书馆新馆、美国西雅图图书馆以及中国苏州图书馆、上海浦东新区图书馆等设计了室内外的园林形态，将园林设计和园林本身引入图书馆的建筑之内或建筑之外的一些建筑小品，成为图书馆新建筑的亮点。由于新馆建筑空间巨大，为保持安静，有的图书馆在新馆建筑大空间的顶部采用吸音材料以降低噪声；但也有的图书馆由于没能进行这样的科学预测，在大空间噪声控制方面留下了遗憾。在绿色发展模式方面，至今已开展14年的比利时布鲁塞尔一年一度的"绿色阅读"活动颇具特色，这是该城市一些街区图书馆联合推出的一项社会公益活动。每年暑假伊始，图书馆志愿者将各区图书馆化整为零，把书送到公园绿地，让人们在大自然中"绿色阅读"。2014年，布鲁塞尔有18个街区图书馆在全市34个公园参与了这一活动。"绿色阅读"给人们，尤其是给青少年提供了最佳的阅读机会，为他们的假期增加了情趣。[①]从图书馆绿色发展模式出发，在智能技术不断进步的环境下，为防止历史文献存量较大的大都市图书馆内历史文献可能产生的有害气体对图书馆员造成的污染与危害，可以考虑设计图书馆机器人从事在历史文献特藏书库中长时间的取书、还书工作。

（四）分面布局模式

大都市图书馆的服务布局以往多采用分层布局，如以文献类型分层、以服务对象分层等。近年来落成的广州图书馆则更多地采用了分面布局模式，以多分面为主，以多分层为辅。分面布局更多的是基于学科、主题、服务目标群体等的逻辑分析。广州图书馆新馆将分面布局服务分为基本服务、对象服务、主题服务、交流服务等四大部分，其中加大了分面组织的比重，以主题馆、对象馆为载体进行分面服务的空间建构。如新馆以本土文化、多元文化、都市文化为要素搭建文化服务框架，分别设立了广州人文馆、家谱查询中心、《广州大典》与广州历史文化研究基地、广州非物质文化遗产常设展览，展示与传播广州本土文化；又设立有多元文化馆、语言学习馆，开展多元文化推广项目与语言培训项目，丰富多元文化；还设立有休闲生活馆、创意设计馆、多媒体鉴赏区、广州国际纪录片节展示服务中心，倡导现代都市文化。广州图书馆分面布局模式的积极探索为大都市图书馆服务的创新发展带来了有益启示。在欧

---

① 刘军.绿色阅读好［N］.光明日报，2014-07-24（08）．

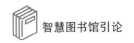

美、澳洲及中国港台地区的许多公共图书馆内,都建有音乐、美术、动画、地图、历史、文化遗产等专业主题图书馆,不仅配有相关的专业文献资料,还提供视听及软件设备;中国台北市图书馆更是形成了一馆一特色发展模式。这种"馆中馆"或主题图书馆是大都市图书馆已经形成的一种发展模式,并将成为大都市图书馆未来发展的趋势之一,而分面布局模式的出现无疑更加丰富了这一发展模式。

(五)统一物流模式

统一物流模式是大都市图书馆总分馆服务与管理的一种普遍模式,这种模式在美国、新加坡以及中国港台地区的发展已较为成熟。自2000年起步的上海市中心图书馆在实践中借鉴国内外的统一物流模式,于2007年11月与上海邮政公司成功举行了"上海市中心图书馆文献物流社会化签约仪式"。本次签约使上海市中心图书馆率先完成了国内首家省级公共图书馆文献物流社会化工作,为探索中心图书馆总分馆和基层服务点之间服务共同体的可持续发展跨出了有益的一步,也形成了具有中国特色的统一物流模式。为配合城市街区24小时自助图书馆的服务发展,深圳图书馆也建立起了覆盖全市各自助服务点的统一物流的配送模式,并实现了信息化和社会化的管理。但与世界其他国家和地区的统一物流模式相比,中国一些大都市图书馆的统一物流模式的智能化、集约化、便捷化的程度还不高;同时,由于中国大都市图书馆人财物的分层管理,统一物流模式在统一化的程度方面还需要通过体制机制的创新予以进一步深化。

(六)云端计算模式

随着大数据和云计算的全面兴起和快速普及,新一代网络技术正面临全面融合和快速迭代,大数据与云计算时代已经来临。英国学者维克托·迈尔-舍恩伯格和肯尼思·库克耶所著的《大数据时代》以大数据作为一个新时代的标志向人们展示了大数据对于生活、工作与思维所带来的大变革。大数据与云计算的应用开始在包括大都市图书馆在内的各个行业领域展开。涂子沛所著的《大数据——正在到来的数据革命,以及它如何改变政府、商业与我们的生活》一书,向我们展示了大数据时代的魅力和巨大的影响力。大数据需要通过云环境来加以应用与发展。云计算具有跨界整合、按需服务、自助互动、即时响应、可扩展性等技术特征，为大数据的收集、存储、处理、分析、管理和服务提供了新载体和新方法，被认为是海量信息服务的最佳模式，为大都市图书馆服务创新带来了新机遇。在大数据和云环境下，移动互联给大都市图书馆带来了一切皆数据、一切皆服务、一切皆读者的新思维。近年来，新加坡国家图书馆部署了一套灵活而性能超强的大数据架构，通过云端计算的模式，处理从战略、战术到操作层面的各类不同分析需求；通过一整套的仪表盘来监测和分析覆盖整个生命周期的大都市图书馆关键业务流程，包括馆藏新文献的选择、采购与处理，文献流通中的外借、续借和预约，地理空间的位置、区划、人口等混搭的各类数据，以应对与以往不同的图书馆服务与管理中需要处理的各类问题，并提供高性价比的解决方案。[①]上海图书馆也通过主动拥抱大数据，形成了云端计算模式。该馆在巨量读者信息云端整合的基础上，发布《上海图书馆流通分析报告》，对此《文汇报》记者以《"阅读大数据"如何转为"金手指"》为题在头版头条进行了报道，并指出由于零售市场回馈信息有一定的滞后性，很多出版社和实体书店并不能同步掌握当前的阅读趋势，而从超过4 000万册图书的借阅信息中获得的"上图流通分析"等报告，有可能为出版业、书店业和图书相关产业提供更多的参考，让"阅读大数据"真正转化为出版业"金手指"；[②]这无疑是上海图书馆进行云端计算模式的意外收获。可以预见，在若干年后，大都市图书馆的云端计算模式将会成为服务与管理的新常态，但这需要提前谋划布局，只有实现了大都市图书馆超巨量数据复杂系统的云端智慧管理，才能让数据插上智慧的翅膀，让特大城市中的大都市图书馆从数据大馆通过云端计算模式逐步迈向数据强馆。

四、新形态

（一）创意设计形态

大都市图书馆的魅力既外化于形，也内化于空间布局与设计之美。随着一大批大都市图书馆建筑的先后落成，其建筑设施的硬设计和内部艺术的软设计

---

① 上海图书馆.转型时期的图书馆：新空间·新服务·新体验［M］.上海：上海科学技术文献出版社，2014：130.
② 吴越."阅读大数据"如何转为"金手指"［N］.文汇报，2014-06-08（01）.

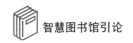

以及其空间布局与功能之美为人们带来了创意设计的新形态。

创意设计形态的一大特征是服务空间与信息化的融合，许多图书馆将信息化形态定位为一种基本环境，融合在各种空间之中。无线上网的自由空间、智能互联的泛在阅览、宽带设施的信息基础、24小时的自助借阅、智能载体的现场体验、数字媒体的融合平台、参考咨询的时空接力、大屏触控的信息幕墙、服务数据的实时显示、安全环境的智能监控……这些创意设计令图书馆的服务与管理形态面貌一新，可谓图书馆信息化的升级版。

创意设计形态也表现在一些设计的细节之处，如天津图书馆二期中央空调排风口设计与常规的楼面顶部排风口设计有所不同，而是别具新意地采用了地面的空调出气口，不仅克服了可能产生的噪声，其隐蔽性的设计也增加了建筑的美感；新馆内的家具和导引标识设计，显得舒展、典雅、宁静而富有个性，为读者创造了一个心想往之的阅读环境。

图书馆的新馆空间设计与旧馆空间改造为图书馆创意设计提供了机遇。中国国家图书馆二期工程的阅读广场空间设计，河北省图书馆新馆内山水石上流和地方文化幕墙设计、首都图书馆二期北京四合院的地方文献区域设计、上海浦东新区图书馆阶梯式阅读广场设计，以及捷克共和国布拉格市图书馆的巨型书柱设计、挪威国家图书馆的数以百计的智慧之眼壁墙设计、美国西雅图社区图书馆的客厅壁炉家庭式阅读空间设计等，为大都市图书馆的学习交流带来了丰富多彩的新空间。上海图书馆则借鉴全球大都市图书馆"创客空间"的积极尝试，对原有的图书馆空间进行了再设计，形成了国内首个"创·新空间"，成为上海文化创意产业信息中心，吸引了诸多创意工作者和爱好者前来体验。① 位于上海杨浦区黑山路上的旧上海市图书馆于1935年建成，由曾任中国建筑师学会会长的董大酉先生设计，该馆充分体现了中国特色的建筑风格。如今，这一文化建筑将依据董大酉当年的手稿"修旧如旧"。这一大都市图书馆的建筑修复工程的创意设计也体现了中国特色大都市图书馆建设中的文化追求。②

---

① 吴建中.城市图书馆的挑战、创新与未来［N］.解放日报，2014-03-08（07）.
② 钱蓓.八旬图书馆将依手稿"重生"［N］.文汇报，2014-06-27（05）.

（二）灵活布局形态

图书馆是一个生长着的有机体，在信息技术日新月异的当下更是如此，功能多样化和服务个性化推动了大都市图书馆灵活布局新形态的形成，并成为新馆建设和旧馆改造的普遍形态。

为适应灵活布局的形态，图书馆设计体现出更为精致化和精细化的趋势。如在每一个阅览空间、服务空间、资源存放空间，精心设计每一件（套）桌椅、书柜等设备设施，体现其应有的个性和灵性，为读者带来全新的体验和吸引力。有的图书馆既提供固定书架，也提供可移动式书架以及安放在桌椅旁的小型书架。一些家具既可以集中整合用于大型的读者活动，也可以拆分使用以满足小型读者活动。不同种类的座椅以不同的方式摆放，既体现了美观与舒适，也满足了读者不同的个性需求。如在"个人阅读区"的小包间为读者提供小型圆桌和折椅，在"自由讨论区"为读者提供若干个固定并可旋转座椅。各类不同材质、不同形状、大小不一的家具设计与家具位置摆放，服务内容的灵活多样和动态丰富，体现了图书馆为读者提供有品位的阅读环境的服务追求。对到馆的读者而言，他们往往都希望在馆内的任何时刻都能拥有适合自己需要的学习空间，甚至希望图书馆能够提供便捷且具特色的设备设施。因为千篇一律、呆板生硬的设备设施不但不会给人带来精神上的愉悦，甚至有碍于激发人的创造力。

灵活多样的展览、定期或临时的音乐角也是灵活布局的一种形态。例如，西班牙马德里区域图书馆的简单独个大型展板式展览及移动式支架多块面展板、荷兰鹿特丹图书馆的空中悬挂式展览、法国国家图书馆的走廊式展览、中国上海图书馆历史文献区的展橱式展览。许多大都市图书馆的展览的展架往往可随时移动，内容也可以定期更换。此外，挪威国家图书馆于每周五下午在阅览大厅一角布置音乐欣赏区或定期举办音乐欣赏活动的做法，也是图书馆多样灵活布局的有益探索。

灵活布局还体现在读者对图书馆内一些特定区域的使用上。如挪威国家图书馆设计的能登梯而上的顶端阅览空间；上海的嘉定区图书馆、青浦区图书馆和浙江海盐图书馆新馆，在建筑外的屋檐下放置的阅览桌椅。这些阅览区域安静的氛围、宽阔的空间和广阔的视野既可以减缓读者的疲劳，也有助于他们更好地思考。

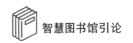

灵活布局为读者带来了可选择的多样化的学习交流空间，这里既有阅览广场式群体读书空间，也有适合独自学习半隐蔽的安静学习空间；既有研究型的正式阅读空间，也有大小不同的自由交流空间，还有公共休闲空间（咖啡吧、小型书店、礼品店等）。这种灵活多样的空间布局，为读者提供了更多的选择，适应并满足了不同读者的需求。

（三）移动互联形态

移动互联形态是传统图书馆与现代信息科技特别是云计算、搜索引擎、数据挖掘、社交网络等互联网技术相结合的产物，它通过移动信息终端让数字化多媒体的文献与馆员和读者互联互通，实现了图书馆桌面由有限服务向移动无缝服务的转型，搭建了不断组合并充满可能的通道平台，形成了大都市图书馆服务的新业态。移动互联形态较好地弥补了传统图书馆服务在服务空间和服务效能方面的不足，拓展了传统图书馆服务时空和服务内容的边界，大幅降低了读者的时间成本和图书馆机构的运营成本，并能更有效地解决传统图书馆形态的低效率和覆盖盲区问题。移动互联形态使文献信息的服务更具可获得性、及时性和便利性，改变了传统图书馆的办证台、借阅台、咨询台的服务形态，激活了广大市民潜在的文化需求，促使传统图书馆业务与信息化的深度融合。移动互联形态也推动了大都市图书馆现存的业务流程、管理模式和服务格局的变革，提高了面向读者服务的广度和深度，使各类文献的搜索、借阅、传递等复杂流程大大简化并具可操作性，服务对象也更趋大众化，体现了现代图书馆公共文化服务体系均等化的普惠性。可以预见，在不久的将来，移动终端的点击量、阅读数量、咨询数量和人次将不断超越实体图书馆的到馆人次和借阅量。

移动互联形态的泛在化、平等化和互动性使图书馆馆员与读者之间的边界正在变得模糊，读者通过移动互联的平台参与图书馆的采访、讲座、展览、管理以及参考咨询，在一定程度上开启了图书馆服务与管理的全员创新的新格局。

（四）"图书馆＋"形态

大都市图书馆是一个十分神奇的文化机构，其服务和协同的触角可以拓展延伸至大都市以及都市城域以外的方方面面，在原有的图书馆服务业务形态基础上形成了"图书馆＋"的服务新形态。在马来西亚的吉隆坡，于2009年创办的戏剧图书馆与"心向太阳剧坊"融为一体,形成了黑箱剧场、戏剧咖啡座、摄影馆和展卖国内外戏剧作品的精品馆,开展了电影赏析会、戏剧观摩赛、艺术电影之旅、摄影分享会、戏剧生活营、戏剧表演班等丰富多彩的读者活动,形成了"图书馆+"的大都市图书馆价值观。①法国巴黎的大都市图书馆服务体系中有32家由外国团体和机构开设的图书馆,其中的西班牙图书馆近年来为读者提供了亚马逊阅读器外借,该阅读器内收有数以百计的西班牙文名著和词典。②法国国家图书馆内的独立展馆以展出雨果等作家的手稿而吸引了众多读者驻足欣赏。中国国家图书馆在与国内外的文化交流过程中,不断丰富作为国家图书馆的"图书馆+"发展形态,如通过"中国之窗"赠书项目、驻外中国文化中心图书馆建设项目、与中国国家各部委机构的分馆共建项目等方式,使国家图书馆的服务载体不断拓展并延伸。上海图书馆的"图书馆+"有多样化的形态,如与上海市妇联合办的"妇女之窗"、与世博会机构合办的"世博信息阅览室"等。上海市中心图书馆长宁分馆与中国国务院新闻办合作创建了面向境外读者的"中国之窗-上海阅览中心",而遍布世界各城市的80多家"上海之窗"更是"图书馆+"的成功案例。借鉴法国国家图书馆、美国纽约研究型公共图书馆、埃及亚历山大图书馆等馆内独立博物馆的"图书馆+"服务形态,中国国家图书馆所属的国家典籍博物馆于2014年8月开馆试运行,首展"国家图书馆馆藏精品大展"由金石拓片、敦煌遗书、善本古籍、舆图、名家手稿、西文善本、样式雷图档、中国少数民族文字古籍和中国古代典籍简史等9个展览组成,展品800余件,为中国国家图书馆历史上最大规模集中展示的馆藏文献珍品;③而此前于1996年开馆陈列的上海图书馆"中国文化名人手稿馆"也具有独立博物馆的性质。德国柏林州中心图书馆借画如借书的服务项目也可以看作是"图书馆+"的服务形态之一;该馆的艺术品借阅区共有1 600件油画、版画、摄影和雕塑等当代原创艺术作品供读者选择,其推出的"借画如借书"的口号颇受欢迎。④实际上,大都市图书馆不仅可以推出借画如借书服务,还可以创新拓展为借照如借书服务,将有些历史原照复制后

---

① 上海图书馆.转型时期的图书馆:新空间·新服务·新体验[M].上海:上海科学技术文献出版社,2014:55-71.
② 王世伟,等.国际大都市图书馆服务体系述略[M].上海:上海人民出版社,2013:308.
③ 杜羽.国家典籍博物馆8月开馆[N].光明日报,2014-07-16(09).
④ 王世伟,等.国际大都市图书馆服务体系述略[M].上海:上海人民出版社,2013:234.

借给读者。可见,"图书馆+"是一个提供无限想象力的服务理念和服务形态。

五、几点思考

(一)发展的新环境对大都市图书馆正形成倒逼机制

从大都市图书馆的人力资源建设而言,新环境、新模式、新形态和新服务正在对图书馆形成颠覆性挑战。图书馆中低技术含量的工作正在逐步消失,工作人员推着书车的标志性形象正在成为过去式。如果说图书馆行业的工具过去是铅笔、卡片、目录柜、咨询单、打字机的话,那么现在则更替为电脑、屏幕、手机、数据库、社交网络、搜索引擎、电子阅读器。就屏幕而言,有建筑外墙或读者大厅的巨屏、电子阅报的大屏、上网电脑的中屏、个人手机的小屏、信息发布的长屏以及即将流行的可穿戴设备(如智能手表等)的微屏,并正在实现多屏融合与多屏互动,使图书馆的服务进入了触摸时代。大都市图书馆发展的新环境正呼唤掌握信息技术和综合解决问题能力的智慧馆员,而图书馆业务部门的主管也将承担智慧协调员的角色;大都市图书馆馆员的知识能力结构也要在保管、研究和传统服务的基础上增加创意推广人才和网络科技人才,以形成多样化人才的新结构。大都市图书馆原有岗位描述将为新创建的岗位描述所取代。人力资源的这种挑战不仅在图书馆,而且在全社会展开。美国求职网站(CareerCas)2014年新公布了十大濒临灭绝的职业,而这多半与实体纸张在日常生活中渐渐失宠有关,如邮递员、抄表员、报社记者、导游、印刷工人、税务检验员和税务员等。① 大都市图书馆也同样面临类似的问题。随着数字与网络咨询的普及、多网与多屏的互动融合、自助服务的推广、智能机器人的出现,诸如一些传统的问询、图书借还、文献复印、读者证查验等项工作将会逐步成为过去式。深圳市城市街区24小时自助图书馆出现后,图书馆员当面服务的功能已经部分消失;而随着智慧图书馆书书相联、库库相联、网网相联的内容互联时代的来临和进一步发展,以印刷型文献为服务主体的大都市图书馆的服务模式也可能面临成为过去式的挑战。这说明在新环境下图书馆管理与服务的创新生命周期已经缩短,网络时代更新迭代的变革节奏正在加

---

① 福布斯中国网.2014年十大濒临灭绝的职业[EB/OL].(2014-07-22)[2014-08-01].http://www.forbeschina.com/review/atlas/005548_1.shtml.

快,对大都市图书馆的服务与管理形成了倒逼机制。

(二)基于内容互联的文化共享服务将成为发展新趋势

大都市图书馆的互相联系在很早就出现了,如欧美早期的会员制服务模式等。但自从互联网出现之后,这种互联发生了质的变化。1994年被认为是中国接入互联网的起始,经过20年的发展,互联网由早期的静态初始的互联、全球电脑和计算的互联,已发展至全球宽带环境下的移动的互联、跨时空的泛在互联,并将在未来的发展中进一步提升为基于宽带和视频的互联、深度的全媒体的内容互联。走向未来的内容互联的智慧图书馆将面临巨量信息流动的挑战以及相应的网络传输带宽瓶颈,也将形成网络空间安全的挑战、城乡与地区信息设施和信息素养差距的挑战。同时,这一发展趋势将重塑大都市图书馆的文化基因,使其充满创新的空间。大都市图书馆应当采用主动信息化发展战略,用互联网思维改造传统内容服务,在内容为王的基础上向网络为王转变,并致力于体现对全体读者即每一位市民人人有用的泛在个性化服务,形成全媒体泛在式的内容互联服务模式。

人无远虑,必有近忧。大都市图书馆应当从基于内容互联的文化共享的发展趋势出发,预先布局内容互联的信息基础设施和服务平台,使图书馆的各个空间均可提供有线和无线上网,以告别传统的集中式的电子阅览室的服务形态。挪威国家图书馆2009年5月启动的"数字书架"项目就是通过分阶段推进方式,将历年的图书全文进行数字化转换并在互联网上发布供读者使用,这正是基于互联网的内容互联的服务新趋势。[①]基于内容互联的图书馆讲座我们可以将其誉之为图书馆的幕课(MOOC),这在文化共享工程的推进中已经形成了初步的经验。大都市图书馆不应该错过参与幕课未来的发展机会,可以顺势而为,协助创建和实现幕课服务类型,积极发展网络教育。一方面,可以利用高校资源丰富的图书馆讲座的内容;另一方面可以将图书馆讲座的服务延伸至高校,使成千上万的大学生成为大都市图书馆在线教育的服务对象。内容互联的发展使图书馆可以通过大型显示器的可视化为读者和馆员实现创建一个真正的创意协作空间的梦想,从而将大都市图书馆的基础设施建设和内容建设有

---

① 韩新月,肖珂诗.图书馆应用著作权集体管理组织授权模式研究——挪威"数字书架"项目给我国图书馆的启示[J].图书馆杂志,2014(6):34.

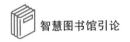

机地结合起来。所有这些,都将为构建内容互联的现代大都市图书馆网络空间体系添砖加瓦,以体现大都市图书馆未来发展的图书馆自觉和文化自觉。

(三)中国特色大都市图书馆发展道路正在形成

在全球大都市图书馆的发展中,中国大都市图书馆经过改革开放新时期的实践探索和不断完善,涌现出层出不穷的成功案例,形成了具有中国特色的中国实践、中国经验、中国创意、中国方案。无论是公益性、基本性、均等性和便利性的发展定位,还是覆盖全社会的现代大都市图书馆公共文化服务体系;无论是各层级的发展规划,还是城乡一体化的发展政策;无论是东西地区互动协同,还是全国统筹的工程推进;无论是科文融合的创新转型,还是注重标准的依法治馆;无论是融入城市的互动发展,还是融入世界的共同体成长,中国大都市图书馆正在书写国际大都市图书馆发展史上的精彩篇章,并将改变全球大都市图书馆以欧美为中心的传统格局,形成全球大都市图书馆多极化的发展新态势。① 我们应该以文化自觉和文化自信,站在实现中国梦和两个百年愿景的高度谋划中国特色大都市图书馆发展道路的新构想和新愿景。

(四)文化安全将成为未来发展重要原则

中国大都市图书馆的建设关系到民族精神、国家文化安全、国家和城市的文化软实力和综合竞争力。在文化多样化持续推进的进程中,中国发展大都市图书馆应当树立起文化安全的意识,只有这样才能珍视和发扬中华民族的文化,并在国际交流中自觉抵御文化领域可能受到的威胁、侵害和误导。

文化安全是国家总体安全的重要组成部分。2014年4月,习近平总书记在主持召开的中央国家安全委员会第一次会议上强调,要准确把握国家安全形势变化新特点新趋势,坚持总体国家安全观,走出一条中国特色国家安全道路。② 这就要求我们在大都市图书馆服务与管理之中,要将文化安全纳入总体思路之中,在贯彻落实总体国家安全观中,要将大都市图书馆事业所涉及的文化安全纳入非传统安全之中,努力构建集文化安全与政治安全、国土安全、军

---

① 王世伟.中国特色公共图书馆发展道路初探(上、下)[J].图书馆杂志,2013(5):4-9;2013(6):4-10.
② 习近平.构建集中高效权威国安体制[N].人民日报(海外版),2014-04-16(01).

事安全、经济安全、社会安全、科技安全、信息安全、生态安全、资源安全、核安全等于一体的全新国家安全体系。在国家总体安全观的指导下，在文化安全的原则下，我们要将大都市图书馆的发展问题与文化安全问题有机结合起来，在馆藏文献的整理中、在信息基础设施建设中、在对外交往与合作中、在人才培养的政策中及在语言选择的使用中，将文化安全的重要原则融入其中；在积极发展文化服务内容和文化走出去中进一步提高文化安全的意识，进一步夯实文化安全的基础，进一步加强文化安全的保障。对于因智能眼睛、智能手环、智能手表、智能服饰等可穿戴设备的流行所带来的个人隐私边界重新定义及对信息数据保护的问题，我们也应未雨绸缪，在新环境下依法做好读者个人信息安全保护的研究与准备工作。

（完成于2014年8月14日）

人工智能与图书馆服务重塑

继大数据、云计算、物联网、移动互联网之后,新一轮科技与产业革命正聚焦于人工智能的创新发展,对更全面深入的经济数字化、社会网络化、生活智能化形成了新一轮的发展变革浪潮,万物感知、万物互联、万物智能的大智能时代正在来临,也为图书馆服务转型孕育了发展新动能,图书馆的服务正面临倒逼重塑的挑战和机遇。文献资源重塑、人才资源重塑、读者用户重塑、服务空间重塑、服务项目重塑等新兴议题已经成为图书馆创新发展超前布局需要精心谋划思考和实践的命题。我们正站在基于人工智能的信息文明新一轮发展浪潮的起点上,需要重塑图书馆服务的"筋骨",推动图书馆智慧大脑中枢与神经系统的建设,注入融合图书馆的神经元,以顺势而为的战略智慧和持续创新的战略定力,搭上人工智能的"文化高铁",实现图书馆发展动能、发展资源、发展内容、发展布局、发展形态、发展空间的创新升级之变,以解决新时代图书馆所面临的发展不平衡和不充分的主要矛盾,进一步满足读者用户日益增长的对美好文化生活的需要。

一、人工智能带来的变革浪潮与图书馆服务重塑

当我们在讨论人工智能带来的变革浪潮与图书馆服务重塑的命题时,应当首先登高环顾一下人工智能的发展态势。人工智能(AI)是一个约定俗成的用语词汇,从更准确性而言,应称为"机器智能"或"人造智能"。

2017年12月发布的《世界互联网发展报告2017》指出,互联网发展正进入从"人人互联"到"万物互联"转变跨越新阶段,人工智能等新兴网络信息

技术成为全球科技竞争的新高地。①在研发领域和实践应用领域，人工智能的新研究机构和新产品相继建立和问世。以2017年12月为例：12月6日，由中国科学院等共同打造的北京智能计算产业研究院揭牌成立，并同时发布了全球首款高通量人工智能一体机。②12月13日，谷歌公司宣布，将在北京设立新的人工智能研究中心，以利用中国在这个前景美好的技术领域中的人才储备。③基于人工智能的实践应用成果也层出不穷，如2017年12月5日，在第19届中国国际海事会展上展出的由我国自主设计建造的全球首艘智能船"智慧海豚型38 800吨智能船"，可利用传感器、通信、物联网、互联网等技术手段，自动感知和获取内部各零部件及外部海洋环境、天气、物流、港口等方面的信息和数据，并基于自动控制技术和大数据处理、机器学习和分析能力，在航行、管理和维修等方面实现智能化运行。④又如，2017年11月，美国食品药品管理局（FDA）批准了由美国硅谷企业与日本大冢制药公司合作研发的全球首种数字药物。该药物在原有的抗精神病药Abilify基础上进行研发，在片剂中嵌入了可摄入的传感器，不仅可安全通过身体，还可与外部设备进行通信，医护人员可就此跟踪患者服药情况。⑤以上这样的新事物在未来将以更大的数量和规模呈涌现的态势。

2017年12月上旬，习近平总书记在三次讲话和贺信中均提到了"人工智能"。12月1日，习近平总书记在中国共产党与世界政党高层对话会上的主旨讲话中指出："今天，互联网、大数据、云计算、量子卫星、人工智能迅猛发展，人类生活的关联前所未有……"⑥12月3日，在致第四届世界互联网大会的贺信中指出："中共'十九大'制定了新时代中国特色社会主义的行动纲领和发展蓝图，提出要建设网络强国、数字中国、智慧社会，推动互联网、大数据、人工智能和实体经济深度融合……"⑦12月8日，在主持中共中央政治局就

---

① 张国亮.2017世界及中国互联网发展报告发布 中美两国成为世界双引擎［EB/OL］.（2017-12-04）［2017-12-16］.http://china.cnr.cn/NewsFeeds/20171204/t20171204_524049826.shtml.
② 吴月辉.北京智能计算产业研究院成立［N］.人民日报，2017-12-14（12）.
③ 曹卫国.谷歌在中国开设人工智能中心 法媒：想利用中国人才［EB/OL］.（2017-12-14）［2017-12-14］.http://www.cankaoxiaoxi.com/china/20171214/2247730.shtml.
④ 张晓鸣.我国研制的全球首艘智能船在沪亮相［N］.文汇报，2017-12-06（01）.
⑤ 黄杨子."数字药片"问世，或将解决服药难题［N］.解放日报，2017-11-26（03）.
⑥ 习近平.携手建设更加美好的世界——在中国共产党与世界政党高层对话会上的主旨讲话［N］.人民日报，2017-12-02（02）.
⑦ 习近平.习近平的贺信［N］.新华每日电讯，2017-12-04（01）.

实施国家大数据战略进行第二次集体学习时强调:"大数据发展日新月异,我们应该审时度势、精心谋划、超前布局、力争主动深入了解大数据发展现状和趋势及其对经济社会发展的影响……推动互联网、大数据、人工智能同实体经济深度融合……要坚持以人民为中心的发展思想,推进'互联网+教育''互联网+医疗''互联网+文化'等,让百姓少跑腿、数据多跑路,不断提升公共服务均等化、普惠化、便捷化水平。"①

我们还可以回顾一下2017年全国两会聚焦人工智能的相关信息。2017年3月5日,"人工智能"首次出现在李克强总理所做的政府工作报告中;同时,一些互联网知名企业老总不约而同地提交了相关提案:百度创始人李彦宏提交了3项聚焦人工智能的提案,包括利用人工智能视觉技术优化红绿灯设计、缓解交通拥堵,用人脸识别技术辅助公安部门寻找走失儿童等,完成"从汗水驱动到创新驱动""从齿轮驱动到智能驱动"的升级;腾讯创始人马化腾提交的7项议案,也特别提到人工智能、云计算等技术领域成为全球创新高地,使得大规模的连接成为可能;小米创始人雷军也提交了一份加快实施人工智能国家战略的议案,认为未来人工智能会取代社会50%以上的工作岗位,同时会创造新的工作机会。②

早在2015年7月,国务院发布的《关于积极推进"互联网+"行动的指导意见》就已提到了人工智能。2015年8月,国务院印发了《中国制造2025》,指出基于信息物理系统的智能装备、智能工厂等智能制造正在引领制造方式变革,我国制造业转型升级、创新发展迎来重大机遇。③2016年至2017年,我国先后密集发布了多部有关人工智能的政策文件。(见表1)

人工智能的发展浪潮也反映在媒体传播的语言文字中。在基于语料规模近5亿字次的基础上,国家语言资源监测与研究中心发布了"2017年度中国媒体十大流行语","人工智能"与"十九大""新时代"等成为"2017年度中国媒体十大流行语",足以看出人工智能在信息交流传播中的聚焦度和在经济社会中的热度。④

---

① 习近平:实施国家大数据战略加快建设数字中国.[EB/OL].(2017-12-09)[2017-12-16].http://www.cac.gov.cn/201712/09/c_1122084745.htm.
② 卢泽华.人工智能:全球竞赛中国领跑(网上中国)[EB/OL].(2017-03-11)[2017-12-16].http://scitech.people.com.cn/n1/2017/0311/c1007-29138088.html.
③ 国务院.国务院关于印发《中国制造2025》的通知[EB/OL].(2015-05-08)[2017-12-16].http://www.gov.cn/zhengce/content/2015-05/19/content_9784.htm.
④ 张烁.2017十大流行语发布[N].人民日报(海外版),2017-12-12(02).

表1　有关人工智能的国家政策文件目录（2016—2017）

政策文件名称	发布机构	发布时间	备　注
"互联网+"人工智能三年行动实施方案	国家发展改革委、科技部、工业和信息化部、中央网信办	2016年5月	充分发挥人工智能技术创新的引领作用，支撑各行业领域"互联网+"创业创新，培育经济发展新动能。
新一代人工智能发展规划	国务院	2017年7月	抢抓人工智能发展的重大战略机遇，构筑我国人工智能发展的先发优势，加快建设创新型国家和世界科技强国。
国务院关于深化"互联网+先进制造业"发展工业互联网的指导意见	国务院	2017年11月	打造人、机、物全面互联的新型网络基础设施，形成智能化发展的新兴业态和应用模式。
促进新一代人工智能产业发展三年行动计划（2018—2020）	工业和信息化部	2017年12月	为贯彻落实《中国制造2025》和《新一代人工智能发展规划》，加快人工智能产业发展，推动人工智能和实体经济深度融合。

对未来趋势的预测往往是根据身边不断增长的相关信息、事实和数据所做出的超前判断，我们从以上列举的部分信息、事实和数据中已经可以看到人工智能所表现出来的发展大趋势和对未来影响全局的超强信号。在2016年和2017年，有两本对人工智能时代的到来进行研究和介绍的著作值得一提。2016年8月，学者吴军出版专著《智能时代：大数据与智能革命重新定义未来》，认为2016年是机器智能历史上一个具有纪念意义的年份，它是一个时代的结束，也是新时代的开始。智能时代将重塑个人思维，并将构建未来商业和社会图景。[①]2017年4月，百度创始人李彦宏出版了《智能革命：迎接人工智能时代的社会、经济与文化变革》一书，认为人工智能将是照亮又一新时代的火种。"在不久的未来，智能流会像今天的电流一样平静地环绕、支持着我们，在一切环节提供养料，彻底改变人类经济、政治、社会、

---

① 吴军.智能时代：大数据与智能革命重新定义未来[M].北京：中信出版社，2016：前言.

生活的形态。"①该书还富有创意地由机器人撰写了序言。在2017年12月4日举行的世界互联网大会上，百度创始人李彦宏在报告中认为，随着技术的不断进步，由数据、算力、算法"三位一体"共同驱动的人工智能或将成为推动经济增长与时代进步的新引擎，并引领一场堪比历次技术革命的伟大变革，人工智能将作为此次技术变革的主角，承担起助推全球经济增长的时代重任。②

  人工智能的发展趋势也开始影响到了图书馆服务。机器人被誉为制造业皇冠上的明珠，成为人工智能发展的重要领域和载体。清华大学图书馆于2010年底在其网站服务栏目中设置了智能聊天机器人，此举使其成为较早在中国图书馆服务中引入机器人服务的实践案例。2017年9月27日，在上海图书馆目录大厅举办的"阅读上海——馆舍沿革变迁图片展"上，出现了机器人讲解员，当你与其对话时，它会通过自我学习加深对你的话语的了解并与你进行交流。笔者在与其交流中曾称赞它的人工智能服务，结果它对我讲"我很喜欢你！"这是机器人馆员重塑图书馆服务的初步尝试。

  2017年4月15日，公共文化服务大数据应用文化部重点实验室启动仪式在北京大学举办，实验室的主要任务是：针对大数据技术发展前沿和公共文化服务的需求，凝练科研目标，开展公共文化服务大数据应用的基础、共性、关键和前瞻性技术研究；开展公共文化服务大数据标准化研究，编研文化行业技术标准以及国家技术标准；在开展公共数字文化服务过程中，积累公共文化服务相关基础数据，促进公共文化服务大数据相关科研成果的转移转化与辐射带动，开展新产品和新技术的集成试验研究与示范，并通过大数据应用寻求公共文化服务的新增长点③。以上这些主要任务中都包含有人工智能的要素。这正是通过大数据研究和应用进而重塑图书馆服务的例子。

  人工智能通过信息化互联、泛在化感知、关联化分析、智能化整序、网

---

① 李彦宏.智能革命：迎接人工智能时代的社会、经济与文化变革［M］.北京：中信出版社，2017：自序.
② 方莉，杨舒，刘坤.人工智能是未来中国互联网发展的主要推动力［N］.光明日报，2017-12-04（11）.
③ 韩业庭.公共文化服务大数据应用 文化部重点实验室落户北大.［N］.光明日报，2017-04-17（09）.

络化协同、个性化定制、可视化传播与全域化延伸，将对图书馆的服务重塑带来诸多改变。一是有利于促进个性化阅读：基于人工智能，可以精细了解读者特点、洞察读者需求、引导读者阅读、诊断市民利用图书馆的效率和效能；二是有利于实现图书馆服务的精准化：人工智能可以在保障普适规模服务的情况下实现差异化，因人而异，可以根据读者的不同需求推荐合适的学习资源，提供智能化服务，拓展服务的时空范围和规模；三是有利于提升图书馆服务效能：人工智能使图书、馆员、读者、家具实现了万物互联和跨时空服务，使图书馆服务的时间和空间得到延伸和拓展，使更多读者可以得到更高质量的服务，可以更高效率地获取知识信息，也可以更加节约图书馆的人力资源；四是有利于实施图书馆服务的精细化管理，改变以往静态的、局部的、零散的、滞后的、纵向的服务管理信息，推进图书馆服务管理从经验型、粗放型、孤岛型向平台化、互联化、泛在化、智慧化、可视化、共享化转变，提升图书馆服务的效能以及便捷化水平。

二、人工智能引发的图书馆文献资源重塑

人工智能引发的图书馆文献资源重塑在国内外已初露端倪，原来的文献服务和信息服务正在逐步过渡到智能服务和智慧服务。德国康斯坦丁大学"融合图书馆"的创新实践为我们展示了人工智能引发的图书馆文献资源重塑的成功案例。在这一案例中我们发现：馆员、读者、智能终端、印刷型图书、书架、书桌、墙面、读者证等都已实现了智能感知和互联；可视化的智能书架虚拟屏幕与物理实体的书架图书可以进行即时的隔空互联互动；可视化的智能信息令牌可以使读者拥有"魔指"，读者A的信息包数据只需通过智能电子互动桌面的手指导向划动即可传递给读者B、读者C、读者D，反之也是如此；智能主题检索让馆员和读者不仅能够了解已知的文献资料，还可以在个人的智能终端上发现被推送的未知的文献资料；已获取的文献资料在智能电子互动桌面上可以实现全文可视化的色标主题内容检索，并可以将所需要的文字片段通过智能化拖移功能，截取至自己设定的知识导图之中，而不再需要抄写、打印或复印；在读者的团队学习中，各位读者可以按照学习研究的需要确定搜索群组，通过智能关联技术来进行相关主题的共同学习，形成分布式组群知识搜索的新学习形态，参加组群的成员可以将各自收集到的文献资源组成一个特定

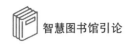

的知识包,加上识别代码后在线即时分发给其他成员共享。^①显然,康斯坦丁大学融合图书馆实践中这些人工智能引发的文献资源重塑将对以往的图书馆文献资源组织、图书馆家具和布局、图书馆阅读形式和形态、图书馆文献检索获取路径、文献复印服务、知识产权保护等都会引发重塑的问题。

人工智能引发的图书馆文献资源重塑也引起了中国图书馆学情报学界的关注。2017年11月30日,"珞珈大数据论坛——面向数字人文的智慧数据建设专题研讨会"在武汉大学召开。研讨会围绕"智慧数据"的概念起源、具体内涵及其在数字人文领域的应用、智慧数据的智慧属性以及人工智能对智慧数据的影响、知识丰富语义揭示的具体过程展开讨论,并分享了"佛学知识图谱"和"佛学考试机器人"的项目经验。研讨会还通过国内外的各种实践案例,分别讨论了历史学研究者的数据需求、数字人文领域的工具、古籍数字化过程中的现实难题、数字化对文化遗产保护和传承的意义、智慧数据的搜集筛选处理关联过程、自动构建知识图谱的流程和结果等智慧数据和数字人文相关的议题。与会专家一致认为,智慧数据这一新兴概念是一面旗帜,将引领文化生产与记忆机构的资源组织、资源管理朝着更加先进、更加智慧、更加智能的方向发展。^②

人工智能是基于大数据引发的信息技术发展阶段的拐点,而图书馆的文化云服务正是基于大数据的文献资源服务重塑,未来云服务将成为智慧终端服务竞争的重要载体。这样的云服务创新正在图书馆等文化领域持续发生。

在2017年11月29日举行的2017年中国文化馆年会上,由文化部公共文化司指导、文化部全国公共文化发展中心具体建设的国家公共文化云正式开通。这一国家公共文化云统筹整合了全国文化信息资源共享工程、数字图书馆推广工程、公共电子阅览室建设计划三大惠民工程,成为运用大数据升级推出的公共数字文化服务总平台和主阵地。国家公共文化云突出了手机端服务功能定制,具有共享直播、资源点播、活动预约、场馆导航、服务点单等核心功能,^③成为人工智能重塑文化服务的新尝试。这是全国文化云服务的例子。

在上海嘉定区,有一朵"文化嘉定云",让嘉定区民众对公共文化服务

---

① 王世伟.融合图书馆初探[J].图书与情报,2016(1):56-57.
② 程立雪."面向数字人文的智慧数据建设专题研讨会"顺利召开[EB/OL].(2017-12-05)[2017-12-17].http://csir.whu.edu.cn/xinwendongtai/2017-12-05/1609.html.
③ 郑海鸥.国家公共文化云正式开通[N].人民日报,2017-11-30(09).

触手可及。打开"文化嘉定云",区、镇两级精彩文化活动一目了然,各类演出、讲座、展览等活动何时在哪个场馆举行、还剩多少票、剩余位子在哪里等相关信息清晰列明,还能在线订票,极大提高了百姓参与公共文化活动的积极性,平台注册用户已突破10万。[①]基于上海文化云的服务,文化部于2015年至2018年组织了《文化云服务平台关键技术研发及应用示范》的科研项目,该课题由上海市群众艺术馆承担,上海嘉定区图书馆参与其中。这是地方区县包括图书馆在内的文化云服务的例子。

文化云服务也在更大的范围开展。联合国教科文组织国际非物质文化遗产大数据平台于2017年11月在北京正式发布,该平台由中国联合国教科文组织全国委员会、中国非物质文化遗产保护协会指导,目前已搜集超过3万项非遗项目,收录传承人3 000余人,覆盖世界105个国家和地区。这一非遗大数据平台以互联网为媒介,旨在保护、传承、交流非物质文化遗产的相关信息,建立了非遗项目统一的分类标准和唯一的国际标识编码,搜集并整理了全球220万项语言版内容。[②]这是文化云服务全球化的例子。

人工智能引发的图书馆文献资源重塑必将面临如何处理传统文献的问题。在人工智能时代,新服务内容和项目的迭代更新极为快速。需要指出的是,智慧数据与印刷文献的关系是融合而不是替代,基于大数据的人工智能技术将打通线上线下,使其实现一体化的深度融合。智慧数据所带来的智慧连接,将帮助各图书馆实现数字化转型升级,让各图书馆最终能够在云端用人工智能处理文献资源和读者服务大数据;这种赋能和创新,在国内外并没有现成的全面经验可以借鉴,需要图书馆人实现思维革命,从以往的文献资源数据间的信息互通的弱关联发展至人工智能时代智慧互联的强关联,并以开放分享的态度来探索和尝试。如同智慧城市建设需要克服信息孤岛一样,人工智能推动图书馆文献资源的重塑也需要实现资源云联网,即让一朵朵的文献资源主题云在更大平台上实现云与云的自由联接,把古籍云、讲座云、展览云、非物质文化遗产云、诚信云、应用云、安全云、总分馆云等汇云联网,构筑人工智能环境下的云网一体的图书馆智能服务解决方案。如在图书馆馆藏古籍文献方面,我国正在探索深入实施在线的大连接服务战略。2017年3月,国家图书馆(国家古籍

---

① 茅冠隽.嘉定:正在崛起中的现代化新型城市[N].解放日报,2017-10-20(10-11).
② 史一棋.国际非遗大数据平台发布[N].人民日报,2017-12-01(11).

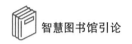

保护中心）与上海图书馆、天津图书馆、浙江图书馆、云南省图书馆联合在线发布1万余部古籍数字资源，通过互联网免费服务于大众阅览和学术研究，文献总量已达2.4万部，相当于6部《四库全书》的总量。①此外，人工智能时代的古籍数字化研究也开始引起学术界的关注。2017年10月，由首都师范大学电子文献研究所、中国诗歌研究中心共同主办的第六届中国古籍数字化国际学术研讨会，重点探讨了人工智能对中文古籍数字化的影响、移动终端古籍数据库的研究与设计、中文古籍版本识别、中文古籍非常规字形识别（诸如手抄、印章、书法等）、中文古籍图形数据库建设、基于自动比对和自动排版的古籍大规模整理出版等前沿性课题，希望为中国古籍数字化探索出一条可持续发展的创新之路。②

对于人工智能引发的图书馆文献资源的重塑，我们需要在以往数字图书馆的基础上进行，但不能局限于过去数字图书馆的成功；在人工智能时代，过去的成功可能面临新的问题，过去看来成功的文献整理可能成为现在和未来人工智能服务重塑的障碍和瓶颈。从方便读者用户体验而言，或者说从读者用户不断增长的新需要而言，图书馆需要形成数据互联、库库互联、云云互联的人工智能的文献资源服务新生态。让文献资源网络平台的每一个节点都趋向智能化，为成千上万的图书馆智慧馆员构建起平行智慧服务的广阔森林，让以往单打独斗的孤岛服务成为历史。

在人工智能的推动下，在纸质图书仍受读者青睐的同时，数字阅读持续走高。2016年我国数字化阅读方式的接触率为68.2%，较2015年的64.0%上升了4.2个百分点，③据《2016年度中国数字阅读白皮书》显示，中国数字阅读规模已超3亿，女性数字阅读用户数量略高于男性，以80后、90后居多。2016年，我国数字阅读市场规模已创120亿元的历史新高，支撑这一市场的是巨大的读者群体。电子书、电子听书、增强现实、虚拟现实等人工智能技术为全民阅读注入了新的活力和动能。④

---

① 中华社会文化发展基金会.促进全国联动　开放古籍资源［EB/OL］.［2017-12-19］.http://www.cfdsc.com.cn/032135541.
② 张林.人工智能时代的古籍数字化——第六届中国古籍数字化国际学术研讨会综述［N］.光明日报，2017-10-21（15）.
③ 张贺.第十四次全国国民阅读调查公布［N］.人民日报，2017-04-19（12）.
④ 胡丰盛，许峻诚.2016年中国数字阅读白皮书发布：市场规模达120亿元［EB/OL］.（2017-04-15）［2017-12-19］.http://m.people.cn/n4/2017/0415/c157-8768940.html.

与电子阅读发展相辅相成的是文献资源的屏幕显示，这种文献资源可视化趋势成为人工智能时代信息和知识传递更易为读者用户接受、更受读者用户欢迎的形式。屏幕化的趋势使文献资源从静止固态趋向动态互动，使信息交流、知识传递、内容学习进入了图像、直播时代，而人工智能的新搜索工具将帮助读者去获取这些超链接的图像文献和在线的即时信息。实际上，通过人工智能技术，当读者到处都有屏幕可看之时，屏幕也在对视读者，两者已形成了一个双向的沟通。读者通过人工智能，可以点石成金，让原来沉睡的文献资源生动活化。

人工智能重塑图书馆文献资源不能闭门造车，应当走开放之路。2017年11月29日，"故宫博物院——腾讯集团联合创新实验室"正式成立，600岁故宫与19岁腾讯结成忘年交。科技推动文化破壁，文化也使科技更有温度，[①]这为如何以开放协同的胸怀和眼光推进人工智能重塑图书馆服务提供了有益启示。

三、人工智能引发的图书馆人力资源重塑

人工智能时代图书馆馆员的继续学习能力和智能素养的提升是图书馆人力资源重塑的关键所在。联合国教科文组织曾经做过一项研究：18世纪时，知识更新周期为80年到90年；19世纪到20世纪初，缩短为30年；20世纪60至70年代，一般学科的知识更新周期为5到10年，到20世纪80至90年代，许多学科的知识更新周期缩短为5年；进入21世纪，这个更新周期已经缩至2到3年。[②]新概念的不断迸发是这个时代加速前行的缩影之一，科技发展日新月异、知识更新周期缩短，知识的迭代与重构从未像现在这么迅速；如果不学习，就很容易落伍。如今的人工智能的内容和应用已进入自然语言处理、计算机视觉、无人驾驶、模式识别、语音识别、机器学习、机器翻译、人机交互、智能网络搜索、认知科学、神经科学等各个领域和学科。这就要求图书馆员在厚实的知识基础上成为"无所不能"的图书馆员：能扛善提的"大力士"、百

---

① 张焱.600岁故宫与19岁腾讯结成忘年交［N］.光明日报，2017-12-03（04）.
② 管璇悦，陈圆圆，王瑨.什么动力让我们不断学习（解码·今天我们怎样学习）［N］.人民日报，2017-12-06（12）.

问不倒的"万事通"、老少通吃的"全能王"、情感交互的"心理师"、科技体验的"先行者"、人机交互的"排头兵"、智慧数据的"分析员"、创意活动的"智慧脑"……

2017年人工智能被写入国家发展战略,这项改变世界的技术已经到了从实验室走入真实经济社会的"临界点"。有专家预测,2050年以后的人工智能将会是一个整体的、非常宽泛的人工智能,那时的人工智能将具备更多的理性。图灵奖获得者、美国康奈尔大学教授约翰·爱德华·霍普克罗夫特用"绝对是翻天覆地"来形容人工智能所带来的变化,他认为,我们很快会进入这样一个时代,只需现在25%的劳动力就能满足我们所需要的商品和服务。①未来难以预测,但未来机器人将替代诸多图书馆原有的业务工作、机器人馆员将大量出现是可以肯定的。一些重复性的、规律性的、标准性的工作将会由机器人来承担,一些具有危险性的、接触有害气体的以及繁重的搬运等工作也可以转由机器人来接替。如公共阅读区导读员、总服务台咨询员、图书馆展览讲解员、基藏书库借阅取书员、特藏书库保管员、图书馆保安巡视员、图书馆建筑外墙清洁机器人、图书文献和服务设施搬运工等。

人工智能引发的人力资源重塑要求图书馆界进一步弘扬智慧工匠精神。人工智能将使研究开发成为最普通的工种,各类与图书馆服务相关的智慧工匠将大量涌现,如机器人管理员、数据分析员、算法工程师、计算实验员、图像识别工程师等,被机器取代的图书馆员可以通过培训和学习向机器智能提升,负责机器的日常操作和性能维护;或向其他岗位流动,发挥智慧馆员的新职能。因此,我们要着力培育智慧工匠、孵化智能空间、营建数字生态,以人才的第一资源推动创新的第一动力。上海图书馆、文化部公共文化研究上海图书馆基地2016年成功举办第一届开放数据应用开发竞赛,共有60个团队141位参赛者共同探索家谱数据的潜在价值,激发数据创新活力;2017年,由上海图书馆举办的开放数据应用开发竞赛围绕"名人手稿及档案"的主题,包括馆藏的24万余种手稿及档案的元数据,以更为宏富的关联数据,征集各类让人脑洞大开的应用形式。②

---

① 杨舒,方莉,刘坤."我们的世界将因人工智能而改变"——第四届世界互联网大会嘉宾共话人工智能未来[N].光明日报,2017-12-05(10).
② 国家文化和旅游公共服务研究上海图书馆基地.开放数据应用开发竞赛2017[EB/OL].[2017-12-20].http://pcrc.library.sh.cn/zt/opendata/2017/.

人工智能时代的图书馆服务将凸显"机器+人"的智能，就是人工智能+人的智能，提供"千人千面"的个性化定制服务，从而提升图书馆的服务质量。这样的服务重塑将实现让海量读者接受优质服务，提供可规模化的个性咨询与阅读，并且真正解决目前图书馆服务中存在的优质人力资源稀缺和不平衡的问题，实现公平而有质量的图书馆服务。"人工智能+"服务将实现在线数字图书馆服务从移动时代向人工智能时代的过渡，从而趋向互联网图书馆服务发展的高级阶段。人工智能在服务中将扮演两个主要角色——提升图书馆员效率、解决读者个性化需求。人工智能不可能全部替代人的智能，知识传递和服务只是图书馆服务的一部分，爱心的传递、人格的塑造、情感的交流等工作仍然需要图书馆员智慧的引导。

根据未来人工智能的发展趋势，图书馆人力资源的重塑还可以从教导、连接、关照等几个方面着力。美国高知特（Cognizant）咨询公司未来工作中心在发布的一份报告中介绍了未来10年可能出现的21种新职业，所有这些新职业分属三大概念：教导技能、连接人机和关照他人。对于图书馆人力资源重塑而言，无论是教导技能还是连接人机或是关照他人，都有很多学习培训的内容和不断发展的空间。在21种新职业中，最快出现且最"低阶"的职业叫做Walker/Talker（陪走陪聊师），主要是满足越来越多孤寡老人的陪伴需求，这也是最能直接体现"关照"理念的未来工作，[①]而这在图书馆老年服务区中就十分需要。

人工智能也将改变"好馆员"的评选标准。现在图书馆业务技能竞赛还时常停留在只考死记硬背的知识的层面，但越容易死记硬背的知识，今后越容易被机器替代，以往的馆员学习内容和学习方式已不能适应人工智能的发展；过去的图书馆服务太追求确定性，忽略了服务中的"变数"。通过围棋角力的试验证明：借助人工智能的"神力"，段位相对低的一方很快占据了上风，优势明显。从某种意义上说，今后的馆员所面对的实际境况和挑战正如围棋世界一样，是一个充满不确定性的环境；懂得驾驭人工智能并为读者提供最优服务，将是未来优秀图书馆服务能力提升的重点所在。

进入人工智能时代，馆员智慧与机器智能将有机融合，形成人机交互的服

---

① 李梦达.当机器能做任何事时我们还能做什么？美一咨询报告：未来10年可能出现21种新职业［EB/OL］.（2017-12-04）［2017-12-20］.http://www.jfdaily.com/news/detail?id=72935.

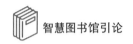

务新形态。2017年6月3日,为期两天的"未来世界的键盘手——钢琴机器人全能挑战古典音乐大师经典作品音乐会"在天津津湾大剧院上演。拥有53根"手指"的机器人特奥特劳尼克与意大利钢琴家罗伯托·普罗塞达一同登场献艺,让观众感受音乐与科技的奇妙碰撞。① 而这正是人工智能时代将要出现的图书馆人力资源重塑场景的生动写照。

四、人工智能引发的图书馆服务空间重塑

当今,人工智能时代与完善公共文化服务体系、深入实施文化惠民工程、丰富群众性文化活动、加强文物保护利用和文化遗产保护传承已形成了历史性的交汇,这就需要图书馆人运用人工智能技术创新图书馆的全域空间、融合空间和创意空间,通过原有图书馆服务的布局重组和空间更新来进一步推动新时代的图书馆事业发展。正在设计建造的图书馆新建筑的"好马"须配上人工智能的"好鞍",原有的图书馆建筑应当注入人工智能的元素进行馆舍空间更新,实现人人便学、处处能学、时时可学、城乡皆学、全民爱学的图书馆服务空间新形态。

从图书馆服务的整体空间而言,人工智能引发的图书馆服务空间重塑应当秉持全域服务的理念,从馆舍空间走向社会空间和网络空间,从有限的物理服务空间走向无限的读者潜在需要空间。融合图书馆的形态之一就是线上线下的融合。从物理空间而言,人和人之间不能缺少交流,无论现今的各种科技手段有多么炫酷,面对面沟通永远不可或缺;当面交流更加直观,也让人更为舒适,现场参与感和独特的亲和力是网络空间所无法替代的。读者每天通过线上不同的渠道,如邮件、网站、手机广告、微信等社交媒体接收到海量的信息,很难有时间、有精力认真阅读每份资料,更不用说把来自不同渠道的信息进行整合和关联;他们对于某个议题或某一知识的印象和理解常常是离散和孤立的,需要图书馆的智慧工匠为其提供基于智慧数据的更智能的知识拼图服务。许多读者没有受过图书馆学情报学的专业学习,面对浩如烟海的数据海洋时而会不知所可,需要图书馆为其提供更智能并可视化的知识导航;而图书

---

① 新华社.天津:机器人与钢琴家同台献艺[EB/OL].(2017-06-05)[2017-12-20].http://news.xinhuanet.com/culture/2017-06/05/c_1121086856.htm.

馆物理空间的气场及现场体验也是线上所不具备的，这就是图书馆现场讲座、现场展览、现场阅读空间之所以仍然吸引读者并继续存在的重要理由。诚如上海图书馆东馆设计师、丹麦SHL建筑事务所的合伙人莫滕·施密特（Morten Schmidt）所认为的："现代图书馆不仅仅是一个存储和借阅不同图书资源的地方，它也是一个让人停下脚步的地方、一个社会相互作用的地方，以及一个能够让人得到启发、收获惊喜的地方……图书馆并非只是被动的集合地，它同时也是一个能将读者与知识、经验、创新，特别是同类人群联系起来的充满活力的机构。"① 而由人工智能引发的图书馆服务空间重塑正是激发读者创意活力并为市民带来惊喜的环境场所。

人工智能为图书馆员与读者之间架起了隔空对话交流的平台和通道，在人工智能技术的支撑下，读者通过家庭智能终端即能与馆员在线交流。这样的场景在2017第四届世界互联网大会·互联网之光博览会上已经在病人和医生间呈现；相信通过人工智能对图书馆服务空间的重塑，这样的服务场景会不断在图书馆涌现。这样将大大方便图书馆为远程读者的服务，将大大节约读者为获取知识和文献所花费的时间和各类成本，也将大大提升图书馆全域空间服务的效能。

人工智能重塑图书馆服务空间在国内外已经有了不少探索的案例。2017"世界读书日"前夕，10个造型新颖的"魔力书屋"亮相江苏常州科教城，读者按提示手机扫码，"书屋"自动打开，就可以把书免费借走，同时还可以将闲置书籍放入"书屋"进行交换，实现图书共享化；平台通过大数据分析，可以归纳借阅者喜好，并筛选有共同喜好的书友，进行线上交流。②

法国中部城市讷韦尔市政厅旁的卡诺广场上，立起了欧洲第一棵电子树，被当地人称为"eTree"，树高4.5米，底座长宽分别为3.5米和2.3米，树上四四方方的叶片是一块块光伏电池板，树底是供人乘凉的座椅；电子树给市民带来诸多便利，人们既可给手机、平板等电子设备充电，也可免费高速上网，树中央的小水池可以提供解渴的饮用水，在夜晚电子树也兼具照明的功效。将来电子树还能给电动自行车充电，并与美国、哈萨克斯坦等国的电子树

---

① 王丽华.一家丹麦事务所中标上海图书馆东馆，官方消息将于近日宣布［EB/OL］.（2016-12-04）［2017-12-20］.https://www.whb.cn/zhuzhan/kandian/20161204/77653.html.
② 新华社."魔力书屋"亮相江苏常州［EB/OL］.（2017-04-21）［2017-12-20］.http://news.xinhuanet.com/photo/2017-04/21/c_1120852302_2.htm.

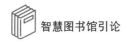

相连。①

上海嘉定图书馆也进行了人工智能对服务空间重塑的积极尝试，该馆提出了公共图书馆发展的全域模式，即让建筑服务空间、社会公共空间、网络数字空间等融为一体，让服务无处不在。嘉定共有100家由政府投入图书、报刊、阅览设备，由志愿者提供场地和管理服务的"百姓书社"，其与2个区级图书馆、12个镇级图书馆、107个行政村图书室、113个农家书屋、5个街区智慧图书馆一起织就了一张便捷的公共图书馆服务网络。

人工智能也是实现提升全域图书馆服务效能的新技术动能。2018年1月1日，《中华人民共和国公共图书馆法》将正式施行，该法的实施将重点促进公共图书馆数字化、社会化发展，切实提高服务效能。目前我国已基本建成覆盖城乡的图书馆服务网络，但从全国来看，发展不均衡、不充分的问题仍比较突出，特别是基层公共图书馆服务效能不高的问题还普遍存在。人工智能将助力于广泛开展数字服务、流动服务、自助服务，加强与学校、科研机构等领域图书馆交流合作的方式，促进公共图书馆的服务向城乡基层延伸，提高服务效能。②浙江省温州市文成县珊溪镇中心小学2015年6月正式启用了"中小学生云图书馆"借阅一体机，该系统采取人工智能的图像识别、数据计算等技术实现了图书馆服务向基层延伸；师生可通过云图书馆找到自己喜欢的图书、期刊、视频，扫描二维码后还可以免费下载内置的优质数字图书、音频等，进行离线云阅读；山区孩子足不出户就能免费浏览海量图书。③

当代中国公共图书馆总分馆的建设使各省市形成了数以百计的总分馆体系，人工智能也将助力图书馆总分馆空间的管理，如数以百计的总分馆哪个更强，通过基于大数据的人工智能分析即可获知，这对提高图书馆管理水平大有裨益。

---

① 王远.一棵电子树，一种数字化生活［N］.人民日报，2017-06-05（22）.
② 周渊.促进公共图书馆服务向基层延伸［N］.文汇报，2017-12-15（03）.
③ 陆健.浙江温州将校园图书馆建在"云端"［EB/OL］.（2017-02-20）［2017-12-20］.http://news.youth.cn/jy/201702/t20170220_9141404.htm.

五、人工智能引发的图书馆读者用户重塑

人工智能对图书馆服务的重塑还应从服务对象即读者用户的角度出发,即应增加面向读者群的全员重塑的力度。这种重塑旨在提升广大读者用户的综合素养,缩小信息、数据和智能鸿沟并借以加强文化扶贫、文化扶智和文化扶志。

2017年12月7日至8日,首届"南南人权论坛"发布《北京宣言》,其第六条指出:各国应根据本国法律和所承担的国际义务,注重保障特定群体的人权和基本自由,包括少数族裔、民族、种族、宗教和语言群体,妇女、儿童和老人,以及迁徙工人、残障人士、原住民、难民和流离失所者。[①]《北京宣言》中提及的特定人群都是图书馆服务的读者群,都是图书馆人力资源重塑的服务对象。下面我们以农民工、老年人、青年人等读者群为例做一论述。

据国家人力资源和社会保障部统计,截至2016年末,全国农民工总量达到2.82亿人,其中外出农民工1.69亿人。[②]如何通过人工智能技术服务平台为这些农民工提供图书馆服务并提升他们的智能素养是图书馆服务包容性发展的题中应有之义。

据中国国家卫生与计划委员会预测,到2020年,中国60岁及以上老年人口将达2.55亿左右,占总人口的17.8%左右。[③]人工智能为图书馆推进信息技术支撑健康养老发展、发展智慧健康养老新业态、鼓励老人融入信息时代提供了服务的时间窗口,图书馆可以通过人工智能技术在线下进一步完善老年服务区,也可以在线上搭建适合老年读者应用的服务平台和通道,让老年读者在图书馆服务中体验数字中国和信息社会,在读者用户的重塑中领略最新的信息技术的魅力和神奇,指导和帮助他们使用微信、支付宝、二维码等网络新生活的技能,同时提升他们信息安全的素养,丰富老年生活、感受夕阳快乐,让其老

[①] 新华社.首届"南南人权论坛"《北京宣言》[EB/OL].(2017-12-08)[2017-12-20].http://news.xinhuanet.com/overseas/2017-12/08/c_1122081753.htmc.
[②] 徐博.全国农民工总量达到2.82亿[EB/OL].(2017-03-14)[2017-03-15].http://news.xinhuanet.com/2017-03/14/c_1120627561.htm.
[③] 王宾.2020年我国60岁及以上老年人口将达2.55亿[EB/OL].(2017-03-23)[2017-12-21].http://www.gov.cn/shuju/2017-03/23/content_5180093.htm.

有所为、老有所学,消除老年读者内心的失落感、孤独感和不安全感。

青年一代"阅读域"正在发生巨变。有学者分析了这一变化的主要特点,认为青年一代的需求潮流、阅读版图、思想生态正发生前所未有巨变,其中最核心的变化,就是从以书报刊等传统出版物为代表的"平"阅读,转向以电脑、移动阅读器、智能手机等"互联网+"为代表的"屏"阅读。以阅读域为主体的阅读行为,正在打通各种载体的壁垒,这不仅仅是工具的变化,更是青年阅读潮流的变化。青年正在阅读领域进行着新的"部落运动",通过网络手段和社群交往,他们在精神世界里凝聚共识,创造着属于自己的阅读域,这些不同的阅读域拼接起来,构成了整个青年一代的"阅读星球"。[①]因此,在图书馆服务方面,我们应与时俱进,更新我们的认识体系,去认知、把握并顺应青年阅读域这种全新的变化,而基于大数据的人工智能技术正可以融合多类型的数据并实现跨屏、跨载体、跨时空的服务连接,以满足日益增长的青年一代阅读域变化的新需要。同时,更年轻的人群正在成为社会的主体和图书馆服务的主要对象。由于他们出生和成长的环境不同,且有不同于他们父辈的参照系,他们对美好生活和理想社会有更高的预期,对图书馆服务也有着更高的要求,如果图书馆服务不达标、人工智能重塑服务跟不上,那么在一定程度上会降低他们的阅读体验,打击他们对人工智能重塑服务尝试的积极性。

随着经济社会和信息技术的不断进步,对于如何重塑读者的综合素养也要有新的认识。2016年9月,《中国学生发展核心素养》研究成果在京发布。该研究成果指出:中国学生发展核心素养以培养"全面发展的人"为核心,分为文化基础、自主发展、社会参与3个方面,综合表现为人文底蕴、科学精神、学会学习、健康生活、责任担当、实践创新六大素养,具体细化为国家认同等18个基本要点。[②]这虽然是对学生而言,但其中"全面发展的人"的核心素养,"科学精神""学会学习"等素养要素,对于图书馆应用人工智能重塑读者也有所启示。

人工智能技术的运用正在让传统文化服务脱胎换骨,不断产生新的惊喜。人工智能、虚拟现实、增强现实等互联网新技术的应用,丰富了文化服务类型,

---

① 皮钧.读懂青年就是读懂未来[N].人民日报,2017-04-25(05).
② 柴葳,刘博智.中国学生发展核心素养研究成果正式发布[EB/OL].(2016-09-14)[2017-12-21].http://www.jyb.cn/china/gnxw/201609/t20160914_673089.htmlyp.

让人们可以领略360°全景文化景物，这种震撼是以往图书馆物理空间无法体验的。过去，我们认为手捧书本、端坐阅览室是学习；现在，在线上听讲座看展览、订阅公众号、参加社交媒体的知识社群、VR体验等同样是学习。在有条件的情况下，我们完全可以在图书馆中积极谋划人工智能的实际应用让读者进行体验和学习，将各类数字中国、智慧社会的新场景引入图书馆的空间，让读者近距离接触最新的科技成果和产品，让读者在见多识广中提升综合素养。

人工智能技术中人脸识别技术的最新进展给图书馆的读者证管理提出了新思考。2017年12月5日，上海申通地铁集团有限公司与阿里巴巴、蚂蚁金服联合宣布，三方达成战略合作，阿里巴巴最新研发的语音购票、刷脸进站、智能客流分析等多项技术在沪亮相；这些技术已进入样机研制阶段，未来将逐步应用于上海地铁。① 人工智能在地铁服务中的最新实践给图书馆服务重塑的启示是：图书馆也可以尝试应用人脸识别技术，告别传统的读者证，可以实现语音办证、刷脸进馆、刷脸借阅，从而为读者提供人工智能技术所带来的前所未有的便捷，并在体验中提升读者的智能素养。实际上人工智能带来的人脸识别技术正在取代银行卡、交通卡、食堂就餐卡等，那么通过人脸识别技术取代读者证也是顺势而为和情理之中的事情。

六、人工智能引发的图书馆服务项目重塑

如果说现阶段人工智能引发的图书馆服务项目（内容）重塑还是个别的、局部的、零碎的话，那么在不久的将来，人工智能引发的这类重塑将呈现普遍的、全局的、系统的变革，将使图书馆的看书阅读、参考咨询、学习交流等多个环节发生显著变化。

大数据将逐渐从学术概念走向服务应用，并成为图书馆提升服务质量的"风口"。在过去多少年中，图书馆业内对有关大数据的设想、研究、计划层出不穷，但大多数图书馆仍未实质享受到大数据所带来的服务红利。如今，大数据应用正纷纷落地，已经突破过去的数据捕捉和统计方法的局限，开始深入到服务链各个环节，成为由大数据贯穿始终的"闭环生态"，个性定制的"我的

---

① 丁汀.上海地铁将刷脸进站［EB/OL］.（2017-12-06）［2017-12-21］.http://society.people.com.cn/n1/2017/1206/c1008-29689167.html.

图书馆"将在大数据的支撑下成为真正的可能。如上海图书馆基于"一城一网一卡一系统"服务平台海量的数据资源，打造大数据分析挖掘和大数据可视化平台，形成包括读者画像分析、个性化推送、借阅推荐等智能服务。如其中的流通大数据平台集图书馆集成系统、读者管理系统、电子资源访问平台、门禁系统等各类应用为一体，建立了数据分析与挖掘系统。同时，基于图书馆流通大数据的分析与挖掘结果，采用新颖的多媒体交互展示方式展现上海图书馆阵地服务、流通业务等的即时情况，以创意展示的形式在大屏、触摸屏交互展现。此外，上海图书馆还推出微信公众号版本，紧贴上海市民移动设备使用生态，用互联网、大数据思维让读者需求实时驱动图书馆服务创新，不断为读者提供更佳的阅读体验。[1]

以往一些图书馆为读者提供翻译服务，现在这项服务将被人工智能所取代。在2017年12月第四届世界互联网大会"互联网之光"博览会上，就展出了被誉为"口袋中的翻译官"的"晓译"翻译机，其大小不超过一台手机，却能支持中、英、日、韩、法、西等多种语言实时翻译，能够对4 000万条日常用语完成实时互译，覆盖日常生活、旅游等各种场景。根据不同场景（面对面交流、远程交流或独立使用）与用词习惯，无论是使用语音方式，还是使用文本、人工电话等方式，"晓译"翻译机均可在不超过两秒的时间内，准确识别并翻译出最为符合语境的翻译结果，且准确率可高达98%。此外，带着聋哑人手语翻译手套参展，在展区的入口处戴着手套，做出手语的手势，便能实现同步语言翻译。这是翻译服务的颠覆性变革。[2] 人工智能带来的万物感知、万物互联和万物智能的发展趋势为网上预约下单、快递送书到家的创新服务提供了信息环境。苏州图书馆、杭州图书馆、浙江省图书馆等近年来都已先后开启了这样的全新服务项目。

2014年9月，苏州图书馆借助互联网与物联网的技术打造线上线下借阅平台，率先推出了"网上借阅、社区投递"服务。读者只需登录苏州图书馆网上借阅平台或者下载"书香苏州"App应用软件，完成申请借阅程序后，图书馆就会通过邮政部门把图书送到读者指定的就近图书服务点，整个时间不会超

---

[1] 上海市经济和信息化委员会.上海图书馆用大数据提升服务创新能力和读者体验［EB/OL］.［2017-12-21］.http://www.sheitc.gov.cn/gydt/674392.htm.
[2] 倪弋.第四届世界互联网大会"互联网之光"博览会侧记［EB/OL］.（2017-12-05）［2017-12-21］.http://www.chinanews.com/cj/2017/12-05/8392710.shtml.

过两天。这一借助于线上人、书、馆互联互通并结合线下物流配送的全新服务项目使自助借阅服务更为便捷，真正把图书馆办到了读者家门口，使借书就像下楼取份报纸一样简单，且不需要支付投递费用。在这一新服务项目的试点区域，每个点安装有36个智能书箱、1个24小时还书机，并配有无线上网和自助网上借阅设备。① 无独有偶，杭州图书馆于2016年12月在其微信公众号上推出在线"悦借"服务，如同"淘宝"购物一般，读者可以前一天在手机上选书、下单、支付，足不出户，实现图书快递上门。不管是借是还，运费均为3本以下3元，3本以上每增加1本即增加1元运送费，每单上限借5本。一张借书证最多可在线借阅图书20册，借期40天，与线下借书规则一致。据统计，"悦借"服务推出以来至2017年2月的3个月内，已接到订单7 843个，共配送图书2.55万余册次。② 此外，2017年3月浙江图书馆在微信号上开通"U书"快借服务，读者在线上下单"买"书，网站以最快的速度送书到你家，所有费用由浙江图书馆承担，读者享受免费服务。③

在互联互通的信息数据支撑下，为基于诚信的图书馆服务重塑开辟了新路径。如从2017年4月23日起，天津图书馆、天津市少年儿童图书馆及全市20个区级公共图书馆、各区级少儿图书馆将实施中文图书免押金借阅服务，天津成为全国首个实现全区域范围内各级公共图书馆免押金服务的省市。④ 这一管理新举措进一步降低了读者进入公共图书馆学习的门槛。2017年11月26日，出席"2017公共图书馆信用服务论坛"的10余位专家学者和30余家省、市、地（区）级公共图书馆的代表，围绕"信用+阅读：助推公共图书馆服务发展的新业态"的主题，就公共图书馆开展信用服务、促进公共图书馆服务更加平等、开放、共享进行了多视角、深层次的讨论，并发布了《公共图书馆信用服务杭州宣言》。⑤ 通过这样的图书馆服务项目重塑，为诚信社会和诚信城市建

---

① 邵希炜.苏州图书馆：给公共文化服务插上科技的翅膀［EB/OL］.（2015-07-09）[2017-12-21].http://culture.people.com.cn/n/2015/0709/c172318-27279194.html.
② 董小易.网上借书，快递到家 杭州图书馆推出在线"悦借"服务［EB/OL］.（2016-12-12）[2017-12-21].http://zjnews.zjol.com.cn/zjnews/hznews/201612/t20161212_2178493.shtml.
③ 戴维.你选书 图书馆买单！浙图近日推出"U书"快借服务［EB/OL］.（2017-03-15）[2017-12-21].https://hznews.hangzhou.com.cn/wenti/content/2017-03/15/content_6491611.htm.
④ 朱虹.天津市公共图书馆借阅中文图书将免押金［N］.人民日报，2017-04-05（12）.
⑤ 骆蔓.《公共图书馆信用服务宣言》在杭州发布［EB/OL］.（2017-12-01）[2017-12-21].http://www.zjhzart.cn/hz/news_detail/186253.

设起到了添砖加瓦的作用。

　　人工智能引发的图书馆服务项目重塑也可以借鉴教育、文化、科技等领域和行业中的一些人工智能的创新实践。如2017年2月，以色列在游戏化编程教育平台推出了一款名为"编码猴"的面向9岁以上儿童的编程学习平台，并计划进军中国市场，目标人群设定为3万中国小学生市场。"编码猴"团队的理念是：我们知道孩子的未来多么需要强大的编程素养。伴随互联网技术的颠覆式发展，青少年教育出现了更多可能性，少儿编程教育越来越被重视，人机对话从少儿开始，或将成为全球科技教育领域的一大热点。①2017年5月下旬，故宫博物院推出"故宫社区"App，用户可以建造属于自己的房子，创造自己的线上数字生活；也可以通过发表文章、阅读或点赞他人的文章、完成任务等方式获取积分，使用积分及经验值升级自己的专属府邸。它改变了以往数字产品单向传播的模式，在提供资讯的同时，邀请用户从消极被动的文化消费者转变为积极的文化参与者甚至创造者，围绕博物馆资讯创造、分享内容，与故宫博物院共同构建更具人气、活力和创新性的故宫文化。②上海市精神卫生中心和上海交通大学为孤独症儿童自主开发的VR（虚拟现实）干预治疗技术，将给孤独症患儿提供更广阔的平台，用户可以头戴时下流行的VR（虚拟现实）头盔，根据听到的语音提示完成点击色块的动作，之后不同的色块便会发出不同的音调、奏出一段美妙的乐曲。2017年4月2日世界孤独症日来临之际，上海普陀区展翼儿童培智服务中心的孩子成为这款应用的首批体验者。③以上这些案例，无论是少年儿童图书馆服务项目重塑还是图书馆线上服务项目重塑，抑或是图书馆残疾人服务项目重塑，均不无启示意义。此外，诸如加拿大蒙特利尔图书馆的3D打印服务、中国台湾新北市图书馆的"魔镜"AR功能、2017国际创新创业博览会上智能机器人与人所进行的"猜拳"游戏、第四届世界互联网大会"互联网之光博览会"上展出的搜狗中文唇语识别技术……这些正在层出不穷的人工智能服务内容都为人工智能重塑图书馆服务项目提供了新思路

---

① 朱惠悦."人机对话"孩子先学　少儿编程产品势头正猛［EB/OL］.（2017-03-01）［2017-12-21］.http://news.xinhuanet.com/info/2017-03/01/c_136093380.htm.

② 故宫博物院.当故宫成为一种生活方式——故宫博物院新版官方中文网站暨《故宫社区》App正式发布［EB/OL］.（2017-05-19）［2017-12-21］.http://www.dpm.org.cn/classify_detail/238025.html.

③ 乔颖.为了来自"星星的孩子"——上海市精神卫生中心儿童孤独症公益义诊［EB/OL］.［2017-12-21］.http://www.smhc.org.cn/yixue/yyxw/info_186.aspx?itemid=4408.

和新视野。

人工智能为图书馆服务项目的重塑开辟了无限广阔的空间。利用人工智能构建"图书馆大脑",开发图书馆互联网服务地图,设立图书馆服务显示屏和信号灯(绿灯、黄灯、红灯),显示或预警服务的即时信息(读者流量和文献流量显示);通过大数据和云计算解决一些本来难以向读者用户提供的服务项目,构建线上线下、馆内馆外一体化管理服务平台;通过现场体验各类人工智能新技术,对馆员和读者进行数据素养、信息安全、智能伦理、网络操作等的培训……2017年12月,在浙江乌镇举办的第四届世界互联网大会上,有26个"互联网+"智慧项目如珍珠般散落在乌镇各处,"刷脸"代替人工验票、无人超市酝酿"微笑支付"、智能应答机器人主动带路、景区消防实现自动监测、会走路的机器人垃圾桶"随叫随到"、停车场车牌和支付宝绑定后能自主识别"抬杆就走"、智能翻译机成为接送嘉宾的司机与外国嘉宾沟通的"神器"……乌镇的人工智能实践给图书馆服务项目重塑的启示是:图书馆可以基于人工智能技术,通过"效率+"解决服务的快,通过"品质+"解决服务的好,通过"项目+"解决服务的多,从而用智慧社会、数字中国理念重塑图书馆服务项目和内容,让智能墙、智能屏、智能家具、智能平台、智能课堂、数字音乐、数字书法、数字绘画、智能游戏、智能创意空间等人工智能应用播撒在图书馆的各大空间并放射出图书馆服务创新的智慧光芒。

七、迈向新时代人工智能服务重塑的新征程

人工智能作为信息文明与图书馆发展趋势的新发展阶段,正在从初步萌芽走向成长发展、从试点尝试走向全局创新的转变时期,而这正是基于数据驱动的图书馆服务重塑的重要窗口期。重塑图书馆服务,深化人工智能之路的征程早已开始,我们应做人工智能服务重塑的使能者和推动者,积极探索越来越多"触摸未来"的可能。

党的"十九大"报告指出,我国经济已由高速增长阶段转向高质量发展阶段,正处在转变发展方式、优化经济结构、转换增长动力的攻关期,这是新时代我国经济发展的鲜明特征。迈向新时代的图书馆服务创新,应当实现从主要解决"有没有"到着力解决"好不好"的转型,在继续解决"有没有"的同时,更加着力于实现图书馆服务高质量发展,这是迈向新时代人工智能服务重

塑新征程必须秉持的战略思维。我们应以新作为推动图书馆服务重塑,提高创新的高度、深度、宽度、速度、浓度、包容度,开辟人工智能重塑图书馆服务的新征程。

  人工智能作为科技和产业革命的聚焦点,呼唤图书馆人持续创新、与时俱进。人工智能引发的图书馆服务重塑并没有现成的路可以走,需要我们去开拓。美国学者伊藤穰一和杰夫·豪在《爆裂:未来社会的9大生存原则》一书中提出了现代世界生存的九大原则,其中包括"涌现优于权威""拉力优于推力""指南针优于地图""风险优于安全""实践优于理论""多样性优于能力""系统优于个体"。[①]这些原则启迪了图书馆服务在当今世界的发展中,要善于接受新事物、要正视来自用户的主动需求、要看准大方向而不必拘泥于按图索骥、要敢于在承担风险中发展、要勇于先行先试、要培养更多的通才图书馆员、要搭建图书馆资源共享的系统平台。诚如习近平总书记所指出的:"不创新不行,创新慢了也不行。如果我们不识变、不应变、不求变,就可能陷入战略被动、错失发展机遇,甚至错过整整一个时代。"[②]人工智能发展日新月异,我们应该如同对大数据战略的认知一样,审时度势、精心谋划、超前布局、力争主动,让今日人工智能的图书馆服务重塑成为明日图书馆的主流,为中国图书馆事业在新时代带来新气象,为世界图书馆事业的发展贡献中国文化发展的创新智慧和实践经验。

(完成于2017年12月20日)

---

① (美)伊藤穰一,杰夫·豪.爆裂:未来社会的9大生存原则[M].北京:中信出版社,2017:109,157.
② 习近平.为建设世界科技强国而奋斗——在全国科技创新大会、两院院士大会、中国科协第九次全国代表大会上的讲话[N].新华每日电讯,2016-06-01(02).

人工智能与图书馆服务重塑的五个问题

一、引言

自2016年以来,人工智能已经成为当今无可争议的科技革命的最大热点和前沿技术之一,这种趋势在若干年内仍将持续发展与深化。笔者所撰《人工智能与图书馆的服务重塑》一文(载《图书与情报》2017年第6期),曾围绕人工智能带来的变革浪潮与图书馆服务重塑、人工智能引发的图书馆文献资源重塑、人力资源重塑、服务空间重塑、读者用户重塑、服务项目重塑及人工智能服务重塑的新征程等内容进行了初步的研究和论述。随着人工智能引发的图书馆服务重塑的逐步展开,现实发展中又产生了许多新的问题,如人工智能作为公共图书馆服务系统性创新的技术变量,究竟有哪些值得注重的新增长极;在人工智能普遍导入图书馆的进程中,如何体现具体路线图和时间表的可及性;在人工智能技术不断进步和数据作为战略资源的大背景下,如何处理好以人为本与数据驱动的关系;在人工智能改变图书馆原有资源、空间、模式和功能的背景下,如何发展图书馆学情报学;在人工智能不断重塑图书馆服务的同时,如何进行登高望远的伦理价值引领,如此等等。笔者试图围绕以上问题进一步深入探讨,以求教于业界的方家学者和实践工作者。

二、人工智能与图书馆服务新增长极

如果说在当代信息社会进程中互联网是序幕和开端的话,那么人工智能将成为发展和高潮,诚如百度创始人李彦宏所比喻的:"互联网是一道开胃菜,主菜就是人工智能。"①未来数年是人工智能释放巨大服务力价值的窗口期和发展机遇期，被誉为科技发展的下一个"超级风口"。中国图书馆事业的创新发展应当在气象万千的人工智能时代，与变革重塑的洪流共进，紧扣重要发展机遇的新内涵，引领图书馆服务的新增长极。

（一）图书馆更新

美国兰德公司在2018年的报告中认为，人工智能所引发的信息环境变革与重塑具有前所未有的广度、深度、复杂性、普遍性、超连接性和指数增长性，因此应当更加强调和优先考虑信息环境内部以及可以通过信息环境获得的影响。②在人工智能时代的图书馆服务，应当把人工智能以及大数据、云计算、物联网、移动互联网等信息环境当作服务转型升级的重要杠杆，并在人工智能的信息环境下运筹推进，通过"技术赋能"实现"服务赋能"。人工智能催生的新业态、新模式、新服务的迭代周期不断缩短，为图书馆更新提供了丰富的想象力和因地制宜、因馆制宜的发展空间。我们这里讨论的图书馆更新，就是让人工智能技术充分浸润图书馆服务的各个流程和环节，以人工智能重塑再造一个智慧图书馆的升级版，即人工智能的图书馆；但这种图书馆更新，并非是将原有的图书馆服务全部推倒重来，而是将人工智能融入图书馆服务，实现新技术环境下传统与更新的"平衡"。在图书馆更新方面，我们可以考虑基于人工智能的原有空间的更新，也可以考虑增量建筑空间中与传统服务不一般的创新；可以考虑物理空间的更新，也可以考虑网络空间与社会空间的更新。目前人工智能在图书馆的应用大都局限于单一人工智能，即只能解决单一问题；随着人工智能的未来发展，将会出现通用人工智能、超级人工智能、强人工智能，我们必须以未来发展的眼光来布局当下的人工智能在图书馆服务中的初步应用与发展，实现图书馆的一站式服务、一网式共享、一窗式咨询，使人工智能技术充分渗透图书馆服务的全过程，纵向到底、横向到边、斜向到角，通过智能化整序、网络化协同、个性化定制、全域化延伸、渐进式推进，使图书馆服务品质不断跃上新台阶。

---

① 孙宏超.李彦宏：互联网是开胃菜，人工智能才是主菜［EB/OL］.（2017-04-02）［2019-01-21］. http://tech.qq.com/a/20170402/012748.htm.
② 克里斯托弗·保罗，科林·克拉克，等.信息环境中的挑战与机遇［J］.李秀臣，译.国外社会科学文摘，2018（10）：54-55.

以图书馆的服务空间而言，从进馆的智能识别到智能咨询，从文献的智能检索导读到各类信息知识的智能传递获取，从智能触屏和智能桌面到智慧数据和网络平台，从智能服务项目的设计到智能服务空间的体验……图书馆的服务空间更新大有文章可做。通过图书馆更新，向智能发展要空间，提升图书馆服务的气质、气场和品位，让最新的智能技术走近读者的身边。以智能窗帘而言，可根据中国南北不同的气候条件环境，在运用自然光的同时，通过智能技术对窗帘加以适时调节和控制，以避免有些图书馆在阳光强烈照射时读者不得不打伞阅读的尴尬。

（二）积极构建图书馆大脑

人工智能已从研发试验、技术积累、理论探讨趋向全面布局、实际应用、推广落地阶段发展。如果说智慧城市的深入推进是正在积极构建城市大脑的话，那么作为图书馆而言，就应当积极构建图书馆的大脑。图书馆大脑的统一平台应当包括与图书馆服务相关的各个方面，如可以细分为采访大脑、典藏大脑、流通大脑、咨询大脑、移动大脑、安全大脑等模块，通过为图书馆服务装上智慧大脑来提升服务的品质。人工智能被诠释为根据对环境的感知做出合理的行动并获得最大收益的计算机程序。[1]如图书馆服务中经常存在一些难以发现的服务的薄弱环节和脆弱性，这些不足在潜移默化、不知不觉的过程中为人们所忽略和淡化，甚至往往熟视无睹。但通过图书馆大脑，此类慢变量的不足和风险可以通过图书馆大脑的积累性计算来见微知著，加以洞察并预先提出警示。基于大量数据可以对图书馆服务加以监测、诊断、分析和预测，形成问题联治、管理联动、服务联创的一体化智慧服务新形态。诚如1968年图灵奖获得者理查德·哈明所说："计算的目的不在于数据，而在于洞察事物。"[2]

图书馆与时俱增的数据中蕴藏着巨大能量，通过感知智能、计算智能、认知智能，可以为精准管理和精细服务赋能，让图书馆服务加快响应速度，在服务应急处理方面更为敏捷神速，用大数据发现图书馆服务新问题、新空间、新路径，助力图书馆以绣花功夫细化图书馆服务，提升服务质量。如可以依靠图

---

[1] 李开复，王咏刚.人工智能［M］.北京：文化发展出版社，2017.
[2] 刘伟.智能传播时代的人机融合智能［J］.人民论坛·学术前沿，2018（24）：16-24.

书馆大脑的实时精确的服务效果评估,提升服务管理的现场协调能力,实现对服务中的各类资源进行即时快速的精确调控。又如,可以通过对读者借阅数据的深入分析,对图书馆文献资源做出较之以往更为深入的评估,以不断调整完善图书馆的采访政策;可以把中国超大城市、特大城市、大城市、中等城市以及小城市的阅读数据和人口数据等结合研究,分析数据中折射的城市图书馆阅读推广的发展态势;还可以通过人工智能技术编制动态的图书馆读者阅读可视化地图,将图书馆数据转化成反映全局数据的单一视图屏幕,实时显示一个馆、一个城市乃至一个地区读者线上和线下的阅读内容、阅读特点、阅读倾向、阅读偏好、不同年龄性别的阅读差异等,成为观察分析图书馆阅读发展与变迁的工具,并据以了解并反映城市和地区社会发展的脉动和人文气质、洞察当下阅读中潜在的问题、预测未来阅读发展的趋势,使管理者和服务者都能够一目了然、成竹在胸,更有针对性地创造并引领阅读需求。图书馆大脑建设应注重大数据中心和人工智能算法的整合,打造了云、管、端协同的数字平台,促进更深入更广泛的数据共享。作为系统智能,图书馆大脑在服务重塑方面可以做的事情很多,如主题创新平台等,各个图书馆可结合本馆实际找准切入点,通过图书馆大脑的数字创新中枢加快人工智能重塑图书馆的发展进程。

(三)建设人工智能的柔性图书馆

人工智能为灵活性的图书馆服务提供了各种可能。所谓人工智能的柔性图书馆就是基于人工智能技术对不同形态和模式的服务和需求进行高效组配,并以灵活可控、即组即用的方式接受和分配图书馆的资源和服务。其"柔性"主要体现在:读者个性化需求的提出路径是柔性的,可以直接提出也可以间接提出,可以线下提出也可以线上提出或移动中提出;不同服务终端之间是互连互通的,物理空间停止服务后,网络空间和社会空间能继续提供服务,没有时空的阻隔或间断;机器人服务与图书馆员服务是可以融合的,读者既可以向机器人馆员咨询,也可以向图书馆员咨询,还可以通过人机融合的方式进行咨询;读者服务中的所有问题都可以在线下或线上解决,而无论是线下或线上,都不具有排他性;图书馆员的岗位也可以是柔性的,可以根据服务的需要增设或转移;图书馆空间的布局可以是柔性的,可以根据各类服务和阅读推广活动的安排进行灵活布局和隔断。在传统图书馆的服务形态和模式下,读者只能通过某一阅览空间或某一检索路径获取信息或知识，无法切换转道，面对经常会遇到的中断或卡壳情况，只能重新开始，费时费力。人工智能的柔性图书馆通过图书馆大脑和一体化平台、通过人机融合服务模式、通过灵活多样的组配等，可以更好地解决传统图书馆的痛点问题。随着无人技术的发展，图书馆通过人工智能可以为读者提供更多夜间的阅读空间，通过柔性的服务时间和空间，弥补图书馆物理空间在时间上硬性管理给读者服务带来的不便。

（四）适时组建图书馆人工智能中心

人工智能的发展对图书馆原有的业务管理部门提出了挑战。如同互联网开启时代图书馆曾广泛建立网络和数字化部门一样，图书馆现阶段也应适时建立图书馆人工智能中心。人工智能的布局，不仅仅是一个个项目的叠加，更是以服务的创新与转型、服务的质量与能级提升为核心的全局战略与实践探索。以往的技术只是对图书馆服务的某个环节产生影响，比如数字化技术对服务的知识载体产生了影响，网络技术对服务的路径通道产生了影响，但人工智能已经或将要对图书馆服务的全部流程产生全服务链的影响，从文献的采访源头到文献的整序典藏，再到文献提供的各类终端和服务空间等都将发生重塑更新。这就呼唤图书馆要构建起基于人工智能的全新管理新架构。如可以将图书馆原来的网络中心或数字化部升级再造为包括智能计算在内的业务部门，围绕数据、算力、算法、云联网，面向图书馆服务的全局，提出适合本馆实际的全场景一体化管理新机构。"图书馆人工智能中心"应当注重增强人工智能，提升图书馆服务的系统性、整体性、协同性，制定本馆的人工智能战略，进行人工智能的应用项目试点，组建图书馆人工智能的团队（可以结合本馆实际设立首席人工智能馆员），谋划和统筹图书馆各部门在人工智能方面承担的职责和扮演的角色，对全体员工进行人工智能培训，推进智慧数据、人工智能云联网的建设，建立人工智能服务实验室（空间）等。国家图书馆应当尽早提供全国图书馆界可应用的相关工具和标准。2018年12月，百度进行了业务架构的调整，其中云事业部升级，将充分利用百度在人工智能、大数据及云计算方面的技术优势，聚焦关键赛道，为百度打造新的增长引擎。[1]人工智能企业架构的新调整，对图书馆服务架构调整也是一个

---

[1] 钛媒体.李彦宏调整百度架构：云事业部升级，集中资源"打大仗、打硬仗"[EB/OL].（2018-12-18）[2018-12-18].https://www.toutiao.com/i6636239483119337992.

有益的启示,但各图书馆需要谋定而后动,因馆制宜,在科学的可行性论证基础上进行。

(五)把握人工智能提速的发展机遇

人工智能正在快速发展,有着改变并提升服务能级的巨大潜力,它给图书馆服务很可能带来更具戏剧性的影响。面对技术进步指数化的推进速度,需要让人工智能给图书馆服务创新提供加速度。图书馆在人工智能技术发明方面没有太多的优势,但可以在将新技术迅速应用方面体现出图书馆的强项。智能时代提速正在催生图书馆的新增长点,如果以为发展还有时间,并按部就班地继续在"数据烟囱"与"信息孤岛"中自娱自乐,躺在已有的成就上故步自封,那就是坐井观天了。图书馆应当意识到人工智能带来的百舸争流的发展态势,只有提速才能适应飞速发展的节奏,只有跟上数字转型和人工智能发展的步伐,才能顺应发展趋势、满足广大用户的需求。

"人类正在步入智慧时代,号称智能革命,但是我们看到当前网络世界却远没有现实世界的智慧,原因就是我们现在还是用一个快50岁的网络来支撑高速发展的现实世界。"①第五代通信技术5G商用化的步伐渐行渐近,将提供至少10倍于4G的峰值速率、毫秒级的传输时延和千亿级的连接能力,满足移动互联网和物联网的多样化应用需求,正在加速"屏民时代"并开启下一代沉浸体验。据预测,到2025年,5G将覆盖40%的全球人口,中国将成为最大的市场。2025年,中国的"5G人口"将占全球的三分之一。5G将会带来一个新的互联网,让创新充满想象力。②5G所具备的更高速率、更低时延、更为稳定、更大连接的特点,将带来人工智能的提速。如何想方设法用好5G的发展机遇,并为之做好充分的准备,为图书馆服务的提速奔跑赋能,是图书馆界应当直面的问题。

三、人工智能导入路线图、时间表的可及性

2016年至2018年,人工智能在中国图书馆界的应用呈现出如下特点:各

---

① 唐芳.2030年有望出现新一代互联网[N].科技日报,2018-11-19(04).
② 訾谦.5G来临,世界热切拥抱新技术时代[N].光明日报,2018-11-10(09).

类服务机器人试点推开,人脸识别技术开始导入运行,数字人文成为提升服务品质的新热点,人工智能培训引起重视,智慧图书馆开启未来发展新境界,人工智能在更多场景延伸落地,人工智能研究持续升温……如南京大学图书馆的图书盘点机器人、上海图书馆的人形机器人(咨询馆员)、清华大学图书馆的拟物机器人(运书车)、天津滨海新区中新友好图书馆的专用机器人(导借服务)、湖南株洲市图书馆使用人脸识别功能借还书等。如果说以往的图书馆人工智能应用多少带有"盆景"观赏和追新显摆的话,那么未来图书馆人工智能应用应由"盆景"转向"风景",在更多场景、更广流程、更大范围、更深层次、更高质量方面加以应用,着力于人工智能的可及性与读者的获得感,从表层热闹趋向有效对接、深度耕耘、增强智能和体系赋能,并处理好发展中的时间节奏。

(一)着力于人工智能技术解决服务中的痛点、难点、堵点

与日俱增的海量数据、超强提速的计算能力、创新迭出的优秀算法,以上三者的有机结合,正在推动当代图书馆事业全面迈向泛数字化、泛网络化、泛智能化阶段,人工智能呈现出不断向上的活跃度。如何让人工智能的应用更接地气?着力于解决图书馆服务中的痛点、难点和堵点,"对症下药",回应读者的所需、所要、所盼,并注重在尽力而为中秉持量力而行的原则,把握好实践推进的节奏是对这一问题的有力回答。

在更为巨量的超载信息环境下,读者正面临信息回避与信息疲劳的痛点和难点,呼唤着图书馆人工智能服务为其解痛释难。当读者被多个屏幕和平台的媒体内容淹没的时候,对于越来越多茫然不知所措的读者而言,需要图书馆员为其提供信息回避的路径和解除信息疲劳的方法。[①]人工智能所提供的智慧数据和价值发现将为图书馆员增加服务读者的智慧。

在图书馆定位服务的最后100米方面,人工智能也可以有所作为。在中国国家图书馆、辽宁省图书馆、湖北省图书馆、广州市图书馆等10万平方米的超大型图书馆,可以设计让机器人进行最后100米的定位服务,以解决图书馆超大空间带来的难题。

---

① 思客智库.17位专家预测2019媒体发展新趋势:是葬身海底,还是成为弄潮儿?〔EB/OL〕.(2018-12-21)〔2018-12-28〕.http://sike.news.cn/statics/sike/posts/2018/12/219540323.html.

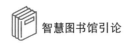

便携式人工智能正在成为人工智能革命的关键突破。手机成为当下最为广泛的人工智能终端,成为人们生活工作和学习的遥控器,图书馆的人工智能普及应用也应更多地选择读者随身携带的手机。通过手机的智能应用,让自动识别的文本、图像,或是声音、视频等均能切换到相应模式并进行自动分类整序;语音助手能即时提供自动翻译;在图书馆举办的展览上,能够进行语音和可视导览讲解,如此等等。通过手机中的人工智能各类元素和功能,化解图书馆各类服务中的堵点。

人工智能与移动互联网社交平台的融合为信息与知识传播带来了新形式和新方法,如移动短视频作为一种全新信息传播手段,成为移动互联网时代受众利用碎片化时间获取知识的重要途径。2019年1月发布的《知识的普惠——短视频与知识传播研究报告》认为,抖音短视频使日常生活知识化,使隐性知识显性化,拓展了"知识的边界",给知识本身带来深远变化。[①]这些具有人工智能元素的知识传播新路径和新方法可以成为图书馆创新服务的新形式。

此外,人工智能的相对一致性能够在一定程度上消除因图书馆员水平不同带来的服务差异;通过人工智能的一体化整合,也可以使图书馆分散而孤立的服务设备趋于整合。

(二)从通用普遍的一般应用转向专业特定场景的解决方案

中国一些大学图书馆和公共图书馆已先后在服务中采用了人脸识别技术,用以门禁识别和刷脸借阅,如浙江理工大学图书馆、上海交通大学图书馆、浙江嘉兴图书馆等,体现出人工智能重塑图书馆服务进程中由通用普遍的一般应用转向专业特定场景的解决方案的发展趋势。这样的趋势应当深化,即让人工智能嵌入更多的服务领域、服务项目、服务产品,提升图书馆的服务品质和效能。如可以按照读者需求设计更多的自主智能装备和设施;可以让人工智能技术嵌入读者与馆员的智能停车、文献与读者的空间定位、读者流量实时统计

---

① 参考消息.播放量3 400亿!1.8万抖音知识大V共推"知识普惠"[EB/OL].(2019-01-09)[2019-01-09].https://mp.weixin.qq.com/s?__biz=MjM5MzA0MTg2MA==&mid=2653867935&idx=1&sn=dbe635e8f414de7dca9be842073b13c1&chksm=bd4773348a30fa22415b88f6211ab9b28d6ef434d9f3c4a4af881110bf527759e1e6aabc77b5&mpshare=1&scene=1&srcid=01092e42tWY5bmqd3pW2M8w8&pass_ticket=cBjIMOjEOgPudyXkOGUMhty8XAhzwE%2FCSCQaGkrEWaW%2FHd4lMKmweVKqRl0sH6Zj#rd.

分析、人工智能增强导读的知识链接、智能读者满意度调查、书库文献盘点机器人、服务现场流动巡视机器人等各个专业特定的场景；还可以推进馆员与读者会话式人工智能的进一步自动化，通过更智能的咨询机器人或导借机器人，实现读者问询和借阅服务的更高程度的自动化。

以图书馆员工招聘为例，现阶段不少城市图书馆和大学图书馆出现了十里挑一甚或百里挑一的员工招聘的可喜现象，给各图书馆面试官们带来了新问题。如果说图书馆以往的招聘方式是求职者通过参加传统的招聘会接触用人单位或在网络上投递简历，如今则可以采用"人工智能+招聘"的全新解决方案，其效率是以往面试官所无法相比的。如可用知识图谱方式描摹新进员工人才肖像，不同的人才必须匹配不同的用人部门评价标准和体系，把合适的人才推荐到合适的岗位上，实现精准引才，并使得那些造假者无所遁形。这样的人工智能人力资源解决方案还可以不断自我迭代，通过数据再挖掘，为更广范围的图书馆精准推荐人才，乃至全球揽才。[①]人工智能无疑将使图书馆员工的招聘更好更快，但最终还需要图书馆管理者在人工智能的基础上进行最终的分析裁决。

以读者证和押金制度为例，人工智能为全面无证化时代提供了可能，即图书馆的访问管理、借阅管理、活动管理等均可以通过图书馆手机App扫码解决。图书馆云联网中"信用云"的建设将使个人信用信息互联互通、一体共享，读者身份的证明已无须出示读者证，未来图书馆读者服务通过人工智能技术完全可以告别读者证和约束性的押金制度，这在一些领域已是较为成熟的技术，可以采用拿来主义的方针，应用到图书馆中来。

以图书馆盲人服务为例，人工智能技术的发展为盲人读者进行精准安全的导行和导读提供了更多可能性。如在2019年美国国际消费电子产品展上，新产品"脑洞大开"，其中包括了残疾人用表情就能控制的轮椅。[②]2018年11月，清华大学-阿里巴巴自然交互体验联合实验室公布了一项人机交互研究新成果：一枚AI盲键，首次打通了语音和触感两大感官系统，为盲人朋友更好"玩手机"提供了一种新可能。据介绍，这种新的盲人触感反馈技术叫Smart Touch，具体做法是给手机贴一个新的"屏幕保护膜"，上面有支持触觉交互的

---

① 沈湫莎."按图索智"实现精准引才［N］.文汇报，2018-12-25（07）.
② 陈静.5G最热门AI最抢眼［EB/OL］.（2019-01-21）［2019-01-21］.http://paper.ce.cn/jjrb/html/ 2019-01/21/content_382181.htm.

"盲键",通过低成本的屏幕盲键按钮提供触觉。[①]

未来人工智能还可以助力图书馆防盗。以往发现图书馆盗窃案件,安保人员需要通过观看监控记录人工排查,耗时费力;而人工智能的新型安全摄像头在日本的成功研发,使其可以通过对人类动作意图的理解,在盗窃行为发生前就能准确预测,从而帮助识别偷窃行为,预防并发现潜在的图书馆偷盗案件。[②]

(三)赋能面向未来的图书馆读者

赋能面向未来的图书馆读者,图书馆服务应思考如何让移动智能时代的"原住民"走进图书馆,如何赋能于老年人、少年儿童、残疾人、进城务工人员、境外居住者等读者群。

以2001年后出生的青少年一代为例,他们是图书馆现在和未来的重要读者群体,他们的信息装备已发展成手机、平板电脑与笔记本电脑,被称为"网络原住民"。这一读者群体对于人工智能具有更多的好奇心,已率先在智能服装、智能餐饮、智能出行、智能娱乐等领域进行了广泛体验。图书馆服务正面临需求导向的人工智能倒逼赋能,这为人工智能重塑图书馆服务提供了新环境和发展机遇,如儿童早教机器人、个性化学习、搜索引擎、人机交互、图像识别、语音识别等均可以运用在图书馆服务上。2018年10月,浙江平湖市图书馆新仓分馆和嘉兴市图书馆余新分馆主办了"爱上图书馆"走亲活动——人工智能双语手工体验活动,活动通过语音识别扫描互动等人工智能交互来提高小朋友们的自信心和成就感,增加学习的乐趣,同时还可以提升小朋友们的动手能力、观察能力、学习能力、专注能力、创作能力,丰富小朋友们假期生活。[③]法国在基础教育阶段在人工智能的发展与应用中形成了两大亮点:一是

---

① 崔爽.智能"屏保膜"让盲人朋友更好地"玩手机"[EB/OL].(2018-11-12)[2019-02-01].http://digitalpaper.stdaily.com/http_www.kjrb.com/kjrb/html/2018-11/12/content_407638.htm?div=-1.
② 艾瑞网.2018年全球AI突破性技术TOP10[EB/OL].(2017-07-24)[2019-01-18].https://mp.weixin.qq.com/s?__biz=MzIzMzc3MjYyNQ==&mid=2247486928&idx=1&sn=86c0983b92c72caf08d649e852a110ad&chksm=e881ceeedff647f8d2b5a68aca9799339b12bfe91c2341d8eef2a446df53208a07ea525a5ccc&mpshare=1&scene=1&srcid=0730Xt7QTasEwiZrE6OCzR9V&pass_ticket=V8rbYmMH%2FySa97OBbI3X0h8EuMcNQWwe23W41vFSIi371rf8T4n2m0%2Bi0P6DWMxg#rd.
③ 新仓镇总工会."爱上图书馆智能新体验"——新仓·余新开展两地图书分馆走亲活动[EB/OL].(2018-11-05)[2019-02-17].https://www.jxzgh.gov.cn/page/zj_jiaxing_ph/temp/2479508631310010.html.

基于人本精神，利用人工智能为学生提供教育与关怀上的精准供给；二是基于审慎心态，着力培养中小学生的资讯鉴赏力与媒介鉴别力，避免负面及泛滥信息给身心带来消极影响。① 这对赋能面向未来的图书馆读者而言，不无启示作用。

四、处理好以人为本与数据驱动的关系

《荀子·正名篇》曰："所以知之在人者谓之知，知有所合谓之智。智所以能之在人者谓之能，能有所合谓之能。"② 意思是说，所以认识外界事物在人的一方称为认知，人的认识有符合于外界事物的称为明智。明智的能力在人的一方称为本能，这种本能在活动中发展成为符合外界事物的称为才能。中国古代哲人在数千年前就讨论了人、知、智、能之间的关系，提出了人的认知与本能必须符合外界事物才能上升为智慧和才能的哲学命题，这对我们具有重要的启示，即从人工智能重塑图书馆服务而言，需要处理好以人为本与数据驱动的关系问题。

（一）人工智能助理

在图书馆服务中，采用人工智能助理的时间窗口已经来临。各类人工智能应用程序和机器学习工具的概念不再局限于机器人，这些人工智能技术已经可以成为图书馆员的助手，成为图书馆业务工作流程和读者服务流程的自然扩展，如多样的自主设备、人脸识别机、机器人咨询馆员、无人运书车、智能触控屏等。人工智能助理正在逐步变得更加聪明。随着机器学习范围的不断扩大，人工智能助手将能够执行图书馆员提出的各类指令，在图书馆所有服务范围内，具有机器学习功能的"智能助手"将使服务变得前所未有的便捷；而图书馆科研开发人员也应具备问题意识，通过专注于使用机器学习来解决更多智能服务中所遇到的现实问题。需要指出的是，人工智能在图书馆服务中无法包打天下，人工智能更多的是自然性和机械性，而人则具有社会性和文化性。以图书馆问询为例，这是一个开放、变化并带有一定不确定性的环境，在图书

---

① 王晓宁.智慧能否与优雅并行——透视法国的人工智能教育［N］.光明日报，2018-12-12（14）.
② 张觉.荀子译注［M］.上海：上海古籍出版社，1995：474.

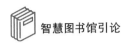智慧图书馆引论

馆服务中人的智慧无法"喂"给机器人馆员,机器人馆员很可能无法应对遇到的所有场景,无法应答或应对有些难题。因此,机器人馆员作为图书馆员的数字替身,在机器智能遇到难题时还需要人工智慧的帮助,这就提出了人机融合的智能服务体系问题。

(二)人机融合的智能服务体系

人工智能环境下的图书馆服务主要涉及3类资源:一是图书馆硬件设施等物质资源;二是图书馆服务主体和客体的人力资源;三是图书馆在万物感知环境通过全域空间所产生的数据资源。人工智能环境下的图书馆服务重塑需要开放以上3类资源、处理好3类资源的关系;需要针对不同结构、不同地点、不同隶属的数据在流转和互操作中实现可控有序的汇聚。要实现这一目标,构建人机融合的智能服务体系和基于规则的开放生态十分重要。2018年4月,日本发布第5版《下一代人工智能/机器人核心技术开发计划》,其在下一代人工智能研发布局的前沿理论研究中就包括了"数据驱动与知识驱动融合型人工智能"。开发计划提出近年来数据驱动型人工智能技术发展迅速,然而大多数仍只能处理单一种类(如文本、图像、声音等)的静态数据,对多类型动态数据的分析能力尚待提升;与此同时,知识驱动型人工智能在检索系统、问答系统等领域也蓬勃兴起,前提是这些知识仍然源自人类的先验知识,并非来自由传感器等直接采及到的原始数据。未来应探索这两个方向的融合型发展,研发将知识与数据相融合进行学习、理解和规划的技术,进而辅助人类进行推理与决策。[①]

从某种程度上而言,人工智能是一种数据处理技术,通过对大量的数据分析来自动做出服务的决策。因此,要提高人工智能的效率,首先必须保证有足够数量与质量的数据。但在图书馆服务领域,要获得快捷、立体、多样、饱满、巨量、高质量、真实性、有标注的数据,并非很多人想象中的那么容易。有数万、数十万乃至百万的读者,就有数万、数十万乃至百万的丰富性,这就是数据驱动的问题。近年来,美军出现的多起撞船事故,其原因都与人机交互有关:在训练中使用虚拟现实和增强现实技术来训练士兵和军官,导致他们

---

① 中国科学技术信息研究所.日本加快完善人工智能与机器人发展顶层设计[J].科技参考,2018(30):4.

在正常驾驶时出现很多和实际运行有很大差异的操作。①这就提出了以人为本的问题，从一个侧面说明人工智能重塑图书馆服务的核心是人。2018年3月，欧洲政治战略中心发布了《人工智能时代：确立以人为本的欧洲战略》，针对人工智能发展过程中可能遇到的劳动者被替代的问题和人工智能偏见的问题，提出了欧盟应该采取的对应策略。②将数据驱动与以人为本有机结合起来的方式就是"人机耦合"，使人工智能与图书馆员之间形成一种相互作用、相互影响的关系，③而图书馆员在其中将成为矛盾的主要方面。天津大学科研团队于2018年底在人工智能深度学习领域取得重要进展，首次提出"广义多视图学习框架"理论，实现了跨平台、跨维度的信息"早期融合"，将不同领域的大数据汇总成为立体的"综合网络"，构建了让机器"自觉学习"的数学模型，有望实现机器从"深度学习"到"融合思考"的飞跃，④将推动人机融合迈向新的境界。

未来图书馆服务的发展方向将会是人工智能+人的智能，只有这样，才能实现让海量读者接受优质服务，提供可规模化的个性咨询与体验，并有助于解决目前存在的优质人力资源稀缺和不平衡的问题，实现公平而有质量的图书馆服务。机器人与图书馆员之间的关系不是对立的，而是可以高度融合共生的，图书馆服务重塑的目标就是将人工智能的发现力与图书馆员的洞察力紧密结合起来，从而同时发挥人工智能和图书馆员两者的潜能。

（三）人的智慧化

人工智能不可能全部替代人的智能，爱心的传递、人格的塑造、情感的交流、伦理的坚持、谜团的梳理、信息的研判等仍然需要人的智慧引导。人工智能重塑图书馆服务不仅仅是文献和建筑的智慧化，也应该包括人的智慧化，即智慧时代的图书馆员和读者的智慧化，是从前智慧时代发展为智慧时代的图书馆员和读者。图书馆员不能停留在文献信息是什么，而应重点关注文献信息为

---

① 段伟文，杨庆峰.智能革命、城市与人类未来①|智能革命对人类的深远影响［EB/OL］.（2018-10-18）［2019-01-10］.https://m.thepaper.cn/newsDetail_forward_2536912?from=timeline&isappinstalled=0.
② 王立尧.激荡全球：携手应对人工智能风险［N］.社会科学报，2018-10-18（01）.
③ 裘雯涵."人机耦合"是同传未来趋势［EB/OL］.（2018-10-08）［2019-02-01］.https://www.jfdaily.com/journal/2018-10-08/getArticle.htm?id=258592.
④ 孙玉松，焦德芳.新算法有望培养出"智能大脑"［EB/OL］.（2018-11-12）［2019-02-01］.http://digitalpaper.stdaily.com/http_www.kjrb.com/kjrb/html/2018-11/12/content_407629.htm?div=-1.

什么和如何的问题,即图书馆员应趋向智慧化,不仅能捕捉分析,还能研究判断,更能协调处置,形成智能导读更精准、数据计算更个性、赋能参考更有效、人机融合更智慧的服务新品质,让更强的人工智能助手早日解放图书馆员双手,使他们能够从事更具有创造性的服务工作。人的智慧化必将在重塑图书馆服务中开启更多读者服务的可能,这就是人工智能重塑图书馆服务中仍然需要秉持以人为本的价值所在。

五、发展人工智能时代的图书馆学情报学

人工智能正在重塑图书馆服务,包括人工智能技术在内的新一代信息技术正在挑战原有的图书馆学情报学体系架构,呼唤专业理论的思考与学科体系的进步,学科素质必须跟上科技发展步伐的命题已摆在我们的面前。

(一)人工智能正在成为全球科研院所及高等学校研究的热点

2017以来,人工智能正在成为科研院所及高等学校研究布局的热点。如2017年5月28日,中国科学院大学发文成立人工智能技术学院,这是我国首个人工智能技术领域全面开展教学和科研工作的新型学院。2017年11月2日,西安电子科技大学人工智能学院正式揭牌成立,同时招收本科生、博士和硕士研究生。2018年1月18日,上海交通大学人工智能研究院揭牌成立,研究院将重点开展人工智能基础理论与技术、人工智能芯片与系统构架、智能网联汽车应用等方面的研究。2018年3月6日,南京大学宣布成立人工智能学院,计划设置机器学习和数据挖掘、智能系统与应用专业。①2018年4月,教育部发布《高等学校人工智能创新行动计划》,对高校提出了3大类18项重点任务,引导高校瞄准世界科技前沿,提高人工智能领域科技创新、人才培养和国际合作交流等能力。②2018年10月,美国麻省理工学院宣布将启用10亿美元建设新的人工智能学院,这项计划为该学院70年来最大的一次架构调整,该人工智能学院将发展成为计算机科学、人工智能、数据科学及相关领域的跨学科中

---

① 中国教育在线.最新!又一所高校成立人工智能学院,全国人工智能学院汇总[EB/OL].(2019-01-28)[2019-02-01].https://baijiahao.baidu.com/s?id=1623898661394423053&wfr=spider&for=pc.
② 张盖伦.这一年,教育改革开启新征程[EB/OL].(2018-12-27)[2019-02-01].http://digitalpaper.stdaily.com/http_www.kjrb.com/kjrb/html/2018-12/27/content_411408.htm?div=-1.

心。[1] 2018年11月，中国科学院发文批准以自动化所为主体筹建中国科学院人工智能创新研究院，筹建期自2018年11月至2020年11月。[2] 中国图书情报界也应布局未来，抢抓人工智能发展的历史机遇，顺应图书情报服务发展新需求，推进更高水平更高质量的图书情报的理论研究和学科建设。

（二）人工智能发展了图书馆学情报学原有理论架构

新一轮科技革命正不断丰富发展图书馆学情报学原有的知识体系和认知维度，学科的内涵与外延处在不断深化和拓展之中。无论是大数据还是移动互联网，无论是人工智能还是数字人文，科技革命正在推进图书馆的不断创新与进步。图书馆界每一次出现的新理念、新发现、新应用，很可能就会增写或改写图书馆学情报学的教科书。人工智能时代正在发展图书馆学情报学的一些基本理论、基本观点和基本方法：与日俱增的智能服务颠覆了传统图书馆服务的定义；人机融合和数字人文发展了原有图书馆学情报学理论体系中关于文献资源结构和人力资源评估方法的描述；物理、网络与社会空间的图书馆全域服务和全球化时代的"地球村"的新空间观，发展了传统图书馆服务空间的界定；移动化、泛在化、互动化、融合化、个性化拓展了传统阅读推广的路径与方法；万物感知、万物互联、万物智能、万物计算、万物有声、万物赋能、万物安全的新环境正在不断对图书馆学情报学提出理论研究的新课题；人工智能技术引发的智慧图书馆发展新境界以及所推动的图书馆通体转型，发展了图书馆学情报学关于图书情报机构性质、功能等诸多传统观点与方法；全新的信息素养和数商理念、人工智能所具有的多学科综合和高度复杂的特征正在对图书馆学情报学提出学科建设的新要求……可以说，人工智能前沿基础理论与实践相结合的探索空间非常广泛而深刻，图书馆学情报学需要积极探索既有理论的边界，对这些实践的新进展做出理论的回答和概括，进行理论的总结和实践的指导。

（三）人工智能等新信息环境对图书馆学情报学的影响已引起业界重视

图书馆学情报学新发展在10多年前已引起业界重视，如梁战平2001年发

---

[1] 中关村在线.10亿美元 麻省理工成立人工智能学院［EB/OL］.（2018-10-21）［2019-02-01］. https://tech.sina.com.cn/roll/2018-10-21/doc-ihmrasqt2859953.shtml.
[2] 中科院自动化研究所.中国科学院人工智能创新研究院获批筹建［EB/OL］.（2018-11-29）［2019-02-01］.http://news.sciencenet.cn/htmlnews/2018/12/420603.shtm.

表了《情报学的新发展》(《情报学报》2001年第2期)一文,此后对于情报学和情报工作创新发展的讨论一直没有间断,近几年来又形成了新的高潮:毕强的《数字时代情报学发展前景》(《图书情报工作》2010年第12期)、谢新洲的《发展情报方法研究应对大数据挑战》(《图书情报工作》2014年第14期)、曾建勋的《大数据时代的情报学变革》(《情报学报》2015年第1期)、苏新宁等的《基于生命周期的应急情报体系理论模型构建》(《情报学报》2017年第10期)、李纲的《实施国家大数据战略,建设数字中国》(《光明日报》2018年1月28日第6版,《新华文摘》2018年第8期全文转载)、黄长著的《对情报学学科发展的几点思考》(《信息资源管理学报》2018年第1期)、马费成等人的《大数据对情报学研究的影响》(《图书情报知识》2018年第5期)、孙建军和李阳的《论情报学与情报工作"智慧"发展的几个问题》(《信息资源管理学报》2019年第1期)……以上论文都在不同程度上提出了大数据、人工智能等新信息环境对图书馆学情报学全方位影响的命题。如黄长著认为:今天的环境和形势对情报学的发展有很大影响,当前的信息环境是泛在数据、泛在信息和泛在知识的时代,由互联网、人工智能和大数据等组成的集合式多维信息环境构成了我们这个时代的主要信息特征,其影响也具有泛在特点;情报学作为一门涉及面极广的交叉学科,一定会在研究内容、载体、手段、方法等方面受到上述特点的影响。① 马费成则更明确地提出,需要推进大数据、人工智能等信息技术与人文社会科学研究深度融合,指出在这个快速变革和发展的新时代,人文社会科学研究的内涵与外延处在不断深化和拓展之中,电子踪迹、社交媒体、数字文本以及空间位置信息等大规模数据已经广泛渗透应用于人文社会科学研究之中,当代人文社会科学研究的新场景值得我们重视和思考。②

六、人工智能推进中的价值引领

人工智能是一次全方位的变革,已经并将渗透到图书馆管理与服务的方方面面,必然与图书馆运行、文化价值观紧密联系起来。如何科学有度地拥抱人

---

① 黄长著.对情报学学科发展的几点思考[J].信息资源管理学报,2018(1):4-5.
② 马费成.推进大数据、人工智能等信息技术与人文社会科学研究深度融合[EB/OL].(2018-07-29)[2019-01-27].http://epaper.gmw.cn/gmrb/html/2018-07/29/nw.D110000gmrb_20180729_1-06.htm.

工智能，如何在人工智能重塑图书馆服务的进程中注重价值的引领，是我们应当深层次思考的命题。

（一）注重智能伦理

需要指出的是，人工智能的硬技术需要与情感、伦理等人的软需求相结合，才能更好地体现图书馆服务的创新。人工智能所涉及的信息伦理学已引起国内外学术界的关注并进行了初步的探讨。微软全球执行副总裁沈向洋在2018年11月召开的第五届世界互联网大会上强调了人工智能的社会责任，在《计算未来》一书中，也曾深入探讨人工智能的社会责任，并提出"六大原则"：公平、可靠和安全、隐私和保障、包容、透明、负责。[1]2018年12月27日，日本内阁府发布的《以人类为中心的人工智能社会原则》，是迄今为止日本为推进人工智能发展发布的最高级别的政策文件，从宏观和伦理角度表明了日本政府的态度。在公开征求意见后，计划于2019年3月正式发布。文件肯定了人工智能的重要作用，同时强调重视其负面影响，如社会不平等、等级差距扩大、社会排斥等问题。主张在推进人工智能技术研发时，综合考虑其对人类、社会系统、产业构造、创新系统、政府等带来的影响，构建能够使人工智能有效且安全应用的"AI-Ready社会"，对我们正确看待"人机关系"、更好地引领和适应人工智能发展具有借鉴意义。[2]智能伦理应当嵌入图书馆服务重塑的各个环节，如确保读者的数据隐私，进而保护读者的个人信息安全，是人工智能重塑图书馆服务中必须解决的新挑战。图书馆在布局人工智能新技术、新空间、新流程时，必须有这方面更多更好的解决方案的出现，以确保用于人工智能的数据信息的加密是无懈可击的。

（二）注重规避人工智能可能产生的负效应

人工智能既能带来正能量，也可能产生负效应，其中包括人工智能所隐含着各种算法的偏见。算法代表着人工智能决策的逻辑结构，但算法并非完全客

---

[1] 付鑫鑫."AI带来的前所未有突破正迅速发生"[EB/OL].（2018-11-08）[2019-02-01].http://dzb.whb.cn/html/2018-11/08/content_718138.html.
[2] 李慧敏.人工智能社会需要怎样的"紧箍咒"解读日本《以人类为中心的人工智能社会原则》[EB/OL].（2019-01-17）[2019-01-17].http://epaper.gmw.cn/gmrb/html/2019-01/17/nw.D110000gmrb_20190117_1-14.htm.

观、中立,其中可能隐含着各种算法偏见,主要包括算法设计者的偏见、输入数据的偏见和算法局限的偏见。任何一个环节出现偏见都将导致算法偏见,区别在于有的算法偏见是潜在的、不可避免的,有的算法偏见则是人为的、有意图的。[1]图书馆在构建图书馆大脑等进程中,应当通过依法规范的操作方法和科学透明的原则规避算法过滤、算法偏见、算法歧视和算法操控现象的发生。人工智能的广泛应用也可能带来读者个人信息泄露的风险,因此应通过制定相关法规防止图书馆管理和服务中对读者个人信息的误用。此外,人工智能必然导致图书馆"技术性失业",这可以通过员工培训和增设相应的新岗位等来加以克服。

(三)注重体现中国特色和中国道路

中国是一个发展不平衡的国家,尽管经过多年的覆盖全社会的公共文化服务体系建设,但城乡差别和地区差别还严重存在。人工智能重塑图书馆服务应当十分注重覆盖读者群中的弱势群体,以体现包容性发展的价值引领。人工智能借助互联网和移动互联网,可以超常规的速度向老少边区和贫困人群进行阅读推广的渗透。人工智能的普遍切入,注重广大读者的体验,为弱势群体提供了相对公平的获取公共图书馆服务的机会,应成为公共文化普惠大众的新切入点,让更广大的读者有图书馆服务的获得感。

同时,在人工智能重塑图书馆服务的进程中还应注重能级非对称图书馆的共建共享,以开放共享、万馆互联、协同一体、智能互利的价值奋力推进中国特色公共图书馆发展道路向纵深发展。

七、结语

本文讨论了人工智能与图书馆服务重塑的5个问题,应该说,人工智能与图书馆发展的现实新问题还远不止以上所述的这些。"人工智能是引领这一轮科技革命和产业变革的战略性技术,具有溢出带动性很强的'头雁'效应。"[2]

---

[1] 张超.作为中介的算法:新闻生产中的算法偏见与应对[J].中国出版,2018(1):29-33.
[2] 新华社.习近平在中共中央政治局第九次集体学习时强调:加强领导做好规划明确任务夯实基础推动我国新一代人工智能健康发展[EB/OL].(2018-11-01)[2019-01-28].http://paper.people.com.cn/rmrb/html/2018-11/01/nw.D110000renmrb_20181101_1-01.htm.

根据2017年7月国务院发布的《新一代人工智能发展规划》：中国到2020年人工智能总体技术和应用与世界先进水平同步；到2025年人工智能基础理论实现重大突破，部分技术与应用达到世界领先水平；到2030年人工智能理论、技术与应用总体达到世界领先水平，成为世界主要人工智能创新中心。[①]中国图书馆事业的发展应当顺势而为，积极对接国家发展战略，为人工智能时代的文化兴盛努力奔跑，为成为图书馆人工智能应用的世界领先者而努力创新前行。

我们需要进行文化的转变，即图书馆应当成为一个更以数据为中心、掌握算力与算法、以读者新需要为本、乐于从变革重塑中获取优势的文化机构，这是人工智能成功发展的关键。人工智能变革的规模和速度超出人们的想象，但图书馆事业的未来在昭示我们应当不畏艰难、砥砺前行。数字转型和人工智能的浪潮势不可挡，图书馆服务只有顺应科技革命的趋势，通过人工智能对图书馆服务的不断重塑来赋能提质，让百年老馆恢复青春、让年轻新馆放飞梦想，在人工智能重塑图书馆的进程中打造最具连接度、最富智慧、使读者最有获得感的图书馆。

（完成于2019年2月13日）

---

① 国务院.国务院关于印发新一代人工智能发展规划的通知［EB/OL］.（2017-07-20）［2019-01-28］.http://www.gov.cn/zhengce/content/2017-07-20/content_5211996.htm?from=timeline&isappinstalled=0.

人工智能与图书馆更新

2017年至2019年的《政府工作报告》连续3年均提到了"人工智能",要求加快人工智能等技术研发与转化(2017),加强新一代人工智能研发应用(2018),打造工业互联网平台,拓展"智能+",为制造业转型升级赋能(2019)。随着"智能+"的提出,人工智能在理论研究与实践应用方面得到了更为广泛和深入的推进。笔者曾在2019年初提出"人工智能与图书馆更新"的命题,[①]如今这一命题更是凸现在图书馆业界面前,其中所涉及的诸多问题,需要我们思环境之变、虑发展之本、探创新之策,求便民之道,结合实际进行更为深入的思考。

一、人工智能与图书馆更新是顺势而为的演化进程

人工智能与图书馆更新牵涉到图书馆未来的发展方向、发展动能和发展举措,需要对这一发展战略进行较为深入的认知。

(一)如何理解人工智能与图书馆更新

人工智能与图书馆更新是一种创新,它与图书馆其他创新的不同点在于,这一创新将开创图书馆人机协同、自主操控、群智开放、跨界融合、共创分享、深度覆盖的人工智能新时代,将赋予图书馆生长有机体以全新的生命力。作为图书馆新一轮变革的远见智慧,人工智能与图书馆更新是顺势而为并积极

[①] 王世伟.关于人工智能与图书馆服务重塑的五个问题——再论人工智能与图书馆的服务重塑[J].图书与情报,2019(01):130.

主动的图书馆创新举措,是当代图书馆人洞见未来趋势、把握发展机遇窗口期、拥抱智能时代的进取战略。人工智能对图书馆带来的无限创新空间与巨大发展潜能已经为越来越多的业界人士所认同,越来越多的图书馆正在搭上人工智能的快车;人工智能正从个别图书馆的实验试水趋向图书馆全行业的关注应用,在应用演进和实践提速的牵引下,人工智能与图书馆更新正逐步迈向整体布局的发展新阶段,图书馆的各类人工智能技术的可及性正呼之欲出,"让人工智能无处不在"正在从量的积累走向质的提升,正在为图书馆全面赋能。

第一,图书馆更新是对图书馆原有基础设施、空间环境、管理架构和服务流程的更化和更变,是基于人工智能技术推动图书馆迈向未来更高质量发展的演化与革新。这种更化和更变将对原有服务生态带来改变和重塑,将构建起高速、移动、安全、泛在的新一代信息基础设施;将使图书馆原有的服务空间转型为可呼吸移动的智能空间、整体式和沉浸式的体验空间,为读者营造创意式阅读的人性化氛围;将带来图书馆的全流程智能化管理,为读者提供全生命周期的云端服务内容,为万物互联的图书馆服务配上"千里眼"与"顺风耳",减少服务管理盲区,为当代图书馆服务治理的自我进化提供可能;将使图书馆管理在基于图书馆大脑的基础上实现对服务数据的解构、拼接、组装、研读,使全馆在线信息共享、智能实时监测、一体统筹协调、综合施策并进行细节设计,即时给出合理的服务和管理意见。人工智能带来的各类精细化、精准化、精致化的管理和服务更新,必将推动图书馆进一步走上品质发展和效能提升之路。

第二,图书馆更新是一种更换和更置,将对原有图书馆的文献资源、人力资源、空间资源等进行更换和更易,有的要进行调换和替代,以突破原来服务方式的天花板,开辟新的个性化、精准化、自主化、便捷化的服务路径。如用人工智能手机书刊借还替代原有的人工书刊借还和固定自助借还机的服务;用双向多向的智能镜更置原有单向的智能屏;将图书馆原有的信息基础设施更换为智能化设备,包括嵌入芯片和硬件以满足未来5G信息环境和全新网络的要求,成为图书馆智能服务链上实时在线的智能节点;用新发明的积木机器人丰富图书馆的少年儿童服务内容。还有的甚或要更置和更迭,如在图书馆中设立人工智能服务中心,用各类机器人咨询馆员、智能运输车、智能助残服务等更换或更置原有服务岗位等。

第三,图书馆更新是一种更定与更移,将实现人工智能的创新成果在图书馆服务与管理中的转移转化。对原有的图书馆服务标准要进行改订修订，甚或进行更立，如以往图书馆服务标准中对"工作日"的设定，将随着人工智能带来的跨时空服务而更移淡出，机器人参考馆员将全年无休在线上岗服务；又如，人工智能服务伦理、人工智能信息安全保护等也需要由新的管理规范进行更立。

（二）人工智能与图书馆更新不是"互联网+"的简单升级

人工智能与图书馆更新代表着当代信息技术发展的新阶段和新维度，将综合利用大数据、人工智能、物联网、云计算等新一代信息技术，在以往互联网"互联"的基础上实现万物互联基础上的"万物智能"。人工智能与图书馆更新将通过图书馆大脑形成服务的即时响应和服务资源的精准匹配，使所有的服务空间具有较之以往互联网更强的数据驱动、感知反馈、人机协同、分析预测等能力，从而为图书馆服务提供"数智化"的新范式。基于业务驱动和应用驱动，人工智能与图书馆更新无论是虚拟现实还是全息场景，无论是沉浸体验还是信息捕捉，人工智能正在实现服务资源的最优化利用，形成基于数据驱动的服务生态体系，使图书馆服务技术更自动化、服务路径更多样化、服务数据更智能化、服务资源更共享化、服务管理更智敏化。

不断升温的5G时代，人工智能突破了图书馆服务中原有的信息交互的电话、短信、邮件、视频等的局限，使图书馆的阅读学习空间数据化，正在形成并实现一种新的人、车、路、网、端、云的大融合，从而实现万物互联的"数智化"。在图书馆更新的演化进程中，机器智能将逐渐成为图书馆管理与服务的标配，智联万物将形成全新的图书馆神经和静动脉系统并深入服务管理流程的微细血管，通过搭载先进的通信技术，图书馆的阅读室、咨询台等区域将不再是一个个的单独服务节点，将能承担并提供全方位一站式的服务职责，体现出图书馆服务更高质量发展的主要方向。通过未来5G环境下的图书馆服务大脑，图书馆服务将实现服务资源的高度协同感知、视声多频融合、即时调度组配、个性智能分发、完全自动提供和远程遥控管理。图书馆所有的文献、人员和物品都将互联互通，从而引发图书馆全方位的变革，这样爆发出来的服务效能将是原来"互联网+"所无法比拟的，更是原来数字图书馆建设所无法企及的。如果说数字图书馆的出现曾经重塑了图书馆，那么智能技术和5G环境将凭借更强的网络连接能力和感知智能，以极快速率、极大连接、极低时延、极低功耗、极大覆盖的特点，必将重新定义图书馆服务。

(三) 要克服人工智能与图书馆更新中的急躁情绪与冷漠态度

对于人工智能所带来的机遇与挑战，既要克服图书馆更新中的急躁情绪，也要克服冷漠态度。需要强调的是，人工智能与图书馆更新不是对图书馆原有服务架构全部推倒重来，而是一种创新重塑，不能心血来潮不顾客观条件地一哄而上。人工智能与图书馆更新既是一种自上而下与自下而上相结合的提升，也是一种内外协同共推的创意与创造，更是一种持续不断的提质增效演化进程。由于中国图书馆事业存在着地区和城乡差异，即使是同一地区和同一城市中的各个馆也存在不同的发展水平，各个地区、各个城市以及各个图书馆原有的信息基础设施和人才队伍建设也各不相同。因此，人工智能与图书馆更新需要因地制宜、因城制宜、因馆制宜。

同时，人工智能正在从理论研究与实验试点走向更为全面的实际应用，随着不断升级，人工智能已经来到图书馆员和读者的身边。如运用人工智能技术提供图书馆历史文献和非物质文化遗产保护的新方案和新手段，甚至将其作为古籍鉴定和古文字识别的助手，这些新技术不仅展现了文化之美，提高了保护质量，提供了保护的新方法，也让传统文化走近了读者。因此，图书馆要克服对于日新月异的人工智能采取冷眼旁观或守株待兔的态度。人工智能是新一轮科技革命具有代表性的新技术，通过人工智能与图书馆更新将使智能技术形成对图书馆服务与管理的深度融合和泛化浸润，图书馆对此必须顺势而为，按下快进键并跑出加速度；如以冷漠旁观的态度视之，无疑将被大浪淘沙或趋于边缘化。

二、人工智能与图书馆更新应秉持"向善至善"的价值追求

在人工智能与图书馆更新中，要体现"术以载道"的文化传统，始终秉持智能科技"向善至善"的价值追求，使人工智能在图书馆更新中更有温度、更具价值追求、更具可持续发展力。我们这里讨论的智能科技"向善至善"应注重3个向度。

(一) 以人为本的向度

以人为本的"人"，既包括图书馆员，也包括广大读者。人工智能将引发

图书馆的业务重塑和服务重塑，这需要通过以人为本的价值追求来提升图书馆员的智能素养和服务品质，在传统图书馆服务技能的基础上，实施"人工智能+X"馆员培养模式，练就人工智能服务读者的新十八般武艺，通过人机耦合来破解服务中的难点堵点，在人机融合的进程中不断满足读者日益增长的服务新需要。从以人为本的读者视角出发，一方面要提升广大读者适应人工智能的服务新环境、熟悉人工智能的服务新流程、把握人工智能知识获取的新路径和新方法，并在被服务中以及图书馆提供的智能科普中不断提升对人工智能的认知；另一方面，青年和少年儿童读者作为在新一代信息环境中成长的"网络原住民"，正在成为人工智能与图书馆更新的动力人群，正在倒逼图书馆走上人工智能与图书馆更新之路，这就更需要加快人工智能重塑图书馆的步伐，让图书馆成为广大读者有所期盼和有所满足的公共文化空间。

需要特别指出的是，以人为本与智能驱动并不矛盾，不能将两者对立起来。在当下，如果图书馆不能深刻认识智能驱动的重要机遇，不能与人工智能同频共振，就难以提升服务的数量和质量，以人为本就成了仅仅是挂在口中、写在纸上的空洞的口号。以日读者流量经常性超万的广州图书馆、上海浦东新区图书馆、山西太原市图书馆为例，在这些公共图书馆新馆落成之前和落成之后，读者流量形成了低谷和高峰的截然不同的发展场景，这与这些馆的物理新空间的提供和服务管理的软件提升紧密相联。上海图书馆于2019年4月首创的"手机扫码借阅"，50万册图书外借不用排队，尽管技术上尚需完善，但已被看作是图书馆外借史上又一次革命，这一服务方式的创新也是基于人工智能的技术。① 在人工智能进入应用元年的当下，如果没有基于人工智能的图书馆更新，将以人为本与数据驱动对立起来，那么以人为本就成了脱离现实的价值说教。

（二）服务至上的向度

服务是图书馆存在的理由。图书馆人不应因技术迭代而冲淡为读者服务的理想。在快速更新迭代的信息技术浪潮中，图书馆要注重把握大变局中未变的发展趋势，这就是服务至上。

---

① 上海图书馆.上海图书馆推出手机借书服务公测［EB/OL］.（2019-04-17）［2019-04-18］.http://beta.library.sh.cn/SHLibrary/newsinfo.aspx?id=699.

服务至上就是要为读者提供更为优质的服务。在人工智能与图书馆更新中对人工智能技术的应用不是图书馆服务至上的最终目的，其宗旨就是满足图书馆对更高质量服务的追求，以人工智能来提升图书馆服务的厚度、广度、深度和浓度。人工智能技术的发展，让广大馆员和读者对更高质量图书馆服务的追求有了更多的应用场景和逐渐清晰的发展路线图。人工智能与图书馆更新将使图书馆服务的车道变宽、车速变快、车型变多、车次变省、车况变好。图书馆服务中的数据实时监测感知、共时传递汇聚，分析评估研判、决策处理推送、全局综合保障等环节，都需要流量巨大的信息传输的稳定支持，5G与人工智能的结合将使海量的读者和馆员间通信成为可能，为大规模的即时服务平台的管理和使用提供了支撑，这些都为图书馆服务更优创造了条件。

服务至上也要满足日益增长的读者对图书馆服务的新要求。社会生活与工作的快节奏使广大读者更加追求和喜好对短、快、便、新服务模式和路径的追求，而人工智能与图书馆更新的优势正是体现在这些方面。同时，采用人工智能的技术优势适应了服务规模不断扩大的趋势，"文献信息+智能技术+阅读推广"的服务新模式已具雏形，基于人工智能技术泛在化的快闪型"服务飞地"也有了先行先试的案例。需要指出的是，人工智能技术将为读者带来阅读的新奇快感，但图书馆的阅读推广不能局限于此，还应着力于在人工智能技术上，把阅读推广活动的内容欣赏和价值追求放在主导位置。

服务至上还要破解读者服务中的堵点和难点。人工智能与图书馆更新不是显摆，不能追求花哨，而是要真正体现为读者提供更为精致、更为精准、更为便捷、更为个性、更为安全的服务。如何体现个性化读者服务的千差万别，基于图书馆服务大数据的分析挖掘将为破解这一难题提供智慧。通过海量服务数据的对比、分析和溯源，将最优服务与管理参数在大规模服务流程链中精准落地，图书馆将更为精准地达到吸引忠诚读者、挖掘潜在读者、唤醒流失读者，从而实现提高服务能级的目的。

在设计人工智能与图书馆更新的路线图中，要特别注重将人工智能技术所带来的便捷和效能覆盖至各读者群体的每一个读者，使人工智能与图书馆更新为读者带来更加包容、更加公平、更有质量的图书馆服务。

（三）智能伦理的向度

人工智能可以向善，也可以呈恶。在人工智能越来越类人性的当下，人工智能技术带来的伦理问题和对社会生活的影响正在不断扩大,图书馆更新也不能例外。因此,需要对人工智能与图书馆更新的"向善至善"的发展方向进行导航。在人工智能与图书馆更新中应清醒地认识并分析研判人工智能发展面临的风险点,积极主动并有针对性地进行规避和预防,在智能向善的同时,防止智能呈恶。

智能伦理和"科技向善"理念正在引起国内的广泛关注。可知、可控、可用、可靠,被认为是理想的人工智能发展路径应符合的4个特征。①2019年3月,国家新一代人工智能治理专业委员会首次会议即讨论了智能伦理命题,提出人工智能要对数据垄断、算法歧视、智能滥用、深度造假、数据下毒、隐私保护、伦理道德、不平等智能操作以及对社会结构的影响等重点领域加强监测与研判。②国家互联网信息办公室于2019年5月发布的关于《数据安全管理办法(征求意见稿)》公开征求意见的通知中也提出要履行数据安全保护义务,对个人信息安全做出了较之以往更为具体的规定,如收集使用个人信息的目的、种类、数量、频度、方式、范围等;个人信息保存地点、期限及到期后的处理方式,等等。③这些都是人工智能与图书馆更新中需要秉持的价值理念和遵循的规则。

智能伦理也正在成为人工智能发展中全球聚焦的重点。如在2019年3月由联合国教科文组织首次举办的"推动人性化人工智能全球会议"上,联合国教科文组织总干事奥德蕾·阿祖莱在开幕致辞中认为,人工智能是人性的新前沿,必须确保人工智能以人为本的发展方向。人工智能对教育、科技、卫生和可持续发展等方面起关键性助力作用的同时,也给人类提出了一系列复杂的挑战,特别是在伦理、人权和安全方面。联合国经济合作与发展组织秘书长安吉尔·古里亚认为,如果人工智能没有以人为中心的价值观和包容性,那么它就没有任何价值。④2019年4月8日,欧盟委员会发布了人工智能道德准则,该

---

① 贾平凡.用"科技向善"理念引领人工智能发展(专家解读)[N].人民日报(海外版),2019-05-06(10).
② 中研网.2019年国家新一代人工智能治理专业委员会召开第一次会议[EB/OL].(2019-03-28)[2019-06-02].http://www.chinairn.com/news/20190328/162523838.shtml.
③ 国家互联网信息办公室.国家互联网信息办公室关于《数据安全管理办法(征求意见稿)》公开征求意见的通知[EB/OL].(2019-05-28)[2019-05-28].http://www.cac.gov.cn/2019-05/28/c_1124546022.htm.
④ 陈晨.担忧人工智能"叛变"伤害人类?专家呼吁发展人工智能要多些人性化,少些人工化[N].新华每日电讯,2019-03-15(14).

准则提出了实现可信赖人工智能的7个要素,分别为:人力资源和监督、稳健性和安全性、隐私和数据治理、透明度、多元化、非歧视和公平性、社会和环境福祉、问责机制。①国际上在科技向善方面的最新进展,为人工智能与图书馆更新提供了有益启示和借鉴。

人工智能与图书馆更新中的制度设计必须积极回应并破解人工智能技术发展中遇到的伦理难题。如一些图书馆正在采用刷脸进馆与刷脸借阅的新技术和新方法,这确实能为读者带来快捷方便的体验,但也存在读者人脸数据泄漏的风险;而已经出现的由人工智能创作的小说、书法、绘画、音乐等作品,在读者服务过程中也会遇到知识产权的新问题。在图书馆机器人服务不断增加的背景下,机器人服务短板遭遇读者投诉应如何处置定夺也将摆上图书馆服务管理议程。可以预见,人工智能与图书馆更新将出现一系列智能伦理的新问题,需要我们在实践中超前研究,在实践中积极并有针对性地予以破解。

三、人工智能与图书馆更新为"后全面小康"谋篇布局

当2020年中国实现全面小康的历史发展任务完成后,"十四五"(2011—2025)期间中国图书馆如何发展?未来图书馆的发展战略、发展目标、发展举措如何谋划?人工智能与图书馆更新为我们提供了新阶段图书馆创新发展的重要思路与发展主线。全球人工智能科技发展正在进入加速期,人工智能正在成为新一轮科技革命和产业变革的聚焦点和汇聚点,成为人类信息文明进程中的新高峰和新机遇,空间融合、功能复合、云端聚合、跨界联合、机制竞合的特征越来越显现。人工智能代表着图书馆新的服务力和发展方向,成为图书馆赋能未来的战略谋划和创新抓手,已经并将更大程度地引发图书馆的整体创新和突破,推动服务全流程向智能化的加速跃升。中国具有庞大的注册读者和潜在读者数量,有众多的大中小城市和广大的农村,人工智能与图书馆更新的应用具有着广阔场景和发展空间,这是世界上其他国家的图书馆所难以比拟的。人工智能将从服务力上影响图书馆的能级并引发图书馆新一轮的竞争与合作,人工智能超前布局和实践应用领先的图书馆可能成为后全面小康时期图书馆发展

---

① 国际技术经济研究所.欧盟委员会发布人工智能道德准则,拟构建AI全球监管框架[EB/OL].(2019-04-09)[2019-05-28].https://new.qq.com/omn/20190409/20190409A0GFFC00.

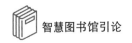

的引领者和主导者；若中国图书馆界主动下好这步先手棋，很可能成为引领世界图书馆事业未来发展的中国智慧与中国实践。根据2019年5月发布的《中国新一代人工智能发展报告2019》所提供的数据，中国人工智能论文发文数与人工智能企业数已居世界前列。①人工智能与图书馆更新应当为这样的发展趋势添砖加瓦。

（一）自下而上与自上而下推进人工智能与图书馆更新

如果说人工智能是图书馆服务的助推器，那么图书馆服务则是人工智能的孵化器。可喜的是，在中国人工智能与图书馆更新的进程中，亮点纷呈，涌现出不少人工智能与图书馆更新的先导馆，展现了图书馆服务极富想象力的新形态、新模式和新路径。

就自下而上而言，中国图书馆行业已涌现出不少既大胆试验又精耕细作的实践案例。既有图书馆大脑的构建，也有图书馆咨询机器人的初步试水；既有服务大数据的一体化云端平台，也有生物识别的服务试验；既有跨时空泛在网的拓展，也有线上线下多媒体融合的服务整合……可以预见，随着人工智能技术的进一步发展，图书馆界自下而上的人工智能与图书馆更新将向人们展现出更多精彩纷呈的创意图景，从而为后全面小康时期图书馆的创新发展书写新的篇章。

就自上而下而言，后全面小康阶段需要从国家层面着力推进人工智能系列开放创新平台建设，大力推进人工智能与图书馆服务的深度融合和主题协同，创立人工智能与图书馆更新的标杆图书馆，将各类图书馆更新不断落到实处；应当引导各地区和各省市图书馆结合各地和本馆的实际导入人工智能技术，提升图书馆服务与管理效能，特别是发挥信息技术禀赋及基础条件较好的图书馆率先进行试点，为全国图书馆提供可复制、可推广的经验；同时从法律法规和机制上为人工智能与图书馆更新创造更好的创新发展环境。

无论是自下而上还是自上而下，人工智能与图书馆更新需要从设施基础、场景应用、模式创新、人力资源、服务价值、安全保障、绿色生态等多个维度，充分发挥人工智能与图书馆更新的"智能+"溢出效应，在后全面小康阶

---

① 谷业凯.《中国新一代人工智能发展报告2019》发布［EB/OL］.（2019-05-26）［2019-05-29］. http://www.gov.cn/xinwen/2019-05/26/content_5394817.htm.

段为图书馆转型升级进一步全面赋能。人工智能与图书馆更新不是一蹴而就的变革,而是一个不断更新快速迭代的发展进程,因此在人工智能与图书馆更新中需要我们始终保持持续创新的驱动力与活力源。

(二)实现更高水平的覆盖全社会的公共文化服务体系

在2020年全面小康的发展目标实现后,尽管覆盖全社会的公共文化服务体系已经基本建成,但与人工智能与图书馆更新相比较,智能化的动力释放尚不充分,城乡和区域发展尚不平衡,均等化与包容性的发展还有很大发展空间,实现更高水平更深程度的覆盖全社会的图书馆公共文化服务体系的可持续发展目标依然任重而道远。

覆盖全社会的图书馆公共文化服务体系还存在着短板弱项,主要是中西部地区、老少边贫地区以及同城均等化等方面短板明显;即使是东部沿海地区的图书馆也有一些需要填补的服务空间,也有一些需要提升软硬件品质的图书馆。以人工智能而言,中国各地区和城乡的人工智能技术发展极不平衡,各图书馆的实际应用也有很大差异,存在"数字鸿沟"进一步演变为"智能鸿沟"的风险,需要加以规避。

后全面小康阶段的图书馆发展应更具包容性。5G与人工智能和物联网的紧密融合将形成下一代的超级互联网,其前景是更高水平的万物智慧互联,而这正是图书馆的新用武之地,将为图书馆的东中西部协同互动提供技术支撑,促进图书馆服务进一步践行所秉持的公平、均等、包容的服务价值观。人工智能可以减少受教育障碍,实现管理流程自动化,分析学习模式并优化学习过程,改善学习成果。[①]就技术本身而言,它无法自己做出选择,也无法自动满足最需要它们的人。人类需要制定和实施相关政策,以弥合个人、地区和国家之间持续存在的巨大技术鸿沟,使技术普惠大众和解决复杂棘手的发展问题。我们必须把握跨越式发展的机遇之窗,争取在前沿技术的帮助下实现所有人的可持续发展。[②]人工智能与图书馆更新正是实现这样的可持续发展的理念与工

---

① 靳晓燕.在智能时代探索教育"未来之路"——写在国际人工智能与教育大会开幕之际[EB/OL].(2019-05-17)[2019-05-17].http://epaper.gmw.cn/gmrb/html/2019-05/17/nw.D110000gmrb_20190517_2-12.htm.
② 刘振民.跨越式发展的机遇之窗[EB/OL].(2019-03-14)[2019-06-01].http://epaper.gmw.cn/gmrb/html/2019-03/14/nw.D110000gmrb_20190314_1-14.htm.

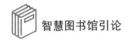

具。因此，应充分发挥人工智能优势，进一步提升人工智能与图书馆更新的密度，充分释放人工智能的普惠效应，让人工智能走近并走入每个馆员与读者，为每一个馆员和读者赋能。

（三）人工智能与图书馆更新推动图书馆学教育的改革

人工智能与图书馆更新是对未来图书馆发展趋势的深入把握，也是对当代图书馆学教育发展规律的深刻揭示。在人工智能与图书馆更新的环境下，图书馆学正面临着新的建设、新的处境、新的空间。①

在机"智"趋向过人的发展环境下，人工智能正在对当前与未来的就业结构产生影响。中国人力资源和社会保障部、国家市场监管总局、国家统计局2019年4月向社会发布了13个新职业信息，这是自2015年版国家职业分类大典颁布以来发布的首批新职业，其中包括人工智能工程技术人员、物联网工程技术人员、大数据工程技术人员、云计算工程技术人员、数字化管理师、建筑信息模型技术员、电子竞技运营师、电子竞技员、无人机驾驶员、农业经理人、物联网安装调试员、工业机器人系统操作员、工业机器人系统运维员，几乎都与人工智能有关。②这种就业结构的变化也将波及图书馆。人工智能与图书馆更新将催生服务形态的升级，图书馆大脑将需要更多的数据分析人员；而人工智能所引发的传统服务岗位的变迁也会衍生新的服务岗位，如图书馆人工智能服务设施的运维人员，书书相联、书人相联和人人相联的物联网的安装调试人员等。2019年3月，国家教育部制定了《高等学校人工智能创新行动计划》，全国共有35所高校获首批人工智能本科专业的建设资格。③不仅如此，从图书馆学教育的内容而言，也提出了基于人工智能的变革要求。联合国教科文组织于2019年5月发布的《教育中的人工智能：可持续发展的挑战与机遇》报告指出，教育领域人工智能市场将快速发展，人工智能将对学习方式、学习

---

① 武汉大学信息资源研究中心.新时代图书馆学教育研讨会暨全国图书馆学博士生论坛于武汉大学成功召开［EB/OL］.（2019-04-21）［2019-04-21］.http://csir.whu.edu.cn/xinwendongtai/2019-04-21/1719.html.

② 韩秉志.13个新职业信息发布［EB/OL］.（2019-04-04）［2019-04-04］.http://paper.ce.cn/jjrb/html/2019-04/04/content_387912.htm.

③ 教育部.教育部关于公布2018年度普通高等学校本科专业备案和审批结果的通知教高函［2019］7号［EB/OL］.（2019-03-29）［2019-06-02］.http://www.moe.gov.cn/srcsite/A08/moe_1034/s4930/201903/t20190329_376012.html.

机会、学习质量、学生能力、教师发展等产生直接影响,同时也为教育公平、教育决策、教育政策、隐私、伦理等提出新的挑战。①这对于未来的图书馆学教育也提出了新挑战。在图书馆学的教育中,需要克服以往缺乏对"为什么"的追问和过于注重知识教育的偏差,避免将大量的课时局限在"是什么"的教学过程中,需要培养学生的好奇心、想象力、综合思辨与数据处理能力、终身学习能力、协同创新能力以及对于环境不断变化的适应能力等。爱因斯坦曾对培养独立思考的教育发表过自己的看法,他认为:"只教人专业知识是不够的。这种教育培养出来的人可以成为一个有用的机器,却成不了一个人格完整的人。重要的是,要让学生对'价值'有所理解并获得切身的感受。学生必须对何为美以及何为道德上的善有敏锐的辨识力,否则只是靠那点儿专业知识,更像一只训练有素的狗,而不是一个均衡发展的人。"②图书馆学教育应把握全球人工智能发展态势,找准突破口和主攻方向,培养大批具有创新能力和合作精神的人工智能高端人才,这是后全面小康阶段以及未来相当长时期内图书馆学教育的重要使命。

人工智能作为人类历史上的伟大革命正在改变人类社会,我们必须洞察这一巨变,充分发挥人工智能在图书馆创新发展中的"头雁效应",积极布局图书馆的未来发展。"万物得其本者生,百事得其道者成。"本者,读者为体,服务为本;道者,科技革命,智能为用。中国图书馆界需要"仰观宇宙之大,俯察品类之盛",顺应人工智能之巨变,开辟创新发展之未来,努力迈向人工智能友好型图书馆发展的新境界。

(完成于2019年6月5日)

---

① 刘宇辉.让人工智能与教育相互赋能[N].光明日报,2019-05-19(05).
② 阿尔伯特·爱因斯坦.我的世界观[M].方在庆,编译.北京:中信出版社,2018:58.

深化人工智能与图书馆更新的若干问题

面向未来的中国公共图书馆应当不断追寻国内外最新最好的技术为图书馆服务和管理所用,而人工智能无疑是目前全球创新发展中令人称奇且最为聚焦的前沿技术之一,是引领并带动新一轮科技革命和产业变革的战略性技术。人工智能与图书馆更新应被视为是对未来的公共图书馆发展带来决定性影响的创新理念,这一命题应超越前沿技术和实用方案的思考逻辑,将其从图书馆的技术支撑层面上升至图书馆创新发展的战略视野加以思考与谋划,并将其作为对图书馆未来发展的根本性问题进行追问与研究。随着人工智能的不断进步和图书馆实践的不断发展,如何进一步深化人工智能与图书馆更新的命题,引发了笔者的一些新思考,而这需要我们通过深入研究来予以认知和解答。[①]

一、人工智能与图书馆更新的信息文化环境持续向好

人工智能被认为是照亮一个新时代的火种,随着智能革命的不断拓展与深化,为人工智能与图书馆更新创造了持续向好的信息环境与文化氛围。

(一)迎接数字蝶变的重大机遇

数据已成为与土地、劳动力、资本、技术并驾齐驱的五大生产要素之一,人工智能伴随着的数字蝶变正在全面渗透扩散至经济社会的各个领域和各个环节,为服务和管理的创新发展提供了广阔蓝海,带来了经济社会形态的急剧变化,也正在对图书馆服务的走向和流程产生重大影响,成为图书馆服务转型升

---

① 王世伟.论人工智能与图书馆更新[J].图书情报知识,2019(4):35-42.

级的关键推手。当前公共图书馆面临的挑战是自身的服务效能和管理效益需要通过创新转型来予以提升；读者的阅读和学习习惯正在发生变化，对信息技术环境以及新颖化和个性化服务提出了更高的服务诉求并怀有不断向好的期待，深度智能化服务的新需要正在崛起；全新的智能服务体验不仅正在吸引着大量忠诚读者，还将吸引并培育数量巨大的潜在读者并唤醒多年静默的沉睡读者；读者的新需要和新期待将催生并倒逼图书馆深化人工智能与图书馆更新。人工智能正以前所未有的巨大能量驱动着图书馆的文献流、信息流、知识流、人才流和读者流，拓展并开辟着图书馆资源与广大读者之间的服务通道。现在与未来公共图书馆服务能级的提高和服务潜力的释放，不仅仅在于馆藏文献的多寡、图书馆建筑面积的大小和馆员人数的多少，更主要的是取决于服务资源配置共享的效能和效率的提高，而人工智能与图书馆更新的不断推进与深化正是这样的驱动力和带动力，是撬动未来图书馆创新发展和增量攀升的一大支点。以公共图书馆现在每年进行的常规业务统计数据为例，持证读者数、总流通数、书刊文献外借数、举办活动数和参加活动读者数等，全国数以千计图书馆的年度总量大都在千万级，举办活动数和参加活动读者数达到了亿级；而率先进行人工智能与图书馆更新的图书馆，即使是单个的馆，通过数字化、智能化与网络化的深度融合，其汇聚的信息赋能力量已经为图书馆带来数十万和百万的增量；而智能更新的未来发展，寓含着无限的可能性，千万乃至亿万级的读者新增量、阅读新生态和读者活动新场景都是具有可能性的新效能，也将同时带来图书馆优质资源的跨时空深度均等化。全国公共图书馆网站2019年访问量已突破了20亿，公共文化云访问量和网络直播访问量均达到了亿级规模；国家图书馆2019年网站点击达8亿次，手机门户点击量近1.3亿次，国家数字图书馆统一用户平台注册读者实名用户近1 200万人，①这些数据的背后体现的正是网络和智能的力量，这是前人工智能时代无法想象的。适时地把握数字蝶变带来的机遇，使传统的图书馆文献资源服务驱动转变为基于人工智能技术的以读者为中心的服务价值创新的转变，通过人工智能的巨大动能充分释放图书馆服务的巨大潜能，必将实现公共图书馆服务的进一步转型升级。

---

① 饶权.栉风沐雨百又十载凝心聚力共谱新篇——国家图书馆建馆110周年感怀[J].国家图书馆学刊，2019（6）：8.

（二）城乡图书馆规模与密度的社会文化条件

经过多年努力，中国城乡公共图书馆文化服务体系已基本建成，为中国城乡带来了相当规模的图书馆密度。据国家统计局2020年2月公布的国民经济和社会发展统计公报所提供的数据，2019年中国共有公共图书馆3 819个。① 而近年来，在全国城乡如雨后春笋般涌现的城市书房、百姓书屋、民宿书吧、城市阅读空间以及此前已在全国农村广泛布局的农家书屋等，其规模和密度更为可观。人工智能的一大特征就是万物互联，城乡图书馆的巨大的数量规模与空间密度、城乡图书馆线下与线上已初步构建的共享网络、图书馆服务主体与服务客体在各类信息技术方面的广泛普及应用，这些都为人工智能与图书馆更新创造了万物互联的良好的信息文化环境；全国数以百计的智慧城市建设和进行了数十年的数字图书馆建设的不断推进，也为人工智能与图书馆更新提供了良好的信息技术条件。在这样的信息与文化环境下，通过协同共享构建智能化的公共图书馆服务共同体已成为创新前行的必然逻辑。线上线下、城市乡村、白天夜间，亿万读者的多层次和多样化的文化消费正在形成并不断扩容，精神文化需求呈持续旺盛并不断升温的状态，这些都为人工智能与图书馆更新的深化提供了良好的催生土壤。在近年来公共文化服务示范区的基础上，全国公共图书馆应乘势而上，重点开展深化人工智能与图书馆更新的试点示范，加速图书馆全程智能应用模式的落地生根，努力在全国形成全程智能首馆、图书馆智能互联网首馆、5G服务应用首馆等一批人工智能与图书馆更新的创新标杆、应用案例和技术解决方案。

（三）持续推出的人工智能政策举措

2020年年初以来，国家在原有诸多政策利好的情况下，又相继推出了人工智能持续利好的相关政策举措。

2020年1月21日，教育部等三部委印发了《关于"双一流"建设高校

---

① 国家统计局.中华人民共和国2019年国民经济和社会发展统计公报［EB/OL］.（2020-02-29）［2020-03-01］.http://paper.people.com.cn/rmrb/html/2020-02-29/nw.D110000renmrb_20200229_1-05.htm.

促进学科融合加快人工智能领域研究生培养的若干意见》，着力在人工智能高层次人才培养的理念思路、推动策略和具体举措上取得进一步的创新突破。①2020年1月23日，国家科技部分别发函，支持重庆、成都、西安、济南四城市各有侧重地建设国家新一代人工智能创新发展试验区。②2020年2月25日，人力资源社会保障部等三部委联合向社会发布了16个新职业，其中包括智能制造工程技术人员、工业互联网工程技术人员、虚拟现实工程技术人员、连锁经营管理师、供应链管理师、网约配送员、人工智能训练师、全媒体运营师、无人机装调检修工等。③这批新职业虽然多与工业经济领域相联系，但对于图书馆与人工智能更新中的图书馆如何实现传统岗位的变化更新是一个很好的借鉴和启示。

"新基建"成为促进人工智能建设与应用的重要国家政策新信号。2019年3月，工业和信息化部与国家标准化管理委员会两部门联合发布了关于印发《工业互联网综合标准化体系建设指南》的通知。《工业互联网综合标准化体系建设指南》的制定，不仅加强了工业互联网标准化工作，夯实了工业互联网的发展基础，更为人工智能建设与应用的深入推进起到了重要的引领作用。中共中央政治局常务委员会于2020年3月4日召开会议，强调了要加快5G网络、数据中心等新型基础设施建设进度，④从而形成了新型基础设施建设（简称"新基建"）的概念。同月，为配合"新基建"，工业和信息化部又先后发布《关于推动工业互联网加快发展的通知》和《关于推动5G加快发展的通知》。虽然对"新基建"尚无统一的定义，但其旨在构建数字经济时代的关键基础设施并推动实现经济社会数字化转型的目标则是可以肯定的。"新基建"涉及的主要领域可归纳为5G基站、特高压、工业互联网、城际高速铁路和城际轨

---

① 教育部，国家发展改革委，财政部.教育部　国家发展改革委　财政部印发《关于"双一流"建设高校促进学科融合　加快人工智能领域研究生培养的若干意见》的通知［EB/OL］.（2020-03-03）［2020-03-09］.http://www.moe.gov.cn/srcsite/A22/moe_826/202003/t20200303_426801.html.
② 科技部.科技部发函支持四城市建设国家新一代人工智能创新发展试验区［EB/OL］.（2020-03-11）［2020-03-11］.http://www.clii.com.cn/lrhr/hyxx/202003/t20200311_3942883.html.
③ 人力资源社会保障部.人力资源社会保障部、市场监管总局、国家统计局联合发布智能制造工程技术人员等16个新职业［EB/OL］.（2020-03-02）［2020-03-02］.http://www.mohrss.gov.cn/SYrlzyhshbzb/dongtaixinwen/buneiyaowen/202003/t20200302_361093.html.
④ 新华社.中共中央政治局常务委员会召开会议研究当前新冠肺炎疫情防控和稳定经济社会运行重点工作［N］.人民日报，2020-03-05（01）.

道交通、新能源车充电桩、人工智能、大数据中心等。① 以上7个方面大都可与人工智能与图书馆更新的深化联系起来。如"新基建"中的5G就是支撑经济社会数字化、网络化、智能化转型的关键新型基础设施,技术驱动的潜力巨大。刘炜等曾于2019年撰写的《5G与智慧图书馆建设》一文,富有创意地总结了5G技术及已经和将要带来的无感借阅、云课堂、导览导航、精准推送、超清全景互动直播、机器人服务、智慧书房、智能安防监控、智慧场馆、区域联盟服务协同等新服务与新场景。② 可见,让5G点亮图书馆的新服务具有极大的想象力。我国将在2020年底实现全国所有地级市覆盖5G网络,③可以期待的是,未来一定会涌现出更多的图书馆服务5G应用场景落地。同时,包括人工智能、大数据中心在内的数据驱动也成为近年来最为聚焦的图书馆学情报学实践与研究热点。对于"新基建"所启动的人工智能的快车,图书馆完全可以顺势而为、借力前行,通过结合本地和本馆的实际,积极谋划并创造条件进行试验试点,在国家加大基站站址资源支持的政策背景下,有条件的大型城市图书馆应当积极联系微小基站的建设,力争早日跻身庞大的5G行业应用矩阵,丰富5G在图书馆服务的应用场景。同时应推进图书馆大数据中心建设,以实现图书馆服务的更高质量发展。

不仅如此,2019年以来,从文化科技领域观察,国家先后出台了多项人工智能以及文化与科技融合的政策:如文化和旅游部印发的《公共数字文化工程融合创新发展实施方案》(2019年4月)、中共中央办公厅和国务院办公厅印发的《数字乡村发展战略纲要》(2019年5月)、科技部等6部门印发的《关于促进文化和科技深度融合的指导意见》(2019年8月)、科技部印发的《国家新一代人工智能开放创新平台建设工作指引》和《国家新一代人工智能创新发展试验区建设工作指引》(2019年8月)、国家发改委等7部委印发的《关于促进"互联网+社会服务"发展的意见》(2019年12月)等,这些政策都为人工智能与图书馆更新的深入推进提供了良好的政策环境和文化治理支撑。

---

① 张保淑.新基建科技成色十足[EB/OL].(2020-03-16)[2020-03-16].http://paper.people.com.cn/rmrbhwb/html/2020-03/16/content_1976448.htm.
② 刘炜,陈晨,张磊.5G与智慧图书馆建设[J].中国图书馆学报,2019(5):42-45.
③ 王政.力争明年底地级市5G网络[N].人民日报,2019-12-24(14).

(四)图书馆服务导入人工智能的技术自觉

多少年来,公共图书馆业界始终对更新迭代的信息技术具有好奇心和敏感度,人工智能也不例外。人工智能已成为打开公共图书馆新服务大门的钥匙,近年来东中西部众多图书馆已广泛导入图书馆智慧大脑的智能屏管理,许多图书馆通过新馆新开或老馆新开,使图书馆服务数据呈现出一体化、公开化、数据化、网络化、即时化、可视化、互动化、场景化的智能计算特点;各类服务机器人得到了普遍应用,在入馆识别、参考问询、书刊消毒、书刊分拣、书刊查找、书刊运送、服务导览等方面,智能机器人正在发挥图书馆服务的重要作用。需要指出的是,图书馆服务导入人工智能的技术自觉在公共图书馆界既具有东部地区图书馆技术先发和领先的衍生优势,同时也具有技术导入区域全覆盖的普遍性,中西部地区的图书馆同样具有技术应用的敏感度和率先试水的主动性,这得益于当代信息技术发展带来的全空间扁平化的发展机遇。

以东部地区苏州第二图书馆新馆为例,该馆极具创意地打造的国内首个大型智能化立体书库,可以看作是人工智能与图书馆更新的全新模式,也是该馆最具创意的亮点与特色。这一智能化立体书库可容纳近700万册藏书,建有书刊自动存取、分拣传输系统的全智能化管理,每天智能处理图书可以万计;它将智能书架与搬运机器人融为一体,实现了便捷的读者借阅和图书调配功能并能满足总分馆体系运转需求,在书书相联和书人相联的智能化进程中带动了大规模的图书馆物联网业务,在全球的都市图书馆书刊典藏存取与分拣传输的智能化领域,已经跻身第一方阵。[1] 人工智能带给图书馆的更新,同时推动了服务力的跃升,苏州第二图书馆开馆以来的最高日接待读者量已高达4.2万人次。[2]

以西部地区的新疆维吾尔自治区图书馆为例,该馆积极把握人工智能与图书馆更新的发展机遇,结合本地本馆特点,以智能化为核心,从文献资源保障、服务效能提升、管理体系构架方面进行了总体规划和部署,致力于为读者提供全新的阅读体验和科技感受。如通过馆内的智能自助设备,读者可享受自

---

[1] 苏州图书馆.苏州第二图书馆成功入选第18届苏州十大民心工程[EB/OL].[2020-03-21].http://www.szlib.com/SzlibInfo/Content?articleId=4614.
[2] 王伟健.一个来了还想再来的图书馆[N].人民日报,2020-01-07(11).

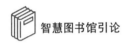

助办证、刷脸借阅、电子图书借阅、智能书法练习等智能化借阅和学习体验。《中国日报》曾以"智能化设备助力新疆图书馆正式开放"为题对此进行了报道。①

环顾中国各地区各层级的公共图书馆,"人工智能+新服务"的创新模式正在成为普遍的服务新形态,充分彰显了公共图书馆以读者为本、服务社会的文化使命,充分体现出公共图书馆人在迎接数字蝶变进程的文化自觉,既尽力而为又量力而行,每一家图书馆都可以有自己人工智能服务的独特主张和策划。

二、发展人工智能服务的升级版

(一)发展人工智能服务升级版是题中应有之义

我国公共图书馆正处在文化大发展、大转变与大繁荣的发展期,正处于更新优化数据智能一体化服务结构流程的攻关期,正处于迈向更高质量发展并逐步实现治理体系和治理能力现代化的转型期,各类体制性、技术性、制度性、专业性、社会性问题相互交织叠加,需要通过发展人工智能服务的升级版来破解发展瓶颈并实现纲举目张的高质量发展。这里讨论的人工智能服务的升级版,就是要在人工智能与图书馆更新初步试水的基础上,进一步谋划传统服务如何全面提升能级、新技术服务如何试点培育、创新模式和形态如何着力打造、具有智能技术的图书馆员如何抓紧培养等,从而不断形成读者服务的新增长点、新支撑点、新活跃点和新爆发点。

(二)构建全程智能服务链

何谓"全程智能"?概括地说,就是将智能元素渗透融入图书馆的方方面面,实现图书馆服务的全面赋能并提升整体服务能级,②以构建起图书馆全程智能的新形态。在全程智能的新型信息基础设施上,图书馆将实现全域服务中的物理空间、社会空间和网络空间中图书馆全资源要素、全业务链环、全空间

---

① 张林霞.智能化设备助力新疆图书馆正式开放[EB/OL].(2019-09-20)[2020-03-22].https://baijiahao.baidu.com/s?id=1645157240368428537&wfr=spider&for=pc.
② 王世伟.论面向未来的公共图书馆包容性发展[J].中国图书馆学报,2020(2):008.

数据的全面互联互通。这样的全程智能服务链将极大地提高公共图书馆供给侧释放出的服务数量、质量、种类与服务响应的敏捷度，并可即时为图书馆供给侧与需求侧的有效精准对接提供信息对称的通道。

在推进图书馆全程智能的进程中，既要统筹谋划全链条智能的齐头并进和左右协调，也要勇于在某一链环、某一空间、某一场景上的重点突破和以点带面，通过深化更新中形成的新的不平衡达到更高质量基础上的新的平衡。在全程智能建设中，加强大数据云平台基础建设是重中之重。应积极并持续地导入各类先进的人工智能技术，将其与图书馆服务与管理的实践应用紧密结合，进一步发展并完善国家图书馆和省市地县（区）图书馆的读者服务大数据中心和服务监测信息网络，加强对注册读者、文献典藏、书刊借阅、移动阅读、讲座展览、阅读推广、总分馆网络、安全保障、绿色发展等信息的统计监测；应建立读者服务创新信息报送的统筹协调和信息共享机制，加大信息数据集成力度，提高图书馆综合研判和宏观决策水平。通过人工智能与图书馆的持续更新，使原有的图书馆数字服务平台能级不断提升，使无所不达的书书连接、无所不在的人人计算、无所不及的物物智能成为可能，形成一个全新的感知型图书馆，使全程智能的新理念与新实践发挥出全局意义上的图书馆服务和管理的统筹协调机制、开放共享机制、内外互动机制、完善更新机制和安全保障机制。在国家图书馆的统筹协调下，省市公共图书馆作为承上启下的服务枢纽，在全程智能构建中，既要担当省域的门户馆，又要成为迈向连接全域空间的枢纽馆；既要连接和辐射并配置全国乃至全球的服务资源，又要指导并服务省域分馆和众多服务节点，应成为人工智能与图书馆更新的中坚力量。有条件的地县（区）图书馆同样可以各赋其智能，成为人工智能与图书馆更新的排头兵和领头羊。

（三）人工智能助力图书馆服务提质扩容

人工智能为读者和馆员提供了图书馆的全新打开方式，为图书馆服务带来了全面提质扩容的新机遇，但需要我们脚踏实地地提高图书馆智能管理水平，真刀真枪地解决服务中的实际问题。

1. 构建基于人工智能的图书馆互联网

20多年来的数字图书馆以及智慧图书馆建设已为公共图书馆打下了数字化和网络化的服务基础。在深化人工智能与图书馆更新的进程中，需要推动各公共图书馆升级改造自身的内网，将原来相对内部的数字图书馆互联网服务上升至人工智能的图书馆互联网开放平台服务，逐步形成深度智能化的大数据中心和一体化平台，以开放的胸怀共建数据价值联盟，汇聚整合图书馆服务的多样化、多层次的大数据资源，提高图书馆多样化数据采集技术、数据价值挖掘技术、数据标识解析技术等的水平和数据资源管理能力，通过人工智能为书找人和为人找书；让基于人工智能的图书馆互联网深入各阅览区、各服务设施、各服务流程，将所有服务资源联为一体，形成更高质量的局域网络；推动在一体化平台基础上总分馆和各服务点人工智能新技术的支撑能力，培育和构建覆盖全域空间的智能创新和应用的服务生态体系；通过大数据、云计算、人工智能、物联网、移动互联网、区块链、5G等技术的全面融合，实现图书馆全资源链和服务链的优化组合和高效应用，重构图书馆服务格局，使传统的图书馆互联网服务从主体驱动型、资源单体型、网络主导型、批量规模型向需求引导型、资源整合型、人机互动型、个性定制型转变，最终构成从文献数据采集加工、文献典藏存取、读者服务管理、服务资源互联互通的运维优化的闭环，将智能要素全面融入图书馆肌体的主动脉和全身的毛细血管，实现人工智能与图书馆更新的升级版。这样的图书馆互联网服务，是新一代信息技术与图书馆服务深度融合所形成的集成应用，是实现人工智能助力图书馆服务提质扩容的综合信息的基础设施。

2. 云端服务应成为图书馆服务新常态

图书馆服务正在逐步进入"无所不云"的新形态，这是深化人工智能与图书馆更新提出的服务新命题。图书馆由线下服务向线上服务转型的趋势愈益明显，云端的梦想服务空间正在成为现实场景。如果说以往的图书馆"云服务"是偶尔为之并作为图书馆服务的补充的话，那么在深化人工智能与图书馆更新的进程中，"云服务"将成为图书馆服务的新标配和新常态。

云端服务通过移动互联网，使移动终端成为服务主干道和重要载体，通过读者手边的服务微创新撬动着公共图书馆阅读推广的大服务。"云服务"中的直播正在成为信息技术催生的社会新形态的重要呈现形式。据淘宝新近公布的统计数据显示：2020年2月该平台新开直播的商家数环比增长719%，每天有约3万新的直播商家入驻，直播商家的订单总量平均每周以20%的速度增长。①

---

① 李嘉宝. "直播经济"加速向我们走来［EB/OL］.（2020-03-16）［2020-03-16］.http://paper.people.com.cn/rmrbhwb/html/2020-03/16/content_1976450.htm.

图书馆通过"云展览""云讲座""云音乐会"等方式进行直播，有助于积累读者对图书馆服务的黏性。传统讲座和展览的直播试水，并非特殊时期的权宜之计，应视为迈向深化人工智能与图书馆更新的重要一步。如同21世纪第一个10年前期图书馆的讲座展览曾经从边缘业务走向核心业务一样，当下图书馆的云端服务也将从附加业务走向核心业务。因此，图书馆应当更有远见地定位云端服务，努力加强云端服务的策划与研发，让"云服务"行稳致远。图书馆的各类服务活动的开幕式、协作共享的签约仪式、主题服务的发布会等，也可以因时制宜、因地制宜采用云模式，既打破时空束缚，也节约了场地、布置以及人力成本，还给人以别样的精彩，何乐而不为？如2020年3至4月由山东省图书馆等举办的以"阅读·与爱同行"为主题的第15届山东省读书朗诵大赛活动就在"山东公共文化云"线上平台举行。[1]此外，在云端智能服务中，也应同时谋划让"盲道"也能成为智能互联网的标配，使残疾读者群体同样能一起享受人工智能与图书馆更新所带来的文化获得感。

（四）人工智能赋予图书馆员超能力

人工智能与图书馆更新正在使成千上万的图书馆员与人工智能技术共生成长，使他们成为利用新一代信息技术为图书馆转型升级赋能的创造者，成为具有想象力、研判力、洞察力的人脑智慧与具有学习力、计算力、记忆力的机器智能相融合的图书馆新型驱动力群体。

1. 人工智能对图书馆员职业能力的挑战是前所未有的

从目前人工智能技术的发展观察，人工智能不仅能够取代一些重复性（如简单的常规咨询问答）、繁重性（如运送传递书刊文献）、危险性（如文献消毒和书库存取）、劳累性（如24小时安全巡视）等体力劳动和低层次的工作，而且借助于大数据和机器学习的进步，人工智能还将取代原来图书馆中较为复杂的岗位和智力劳动，如图书馆服务中的各类统计数据的复杂计量，现在已由智能大屏实时呈现；对读者某一时段和时期的阅读状况、阅读趋势、各读者群的阅读特点和偏好等的分析，人工智能往往能比以往图书馆员做出更好的计算效果。因此，人工智能不仅已经并将取代一些简单的图书馆岗位，还将使图

---

[1] 山东省文化和旅游厅.关于组织举办第十五届全省读书朗诵大赛的通知［EB/OL］.（2020-03-10）［2020-03-11］.http://whhly.shandong.gov.cn/art/2020/3/10/art_100579_8901540.html?from=timeline.

馆中的一些复杂岗位发生变化。对于这样越来越紧迫的挑战，现在的图书馆员和未来的图书馆员不应过分担忧，而应积极地面对，在踏准人工智能快速发展的节拍的同时，顺应人工智能对图书馆服务的倒逼态势，使自己更为灵巧流利地与机器智能对话，将人工智能技术赋能于自身，将智能化的挑战作为发展自我的机遇。

2. 形成图书馆员的超能力

要从全程智能的定位和维度培训图书馆员并赋予其超能力。不少图书馆服务和管理岗位是人工智能难以替代的，因为图书馆各类数据与不同载体资源背后的原理、图书馆服务的创新想象能力等问题必须依靠图书馆员的人脑来分析解答。如图书馆阅读推广服务的策划馆员、图书馆各项业务的研究馆员（如古籍整理研究等）、文旅融合的创意馆员、图书馆高层次的经营管理人才、图书馆数据开发和保护的专业馆员、图书馆人工智能专家和机器人工程师、图书馆业务更新再造系统操作和运维馆员、图书馆新服务培训师等，这些难以替代的人才智慧与不断增强的机器智能的结合，加上图书馆员更加注重对未来能力中的批判性思维、解决问题的能力、推理能力、协调能力、科技能力的培养，必将形成图书馆员的超能力。借助于图书馆员的这种超能力，通过公共图书馆云端和线上的连接，也将在一定程度上克服全国公共图书馆服务人才资源的地区不平衡和高端人才稀缺的难题。

3. 积极应对岗位的新变化

面对人工智能的挑战，许多图书馆的岗位将发生变化，对人工智能等数据素养的需求正在大幅度增长，成为图书馆人才资源建设的重要命题。未来的图书馆人才培养应该与人工智能相关的各类颠覆性技术发展紧密结合，同时要积极创新对交叉人才的培养，提高图书馆员的岗位综合能力，学习并掌握工智能服务和管理的新技能。岗位的新变化带来的新问题可谓层出不穷：如何从一个服务主题内容的创新入手，找到智能技术的表达方式，然后在全域服务中走向广大读者？如何对各类载体的服务资源按需分类并进行服务标注？如何通过智能技术生成文本摘要并以直播方式为读者介绍并推荐新书？如何让传统的音像文献通过智能技术转换成高清文献？如何通过"云参考"进行读者咨询难题的远程会诊应答，帮助读者利用即将落地的5G技术实时连接专业参考咨询馆员？如何为读者提供办理云读者证并方便读者智能式入馆？如何通过智能工具在手机、平板电脑、笔记本电脑、游戏机等多媒体载体中进行服务资源和服务互动的自由传递和自由切换？如何运用智能技术，设计出为读者服务的各类不同深度的沉浸式智能体验运动和游戏，如智能跳绳、智能骑行、智能划船、智能动感单车、智能魔方、智能赛车、智能玩具积木等？如何通过智能连接方式将智能语音和智能图像推送到读者身边？如何在云平台上进行全景虚拟导读导览并进行360度全景和720度无死角的阅读新体验？如何在升级后的图书馆互联网平台担任出镜阅读推广的"主播"、网络录播和直播展览的讲解员？如何成为线上远程读者教育的培训师？如何通过可视化呈现成为网上文创产品的宣传推广员？如何策划适应宅在家中的广大读者的阅读内容的新组合并满足读者点播需求？如何通过技术合作针对各地方言发音及语义特点来调整机器智能的算法与模型？如何将真人图书馆从线下移至云端？如何在视频大行其道的5G时代策划并制作更多的可视化服务产品以顺应读者认知方式的转变？如何在图书馆传统著作权保护的基础上注重对人工智能作品著作权的保护？如此等等。这些岗位的变化，都会不同程度地应用到各类智能技术，而这正是深化人工智能与图书馆更新在人才资源方面带来的新问题。

(五)人工智能赋能图书馆文化治理现代化

公共图书馆服务的转型升级需要逐步推进文化治理体系和治理能力的现代化，而人工智能为我们在这一进程中进行"腾笼换鸟"提供了新神器，为我们在数据、算力、算法、场景、融合等诸要素中提升服务能级赋予了独特的技术力量。

1. 以智谋治

图书馆公共文化云的深度智能化再加上即将落地的5G赋能，将使图书馆的智慧大脑更加强大和更加敏捷。图书馆智慧大脑每时每刻都在生成海量数据，如何实现数据与知识的结合、高效分析并运用好这些数据，是评价并体现图书馆文化治理能力的一个重要标志。应善于将纷繁复杂的各类数据进行有序梳理，将各类新颖数据与历史数据和常规数据进行组合，通过分析计算从中发现服务中的内在趋势和规律，为图书馆服务决策提供数据支撑。公共文化云正体现出与以往数字图书馆不一般的超凡能力和神奇表现。以城乡图书馆的总分馆为例，需要对区域内的总分馆的服务数据进行立体网格化的计算、处理与呈现，将许多不可见的问题予以可视化并且做到智能预测。这种智能化的可视网络和一体化的解决方案，改变了以往传统图书馆依靠手工统计记录与数据汇总

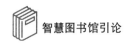

滞后的现象，及时高效地提供了公共图书馆服务的各类数据及据以进行精细化的预测、预警和预报。人工智能也将为图书馆的管理与服务带来诸多新思路：如公共图书馆可以在春节假期、图书馆宣传服务周、暑期、国庆长假等时间段策划不同主题的人工智能服务季；智能玻璃技术的发展为图书馆建筑带来了福音，将有望解决个别图书馆玻璃幕墙下为避光而撑伞看书的读者的痛点；人工智能带来的无人服务，也为未来的图书馆读者餐厅和咖啡吧带来了新思路，通过机器人可以为读者提供自助型的做餐、配餐、取餐以及咖啡服务；运用人工智能的智能网络，也将为图书馆优质服务资源在区域与城乡的深度均等化和公平化方面按下"快进键"。

2. 以智促治

在人工智能与图书馆更新的进程中，应逐步实现公共图书馆的数据治理。中国公共图书馆无论是单个公共图书馆还是区域总分馆，目前都还不同程度地存在"信息孤岛"和"数据烟囱"的短板和弱项。以单个馆而言，办公室、业务处、数据中心、各业务部门，对于同一服务的统计数据和口径往往各自为政且互有参差，需要通过人工智能促进图书馆多表合一的数据统计的一体化智能管理。从全国公共图书馆整体观察，还尚未形成真正意义上的智能互联的图书馆互联网大数据的管理、服务和安全体系，成千上万的图书馆互联网节点数据资源存在孤立、分散、封闭和标准规范不一等问题，海量的服务数据价值尚未能得到更有效和更高质量的应用。2019年10月18日，国家图书馆与华为公司全面合作签约仪式在国家图书馆举行，"国家图书馆华为联合创新实验室"同时挂牌成立，旨在为整个图书馆以及公共文化行业的信息化、数字化、智能化、智慧化发展摸索和建立起一套更为完善、更为科学、更为严格的标准体系，为整个公共文化行业树立一个智慧化的典范。①这一创意举措体现了国家图书馆在人工智能重塑图书馆进程中的组织力量和治理能力，但这样的创新举措与人工智能发展的趋势与机遇相比较，还是太少了点。应通过以智促治，通过全国互联互通的图书馆互联网，连接国家、省市、地县（区）的服务体系端口，通过供给侧与需求侧的数据信息的云端互联的把握，实现全国范围内数以千计的公共图书馆与亿万读者之间的实时数据的快速精准对接；运用边缘计

---

① 王岩.国家图书馆与华为签署全面合作框架协议打造智慧数字图书馆新业态［EB/OL］.（2019-10-19）［2019-10-23］.https://baijiahao.baidu.com/s?id=1647778370578439387&wfr=spider&for=pc.

算和并行计算,使每个图书馆和每个图书馆服务岗位都可以能动有效地提高服务主体与服务客体的互配效率,改变现阶段尚普遍存在的供求互配的较为粗放的局面。通过图书馆智能化的一体管理,实现线上与线下、馆内与馆外、读者与馆员、印刷与数字、大屏与小屏的同网互动和同频共振,形成图书馆高质量品牌服务矩阵的聚合效应。

3. 以智善治

近年来,全球一些学者先后撰写了有关数据决策的著作,如瑞典学者汉斯·罗斯林协同家人共同完成的《事实:用数据思考,避免情绪化决策》、①日本学者深泽真太郎撰写的《用数据说话:决策、说服、表达中的数字力》、②美国学者艾伯特-拉斯洛·巴拉巴西撰写的《爆发:大数据时代预见未来的新思维》等,③这些著作均阐述了基于人工智能技术的数据与决策之间的关系,也为图书馆以智善治提供了理论思考。在图书馆实现人工智能更新的进程中,将面临对服务数据治理和用服务数据治理的命题,即在图书馆建立一个以人脑智慧统筹的用数据说话、用数据决策、用数据管理、用数据创新的管理机制。要在构建并完善图书馆数据中心中科学区分核心数据、普通数据与共享数据;要通过图书馆数据大脑的精准感知的深度分析,努力实现未来图书馆服务创新的精准化,包括读者的精准调研、个性化服务的精准设计、未来读者新需要的精准预测、服务资源优劣的精准研判、服务发展趋势的精准决策等;要深耕细分不同场景,及时提炼总结人工智能与图书馆更新的经验并形成服务规范和标准;要利用平台化、网络化的技术手段推动解决方案的模块化,形成可复制、可推广、可持续的新模式,适时推广具有示范效益和成熟的解决方案;要将公共图书馆以往的事后服务数据追溯转变成事前服务数据管控和事中服务数据跟踪。

区块链技术以其分散、可靠和安全的特点,正在进入拓展应用阶段,这将为我们带来更多图书馆服务与管理的智能应用和合作场景。在有条件的图书馆,可通过区块链技术更新图书馆的服务与管理。例如,逐步推行图书馆区块

---

① (瑞典)汉斯·罗斯林,[瑞典]欧拉·罗斯林,[瑞典]安娜·罗斯林·罗朗德.事实:用数据思考,避免情绪化决策[M].张征,译.上海:文汇出版社,2019.
② (日)深泽真太郎.用数据说话:决策、说服、表达中的数字力[M].张培鑫,译.北京:人民邮电出版社,2019.
③ (美)艾伯特-拉斯洛·巴拉巴西.爆发:大数据时代预见未来的新思维[M].北京:北京联合出版有限公司,2017.

链技术中的共识加密算法，打造更加符合未来公共图书馆要求的自主可控区块链平台，促进更多可信智能应用的落地，铺就图书馆数字化的可信基石，并据以提升各层级图书馆和区域总分馆的多中心管理服务协作效率；积极对共识机制、智能合约、分布式存储、数字签名、文献的防伪盗版溯源、服务项目与产品的全生命周期管理等相对成熟技术予以导入；推进数据确权、可信交互、合规变现，推动海量数据共享有序流通和智能版权管理；加强图书馆互联网数据收集储存安全、平台数据处理应用和传播安全，在数据价值的有效释放上下功夫，并据以破解多年来在借阅中读者与馆员之间就是否借阅或是否逾期等服务纠纷的难题，克服图书馆管理和服务中造假和侵权的痛点，据以建立读者社会信用体系和个人信息安全梯度的保护制度。此外，更多的区块链应用以及规避区块链的服务速度、数据冗余、监管方式落后等短板，还需要我们脑洞大开的创新思路与实践探索。

三、抗击新冠肺炎疫情带给人工智能与图书馆更新的启示

（一）抗击新冠肺炎疫情带来了图书馆服务新蓝海

据艾媒咨询公司2020年2月发布的远程办公报告数据显示，2020年春节期间，中国有超过3亿人远程办公，国内开展远程办公的企业已经超过1 800家。[①] 非常时期逼出了智能阅读推广的新思路和图书馆服务场域和服务重心的转移。在抗击疫情的日子里，云上直播、网上推送、线上借阅、隔空互动此起彼伏，使非接触服务成为新增长点，图书馆服务互联网和智能社交平台成为公共图书馆各类线上综合服务的新赛道。对整个公共图书馆界而言，图书馆服务在抗击新冠肺炎疫情期间可以说经历了一次文化风险治理能力的大考，全国各地各层级图书馆可谓各显神通，推出了一系列各具特色的线上服务资源、服务举措、服务通道，各类全新服务模式和内容纷至沓来；而远程办公、无人服务、智能检验，也点燃了图书馆服务热情。

（二）异地智能互联成为读者服务新路径

深化人工智能与图书馆更新为异地图书馆的协同互联开辟了新空间，为

---

① 李司坤.中国云和欧美云哪家更高［N］.环球时报，2020-03-21（4）.

图书馆服务的提质扩容打开了新通道。2020年2月,在抗击新冠肺炎疫情期间,沪鄂两地的公共图书馆富有创意地穿越千里空间构建起了"上图方舱数字图书馆",由上海图书馆在海量的数字资源中精心遴选有关资料,借鉴方舱医院的快速组装方式组成资源包,通过湖北省图书馆方舱数字文化之窗的"浦江伴读"频道,把上海图书馆优质资源送到武汉方舱医院的患者和医护人员的手中;其中的名家寄语资源包提供了90多位各界名家的手书寄语,微阅读资源包提供了1万多种名家电子书、2万小时的听书资料、3 500部阅读视频以及4 500多本英文原版书,"上图讲座"提供了在线讲座500多场,《全国报刊索引》晚清民国期刊全文库开放2万余种期刊、近1 000万篇文献和80余万幅图片;而湖北省图书馆针对疫情特别推出"方舱数字文化之窗",接入了8万册电子图书、42万个图书音频、8 000多个视频、10万首古诗词、1 000多册连环画、3万节专业课程等丰富的数字资源。①这一案例充分证明:以智能手机为载体通道的公共图书馆异地协同的跨时空服务,完全可以通过智能技术激活并整合跨时空的图书馆原有的服务资源。这一案例的启示是:图书馆服务提质扩容可以创造丰富的想象力和发展空间,使过去诸多不可能的服务成为可能。

(三)人工智能为特殊时期的图书馆服务融入智性与韧性

在抗击新冠肺炎疫情中,充分展现出人工智能与图书馆更新的智性与韧性,使公共安全紧急事件中的公共图书馆应对服务雏形初现。依托人工智能等技术,防疫期间的公共图书馆服务正在逐步形成"远程可上班、资源可组配、书刊可查询、网上可推送、云端可参与、文献能溯源、线上可互动、安全有监控"的图书馆智能化综合服务新模式和新形态。

在服务智性方面,图书馆员在成为海量知识散布的输出者的同时,正在更高层面思考与实践如何成为知识导航的引领者。在信息、疫情同时爆发的背景下,图书馆的传承文明和服务社会使命对人们提升终身学习和理解世界的能力至关重要。许多公共图书馆根据特殊时期读者服务的新需求进行创新的服务策划,推出了众多抗疫与公共卫生、抗疫与情报信息、抗疫与历史文化、抗疫与宅家学习、抗疫与核心价值等精彩纷呈的主题服务内容,并以读者喜闻乐见的

---

① 李婷.上图、鄂图联手为方舱医院送去文化资源[EB/OL].(2020-03-04)[2020-03-22].http://epaper.gmw.cn/zhdsb/html/2020-03/04/nw.D110000zhdsb_20200304_4-02.htm.

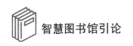

智能表现形式向读者予以传递推送。这些度时定制的服务主题体现了图书馆服务资源定位与组合的思路转换。

在服务韧性方面，战"疫"模式可谓多种多样："云服务"让图书馆物理空间闭馆而服务不停；"云直播"让馆员从"面对面"转为"屏对屏"；"云咨询"让读者宅在家中享受参考馆员的专家服务；"云推送"让图书馆服务资源超越现实物理空间；"云办公"通过网络平台和软件工具实现图书馆员多人多空间宅家协同工作。各类线上服务可谓丰富多彩，馆员与读者隔空互动，图书馆线上流量井喷，充分体现了公共图书馆在特殊时期的服务韧性，其中无接触图书馆读者服务的风生水起就是一个典型的案例。2020年3月，不同省域的公共图书馆开展了"我的战疫"阅读马拉松线上快闪赛，成千上万的读者共同战"疫"，参加阅读支招防控新型冠状病毒的答题，充分彰显了图书馆服务社会的文化价值。[①]防疫期间"云服务"与"宅阅读"的走红，也给图书馆服务资源的更新提出了新要求。如在线上资源大批上传中如何适时淘汰过量的陈旧、落后、重复的服务内容。2020年3月18日，喜马拉雅正式发起古籍唤醒计划，并联合新浪微博一同招募"古籍唤醒人"，征集解读古籍的音频作品，旨在扶持传统文化普及领域优秀创作者，打破传统文化与年轻一代的距离感，让书写在古籍中的文字焕发新活力。据喜马拉雅大数据显示，截至目前，喜马拉雅已上线古籍相关专辑42万个，播放量超过95亿，超过2.51亿人次收听过古籍类节目。[②]这样的基于人工智能的服务新思路、新内容和新效能，对于图书馆服务创新不无启示。面临公共安全突发事件的不可预测性，公共图书馆应及时谋划促进人工智能在线服务发展的行动预案，进一步体现图书馆服务在面对突发事件时的自信与从容。

（四）呼唤读者服务与时俱进

新冠肺炎疫情发生后，智能技术发挥了线上信息聚合和云端数据共享的技术优势，并促进了服务资源调配流转以及支撑恢复开放的独特功能，也呼唤读者服务的与时俱进。如在读者可以随时上线下线、可以即时开关直播屏的环境下，图书馆的直播服务内容应更加形象、提纯、幽默、生动，服务的节奏也应

---

① 郑海鸥.武汉图书馆播撒书香助抗疫（服务不打烊）[EB/OL].（2020-03-16）[2020-03-16]. http://paper.people.com.cn/rmrbhwb/html/2020-03/16/content_1976466.htm.
② 张诗欢，许素菲.喜马拉雅发起古籍唤醒计划[N].浦东时报，2020-03-20（03）.

短小、互应、明晰、可互动，以形成视觉和听觉相结合的冲击力，消除读者与馆员之间的隔空距离感；展览直播中应克服虚空冗长和枯燥呆板的讲解，避免将现场讲解录像化的简单操作，遵循互动、反馈和可视化的线上服务特点，实现在线读者服务的与时俱进；针对不同的读者群，应开发分别适应成人和少年儿童的直播展览欣赏；在服务全链条中，应在原来服务的基础上开足并加大"码"力——在社会空间的服务中进一步加大"二维码"，在图书馆展览中进一步深化"二维码"，在入馆验证和各项预约服务中开足"随身码"，在公共卫生紧急事件中开足"健康码"和"绿码"，还可以开发网上图书馆志愿服务的"志愿码"，倡导图书馆现场志愿服务和网上志愿服务相结合。

读者服务的与时俱进还需要研究线上读者服务的一般规律，克服供需服务的错位。如图书馆服务资源如何设计与呈现，各类读者服务资源在图书馆的供给侧端如何实现差异化的调剂并按读者个性化需求进行灵活组合；在线上读者服务领域，应树立内容为王的理念，没有新颖、专业、适需的服务资源，线上服务的智能化技术就难以避免陷于"弱智化"，如果不能激发起读者的强烈点击兴趣，读者黏性也将成为一句空话；面对无人服务的兴起也应具体分析，不能一哄而上，无人服务的后台有运维人员、编程人员、补料人员等，应充分考虑运维成本和读者的体验；如何将防疫期间积累的网上临时读者转化并培养成长期服务对象；如何在更大范围的全社会的线上文化竞争合作中体现公共图书馆特色服务等，以上这些都是人工智能与图书馆更新中读者服务与时俱进需要思考的问题。

四、结语

在百年未有之大变局中，经济、政治、社会、环境、军事、外交等领域的不可预测和难以预测已成为常态，但有一点是确定无疑的，那就是包括人工智能在内的新一轮科技革命和产业变革正在重塑与更新整个中国和整个世界。因此，中国图书馆人需要顺应人工智能的"头雁效应"，让公共图书馆在散布知识、散布生命中插上人工智能的翅膀，在人工智能与图书馆更新的攀登中不断越过新的高峰，在图书馆百舸争流和千帆竞渡中奋楫勇进、敢为人先，开创出技术自觉和文化自信的服务全新局面。

（完成于2020年4月4日）

图书馆应当弘扬智慧工匠精神

"工匠精神"自2016年上半年以来成为一个热词，这是2016年3月李克强总理在《政府工作报告》中首次提及的。《政府工作报告》指出："鼓励企业开展个性化定制、柔性化生产，培育精益求精的工匠精神，增品种、提品质、创品牌。"① 2016年4月26日，习近平总书记在安徽合肥主持召开知识分子、劳动模范、青年代表座谈会时提出了"弘扬工匠精神"的要求，总书记指出："人类是劳动创造的，社会是劳动创造的。劳动没有高低贵贱之分，任何一份职业都很光荣。广大劳动群众要立足本职岗位诚实劳动。无论从事什么劳动，都要干一行、爱一行、钻一行。在工厂车间，就要弘扬'工匠精神'，精心打磨每一个零部件，生产优质的产品。在田间地头，就要精心耕作，努力赢得丰收。在商场店铺，就要笑迎天下客，童叟无欺，提供优质的服务。只要踏实劳动、勤勉劳动，在平凡岗位上也能干出不平凡的业绩。"② 笔者认为，当大数据、云计算、移动互联网、人工智能、虚拟现实等新一代信息技术层出不穷地出现在我们面前，并改变着我们的工作方式和生活方式以及管理与服务格局之时，图书馆应当与时俱进地弘扬"智慧工匠"精神，以新理念加强图书馆员队伍建设，主动顺应社会信息化的深入持续发展，不断满足广大读者用户更加个性化、精准化和便捷化的服务需求。

---

① 李克强.政府工作报告——2016年3月5日在第十二届全国人民代表大会第四次会议上［EB/OL］.（2017-01-20）［2017-01-20］.http://news.xinhuanet.com/fortune/2016-03/05/c_128775704.htm2.
② 习近平.在知识分子、劳动模范、青年代表座谈会上的讲话［EB/OL］.（2016-04-30）［2017-01-19］.http://news.xinhuanet.com/politics/2016-04/30/c_1118776008.htm.

一、什么是智慧工匠精神

（一）何谓工匠

所谓工匠，主要可以从专精和创新两个方面进行解读：首先，工匠是专注于某一领域、针对这一领域的产品研发或加工过程全身心投入，精益求精、一丝不苟地完成整个工序的每一个环节并世代相传的劳动者；其次，工匠是既能利用现有技术做到心手合一、出神入化，又能创造解决问题的办法、不断追求更加完美更高境界的产品和服务、从而形成生生不息的源泉的劳动者。《周礼·冬官·考工记》总序曰："知者创物，巧者述之，守之世，谓之工。"意思是讲，智慧的人创造器物，心灵手巧的人循其法式，守此职业世代相传，称为工。[1]这里以概括的语言为人们解读了工匠的寓意内涵。

（二）工匠的字源追溯

我们还可以从中国汉字的造字源流对"工匠"作进一步解读。东汉许慎的《说文解字》卷五《工部》记载："工，巧饰也。象人有规矩也。"唐代徐锴进一步解释道："为巧必遵规矩、法度，然后为工。"[2]《说文解字》卷十二《匚（fang）部》记载："匠，木工也。从匚从斤。斤，所以作器也。"[3]清代学者段玉裁在《说文解字注》中进一步解释道："工者，巧饰也。百工皆称工、称匠。独举木工者，其字从匠也。以木工之称引伸为凡工之称也。"[4]可见，匠人重在心灵手巧与规矩法度。在某种程度上，"巧"是工匠的代名词，能称之为工匠的人就是一个心灵手巧的人。人们多用"巧夺天工""能工巧匠""鬼斧神工""巧同造化"等词语来表达对工匠的赞美称誉。今天的"匠"字，已从古代木工的本义演变为心思巧妙、技术精湛、造诣高深的代名词，指有一定工艺专长的匠人。

《庄子·养生主》中记载的"庖丁解牛"的故事，生动地描述了古代工匠

---

[1] 杨天宇.周礼译注[M].上海：上海古籍出版社，2004：600.
[2] （汉）许慎.说文解字[M].北京：中华书局影印，1963：100.
[3] （汉）许慎.说文解字[M].北京：中华书局影印，1963：268.
[4] （清）段玉裁.说文解字注[M].上海：上海古籍出版社，1981：635.

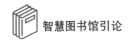

庖丁的技艺:"庖丁为文惠君解牛,手之所触,肩之所倚,足之所履,膝之所踦,砉然响然,奏刀騞然,莫不中音。合于桑林之舞,乃中经首之会。"庖丁之刀用之19年,所解数千牛。当庖丁刚开始解牛之时,"所见无非牛者。三年之后,未尝见全牛也"。19年之后,庖丁达到了"以神遇而不以目视、官知止而神欲行"的境界,达到了"依乎天理,批大郤,导大窾,因其固然"的高超技艺。尽管如此,庖丁依然不敢有丝毫懈怠,"每至于族,见其难为,怵然为戒,视为止,行为迟。动刀甚微,謋然已解,如土委地。提刀而立,为之四顾,为之踌躇满志,善刀而藏之"。①这是多么令人敬佩的工匠技艺和精神!中华文明的发展与繁荣也集中体现在能工巧匠创作的各种各样精致细腻的物品之中,闻名中外的中国古代青铜器皿、丝绸茶叶、刺绣陶瓷、漆器雕版等,都从不同侧面为人们展示了古代内化而成的工匠精神。

(三)何谓智慧工匠

如果说,"庖丁解牛"生动形象地诠释了古代的工匠精神的话,那么在社会信息化深入持续推进的今天,我们应当在所提倡的工匠精神前面加上"智慧"两字。如瑞士的钟表、德国的锅具、日本的拉面……这些都体现了代代传承、精雕细刻的专精的匠人精神。随着时代的发展和社会的进步,匠人精神需要注入新的内涵,这就是"智慧"理念和"智慧"技术。

"智慧工匠"精神是一个兼具历史刻度与现实温度的新名词。所谓智慧工匠,简言之就是在传统工匠专精世传的基础上掌握新一代智慧理念与技术的工匠,这种精神将穿越传统与现实,其匠心应体现出"劳动光荣"与"创造伟大"相结合、"爱岗敬业"与"互联网+"相结合、"辛勤劳动"与"数字智能"相结合的时代特点。就是说,要把"互联网+"精神中的自由、开放、创新,与传统工匠精神中的严谨、钻研和专注紧密结合起来。智慧工匠,就是要秉持三百六十行、行行出状元的理念,专精于工作岗位,肯学肯干肯钻研;同时不断学习并掌握新一代信息技术,践行创新的新发展理念,在劳动中不断发现广阔的天地,在服务中不断提升质量,在传统图书馆服务和管理的基础上,面向智慧图书馆的未来发展,努力在文献采访、文献编目、文献修复、参考咨询、讲座展览、阅读推广、在线服务、服务体系、后勤保安等工作中融入

---

① (清)王先谦.庄子集解[M].西安:三秦出版社,2005:45.

数字化、网络化、智能化、泛在化、可视化等新技术，创新服务新动能，提升服务新品质。

二、为什么要在图书馆弘扬智慧工匠精神

图书馆之所以需要弘扬智慧工匠精神，主要有以下3个方面的原因。

（一）弘扬智慧工匠精神是迈向新一代智慧图书馆的需要

20世纪90年代中期发端的中国数字图书馆经过20年的发展，现正迈向新一代的智慧图书馆。当代社会发展的一大特点就是社会信息化持续深入的推进和发展，因此，图书馆的新一轮创新发展必须与社会信息化同步规划、同步发展，与新一代信息技术环境下图书馆业务流程重组升级、技术更新换代需求更加契合，以顺应新技术革命的发展潮流，适应智慧图书馆对图书馆结构调整的需要，不断满足广大读者用户的新需求，创造和提供优质的图书馆管理和服务。这就需要在各级各类图书馆中培养一大批具有智慧工匠精神的图书馆员。

在可以预见的未来，人工智能将在包括图书馆在内的生产和服务领域被广泛应用。如何帮助更多的图书馆员迎接、适应人工智能时代，这需要我们用智慧工匠的理念和措施予以应对，发挥人工智能给图书馆可能带来的发展红利，防范和化解其对图书馆人力资源建设带来的负面影响，这正是智慧工匠赋予我们应该具备的思想准备和行动计划。

社会信息化的深入发展和持续推进是动态的，这需要我们在弘扬智慧工匠精神中以不息为体，以日新为要。据2017年1月22日中国互联网络信息中心（CNNIC）在京发布的第39次《中国互联网络发展状况统计报告》数据显示，截至2016年12月，中国网民规模达7.31亿，相当于欧洲人口总量，互联网普及率达到53.2%。[1] 中国互联网的飞速发展以及移动互联网带来并推动的消费模式共享化、设备智能化和场景多元化对图书馆在新形势下的创新升级不无启示。线下服务与线上服务深度融合正在图书馆普遍展开。2017年春节期间，中国国家图书馆开启了"同筑中国梦，共度书香年"春节系列活动，活动的一

---

[1] 中国互联网络信息中心.CNNIC发布第39次《中国互联网络发展状况统计报告》[EB/OL]. (2017-01-22) [2017-01-22]. http://www.cac.gov.cn/2017-01/22/c_1120362500.htm.

大特点就是通过线上线下的互动,将以楹联活动为主打的新春文化"大礼包"推送至全国各级图书馆和海外中国文化中心图书馆,为全国读者及海外华人奉上新春文化盛宴。①线下服务与线上服务的深度融合也在图书馆业界外展开。2017年1月13日,"中华经典古籍库"第四期暨个人专业版联合上线仪式在北京国际展览中心举行。该古籍库自2014年6月问世以来,前3期发布数据共5亿字。同时,应专业读者的要求,"中华经典古籍库"微信专业版发布,用户可在手机端和电脑端使用原书图像页码、引用自带格式等功能。"中华经典古籍库"微信公众号是目前唯一一款面向移动端开发的古籍数据库。②这种线下服务与线上服务的深度融合需要图书馆员弘扬智慧工匠精神来加以积极应对。

(二)弘扬智慧工匠精神是进一步提升图书馆服务质量的需要

提高图书馆的服务质量永远在路上。弘扬智慧工匠精神,其着眼点和着力点正是从图书馆最重要的人力资源建设切入,把改善图书馆供给侧结构作为主攻方向,从服务端入手,提高图书馆服务体系的质量和效率,扩大个性、有效、精准和便捷的服务,增强图书馆服务方对读者需求变化的适应性,推动我国图书馆服务朝着更高质量、更有效率、更加智能、更加个性的方向发展。

智慧工匠精神本质上强调的是一种爱岗敬业、精益求精、追求卓越的精神品质和价值导向。精业与敬业是智慧工匠精神的核心,精业与敬业体现着每位图书馆员对职业的敬畏、对工作的执着、对服务的负责。智慧工匠精神不仅需要倾力专注、精益求精,也需要转型升级、破旧立新;既不能有"假大空",也不能有粗心浮躁的作风。在图书馆的各个业务部门和服务流程中,我们需要克服浮躁松懈、马虎随意的工作作风,形成细致严谨、专注精准的业务氛围。在网络技术飞速发展的进程中,图书馆服务更需要强调环环相扣的服务细节,更需要秉持锲而不舍为读者排忧解难的服务精神,更需要融入方便快捷的服务技能,使智慧工匠精神成为图书馆服务品质和服务品牌的保证。

智慧工匠精神体现着对完美事物和高尚人格的不懈追求,体现出对至精、至善、至美的追求,在落实、落小和落细上下功夫。智慧工匠所体现出的图书馆职业操守和图书馆专业技能,是新形势下图书馆服务品质提升的重要标志。

---

① 周渊.国家图书馆启动春节系列活动[N].文汇报,2017-01-19(06).
② 刘新.经典古籍库推出微信个人专业版[N].人民日报(海外版),2017-01-20(07).

近年来中国图书馆年会所评选出的十大年度人物,均从图书馆的不同岗位展示了智慧工匠的素质和精神,这正是我们当下弘扬智慧工匠精神的现实楷模。

古希腊哲学家柏拉图在《理想国》中写道:"为了把大家的鞋子做好,我们不让鞋匠去当农夫,或织工、或瓦工。同样,我们选拔其他的人,按其天赋安排职业,弃其所短,用其所长,让他们集中毕生精力专搞一门,精益求精,不失时机。"①智慧工匠精神正是体现了柏拉图所讲的集中毕生精力专搞一门、对产品要有精益求精的追求,也体现了人力资源建设中用人所长的发展理念。

(三)弘扬智慧工匠精神是图书馆提升文化软实力的需要

文化软实力是一个国家综合实力最核心的、最高层的体现,这事关一个民族精气神的凝聚。在坚持道路自信、理论自信、制度自信和文化自信中,最根本的还是文化自信,这是更基础、更广泛、更深厚的自信。习近平总书记指出:"中华文化延续着我们国家和民族的精神血脉,既需要薪火相传、代代守护,也需要与时俱进、推陈出新。要加强对中华优秀传统文化的挖掘和阐发,使中华民族最基本的文化基因同当代中国文化相适应、同现代社会相协调,把跨越时空、超越国界、富有永恒魅力、具有当代价值的文化精神弘扬起来,激活其内在的强大生命力,让中华文化同各国人民创造的多彩文化一道,为人类提供正确精神指引。"②图书馆弘扬智慧工匠精神,正是注重提升图书馆文化软实力并在弘扬优秀传统文化中寻找精气神,从转型升级中寻找创新发展的新动能。

图书馆新一轮的创新发展,需要在人力资源的文化软实力上"补短板"。当下在图书馆的创新转型中,正面临由大变强的各种压力。在公共图书馆服务体系新一轮的创新进程中,不仅要提高图书馆的基础设施规模、各类新技术水平的融入等"硬实力"指标,也要传承和弘扬优秀中国传统文化,吸收借鉴国际先进经验,以智慧工匠精神提升我国图书馆服务与管理的软实力,推动我国匠人精神文化的传承与创新,将这些资源优势充分转化成为强大的图书馆服务力。工匠精神曾为中华民族的历史增添了光辉的篇章,其中也包括了中国图书

---

① (古希腊)柏拉图.理想国[M].北京:商务印书馆,1986:66.
② 习近平.在中国文联十大、中国作协九大开幕式上的讲话(2016年11月30日)人民日报[N]. 2016-12-01(02).

馆和文献的发展史。无论是工匠鲁班,还是造纸术的发明者,抑或是众多的宋元雕版刻工,他们都曾为人类文化的传承添砖加瓦。如今,智能时代的来临使基于互联互通的智能平台的智慧工匠成为未来图书馆服务的重要软实力。

智慧工匠精神也应体现在图书馆管理的文化软实力之中。2016年5月,习近平总书记在黑龙江考察调研时对领导干部弘扬工匠精神提出了具体要求,指出:"要倡导精细化的工作态度,掌握情况要细,分析问题要细,制定方案要细,配套措施要细,工作落实要细。领导干部对待工作也要有'工匠精神',善于在精细中出彩。"①智慧工匠精神要求图书馆管理者在管理工作中将智慧工匠精神融入图书馆管理的每一个细节之中,更加细致、更加个性、更加精准、更加智能。图书馆管理者对待工作有了智慧工匠精神,必然会少一些急功近利,多一些持重远虑;少一些表面文章,多一些脚踏实地;少一些短期行为,多一些专注持久,在图书馆的管理中融入"独具匠心"智慧头脑和十年磨剑的求实创新。

三、如何在图书馆弘扬智慧工匠精神

图书馆弘扬智慧工匠精神,需要着力在3个方面下功夫。

(一)注重践行敬业的社会主义核心价值观

社会主义核心价值观从个人层面提出了"爱国、敬业、诚信、友善"的要求,就图书馆服务和管理而言,敬业就是要弘扬智慧工匠精神,在图书馆的每一个岗位上持之以恒,有所担当,爱岗敬业。图书馆的许多服务日复一日、年复一年,需要图书馆员秉持"甘坐十年板凳"的精神,抓好服务的每一个细节,精益求精地对待每一个服务项目,精雕细琢每一个服务流程,以勤劳、创新、效率、质量的价值观引领服务的发展方向,提升服务的价值支撑,规范馆员的道德行为,凝聚图书馆服务群体的发展共识,把践行敬业的社会主义核心价值观建设真正落到实处。

智慧工匠精神所体现的敬业价值观的养成,必须有与之相适应的良好机制

---

① 黑龙江日报评论员.领导干部要有"工匠精神"——十七论深入学习贯彻习近平总书记重要讲话精神[N].黑龙江日报,2016-07-08(01).

和社会文化氛围。第一，要在图书馆内外崇尚劳动，尊重服务一线的图书馆员的劳动。第二，要在图书馆中崇尚技能，让古籍修复、智能网络、数据挖掘等技能人才有地位，积极采取各类激励举措，让他们有向上发展的通道并过上体面的生活。第三，要在图书馆中崇尚创新，有强烈的创新理念和意识，这种创新，包括理论创新、服务创新、技术创新、流程创新、形态创新等。第四，要在图书馆崇尚"甘坐十年板凳"的理念，高品质和高水准的信息技能和服务品牌，是要靠时间来精心打磨的，并非一朝一夕所能成功。

不仅如此，图书馆弘扬智慧工匠精神还应体现在世代传承的匠人情怀中。在传统的工匠生涯中，多数手工技艺皆由口传心授、手把手地指导；师徒朝夕相处、耳提面命，在传授技艺的过程中也传授了做人的道理，彰显了坚韧、耐心、专注、精益求精的工匠精神。

（二）注重谋划图书馆发展的三大转变

弘扬智慧工匠精神需要注重谋划图书馆发展的三大转变，即推动我国图书馆从数量增长型向质量提升型转变，从一般服务向品牌服务转变，从跟跑并跑型向跟跑并跑领跑型转变。实现以上三大转变需要一大批具备智慧工匠精神的图书馆员的辛勤耕耘，他们是实现文化全面小康和覆盖全社会的图书馆公共文化服务体系建设的真正筑梦人。

无论是图书馆的服务质量提升还是打造品牌服务或是实现在跟跑基础上的并跑乃至领跑，都需弘扬图书馆的智慧工匠精神。图书馆是与读者用户打交道的公共文化服务行业，必须讲求以人为本、服务先导，而服务的要义之一就在于细节，细节决定品质。要在图书馆服务中倡导温馨亲切的服务态度、一丝不苟的服务精神、物超所值的服务体验、严谨细致的服务作风，扎扎实实地把每一个服务元素做到极致，让每一位线下和线上的读者，在每一个细节上都能刻骨铭心地体会到图书馆人的智慧工匠精神。

自1994年在中国开始兴起的互联网正在以令人难以置信的速度和范围快速发展。中国数量众多的网民和日益完善的信息基础设施以及巨大的图书馆网络服务发展空间为图书馆的创新服务、品牌服务创造了全新的信息和社会环境，也为中国图书馆在全球图书馆界实现网络服务的领跑提供了可能。面对如此形势，这就需要图书馆中涌现出成千上万的智慧工匠，为实现具有中国特色的图书馆发展道路添砖加瓦，为中国图书馆跻身世界先进图书馆之林贡献智慧和才华。

（三）注重融入网络智能技术

在数据驱动、人工智能、网络空间成为图书馆和社会发展的最重要元素的环境下，弘扬智慧工匠精神就应与时俱进，注重融入网络智能技术。随着信息网络技术迅猛发展和移动智能终端广泛普及，移动互联网以其泛在、连接、智能、普惠等突出优势，有力推动了互联网和实体经济深度融合，已经成为创新发展新领域、公共服务新平台、信息分享新渠道。面对互联网技术、平台、应用、商业模式与移动通信技术的紧密结合，移动互联网新技术快速演进、新应用层出不穷、新业态蓬勃发展，网络空间的工具属性、媒体属性、社交属性日益凸显，越来越成为人们学习、工作、生活的新空间。2017年1月16日，中共中央办公厅、国务院办公厅公布了《关于促进移动互联网健康有序发展的意见》（以下简称《意见》），《意见》特别强调了"推进信息服务惠及全民"，指出："加快实施信息惠民工程，构建一体化在线服务平台，分级分类推进新型智慧城市建设，促进移动互联网与公共服务深度融合，重点推动基于移动互联网的交通、旅游、教育、医疗、就业、社保、养老、公安、司法等便民服务，依托移动互联网广泛覆盖和精准定位等优势加快向街道、社区、农村等延伸，促进基本公共服务均等化。"[1]《意见》中还对如何实施网络扶贫行动计划提出了要求。以大数据为例，这是一种本质上为自己赢得主动的思维方式和管理方式，大数据分析能提前发现不少图书馆服务中的堵点、痛点，从而为精准化、精细化服务奠定基础。在大数据技术迅猛发展的时代背景下，网上服务、流动服务、泛在服务、开放服务等新内容和新形态更加成熟，充分认识并开展基于网络智能技术的服务，是推进图书馆服务现代化的内在要求。移动互联网时代的图书馆员在保证服务质量的同时，应具有在网络环境下能快速服务且能独当一面的能力，即具备快速整合图书馆的各项服务功能，能从一个服务窗口切换至别一个服务窗口、从一个咨询问题联动至另一个咨询问题，保持多个活跃窗口操作，在图书馆工作的电脑上是如此，在图书馆员的头脑中也应如此。

---

① 新华社.中共中央办公厅、国务院办公厅印发《关于促进移动互联网健康有序发展的意见》.光明日报［N］.2017-01-16（03）.

自2014年以来，文化部认定并公布的18家重点实验室正是体现了在公共文化服务中注重融入网络智能技术的理念和实践。继2014年12月文化部认定公布第一批重点实验室之后，2017年1月，文化部又认定公布了第二批重点实验室，这是对文化与科技融合发展局面的生动注解。两批共18个重点实验室已涵盖文化艺术资源保护与开发、文化艺术生产和创作、文化装备设计与研发、文化科技基础性工作、传统工艺研究与利用、文化传播与服务等文化科技的各个领域，形成了文化与科技交相辉映、深度融合的新形态和新局面。[①]

注重融入网络智能技术，就要进一步扩大图书馆员终身学习的机会。如果说，以往的图书馆专业教育模式是在青年时代集中时间大量进行专业学习，然后通过图书馆的在职培训加以提升的话，那么随着新一代信息技术的发展，图书馆服务则需要新的不断升级的智慧技能，从而向图书馆业界呼唤需要形成图书馆终身教育的新模式。在信息技术更新迭代层出不穷的当下，每位图书馆员必须以智慧工匠的理念树立起终身学习的理念和机制，让以往人们观念中的学校教育成为人生学习的一个阶段，让图书馆员真正成为图书馆技术变革和服务创新的赢家。

大力弘扬智慧工匠精神，就是要在图书馆学专业教育和在职教育中办好具有中国特色、世界水平的现代图书馆专业教育，为全面建成文化小康社会提供充足的图书馆专业人才支撑。2015年4月，习近平总书记在庆祝"五一"国际劳动节暨表彰全国劳动模范和先进工作者大会上的讲话中指出："劳动是人类的本质活动，劳动光荣、创造伟大是对人类文明进步规律的重要诠释。……劳动者素质对一个国家、一个民族发展至关重要。劳动者的知识和才能积累越多，创造能力就越大。……要实施职工素质建设工程，推动建设宏大的知识型、技术型、创新型劳动者大军。"[②]我国图书馆事业要实现新的繁荣发展，就必须以智慧工匠精神培养人才、发现人才、珍惜人才、凝聚人才，要将智慧工匠精神列入图书馆大学教育、职业教育和在岗培训，更加注重智慧图书馆专业技术人才的培养，建立健全有利于智慧工匠精神养成的图书馆管理制度，营造

---

① 韩业庭.做文化与科技的"红娘"——第二批文化部重点实验室诞生记［N］.光明日报，2017-01-22（05）.
② 习近平.在庆祝五一国际劳动节暨表彰全国劳动模范和先进工作者大会上的讲话［N］.人民日报，2015-04-29（02）.

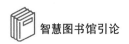智慧图书馆引论

滋养智慧工匠精神价值体系的良好环境。

当前,图书馆的新一轮创新发展,正呼唤成千上万的具有高水平的智慧型的能工巧匠的涌现;我们相信经过图书馆业界内外的共同奋斗,这样的发展愿景必将实现!

(完成于2017年1月27日)

图书馆全程智能发展的三重境界

一、问题的提出

"十四五"(2021—2025)以至2035远景规划期间,公共图书馆的服务与管理如何实现更高站位的创新发展,如何解决公共图书馆服务领域发展不平衡不充分仍然突出的现实矛盾,如何以高效能治理推动服务的高质量发展,如何实现公共图书馆文化服务体系全面覆盖背景下的全面包容性和深度均等化发展,如何在公共图书馆进一步推进文化治理体系和治理能力的现代化,如何在"十四五"期间开好局、起好步并进一步向2035远景目标迈进,"全程智能"无疑是一个重要的战略性创新理念和具有时代机遇性的实践切入点。"全程智能"就是将智能元素渗透融入图书馆的方方面面,实现图书馆服务的全面赋能并提升整体服务能级。[1]公共图书馆的"全程智能"已经并将继续成为公共图书馆效能提升的增长极和动力源,将发展形成图书馆服务创新高地和管理创新生态圈,推动以人工智能与图书馆更新重塑为牵引的图书馆持续高质量发展。

在未来5年的发展进程中,面对疫情常态化的发展背景,面对深度均等化的发展目标,面对万物互联化的发展机遇,公共图书馆必须具备动态创新发展的能力,谋划并实施"全程智能"逻辑内在相连、科学递进前行、踏准时代节拍、体现中国特色的三重发展境界,即:疫情常态化背景下的"全景智能"、深度均等化目标下的"全域智能"和万物智能化视域下的"全数智能",从而在数智时代逐步实现公共图书馆的整体智治,以适应我国进入高质量发展阶段的文化发展新要求。

---

[1] 王世伟.论面向未来的公共图书馆包容性发展[J].中国图书馆学报,2020(2):008.

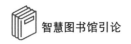

二、疫情常态化背景下的"全景智能"

（一）以"全景智能"应对疫情的常态化

在"十三五"收官之际，新型冠状病毒肺炎成为近百年来人类所遭遇的影响范围最广的全球性大流行病，①公共图书馆服务也受到了极大的影响。无论是从全球防疫形势的整体观察，还是从中国外防输入和内防反弹的发展现状分析，在未来"十四五"发展的进程中，新型冠状病毒与人类在一定时间内长期共存是大概率的发展态势。因此，在秉持底线思维、全局思维和辩证思维的前提下，公共图书馆界应当直面疫情所带来的严峻挑战，科学应变，化危为机，以"全景智能"应对疫情的常态化。所谓"全景智能"，就是让智能元素渗透融入图书馆服务与管理流程的各个场景，让人工智能为科学防疫和读者健康保驾护航，让人工智能赋能图书馆线上线下的无接触服务，让读者服务的各个场景实现数字化向智能化的跃升，在人工智能与图书馆更新重塑中持续推动智能化场景的不断落地，从而将"全景智能"作为推动疫情防控与读者服务的重要抓手。

（二）"上云用数赋智"的十大场景

在2020年已经过去的大半年中，中国公共图书馆人在应对疫情常态化的实践中进行了诸多积极有益的探索。在一个个公共图书馆防疫关闭之际，一个个更大的服务之窗在"全景智能"的启动中向读者和社会打开，整个公共图书馆服务形态正在被"全景智能"改变，智能技术正以新的方式改变并塑造公共图书馆。

各地公共图书馆通过"全景智能"构筑起全方位、立体化的图书馆疫情防控和读者服务体系，显著提高了应对突发公共卫生事件的敏捷性和精准度，有效促进了图书馆与社会之间的群防群治和联防联控，促进了闭馆和恢复开放中疫情研判的精准性，增强了图书馆服务主客体之间的互动和统筹协调的敏捷度。在"智能战疫"所开启的"全景智能"进程中，各类智能应用嵌入图书馆

---

① 中华人民共和国国务院新闻办公室.抗击新冠肺炎疫情的中国行动[EB/OL].（2020-06-08）[2020-06-08].http://paper.people.com.cn/rmrbhwb/html/2020-06/08/content_1990762.htm.

服务的各个流程与空间，创造出了丰富多样的读者服务新场景、新模式和新形态，无接触服务场景的不断涌现，推动了各类智能技术广泛而深入的应用实施。

各地公共图书馆的"上云用数赋智"行动至少已形成了以下十大场景：一是智码检疫，二是网络预约，三是线上咨询，四是云端讲座，五是网上展览，六是远程共享，七是直播带书，八是视频会议，九是智能消毒，十是频端推送。这些"全景智能"，共同形成了公共图书馆服务的新风口，把原本看似种种的不可能变成了层出不穷的现实可能。人工智能如同一座神奇的"桥"，将广大读者与图书馆互联在一起，正在形成跨越时空、场景体验、全媒介质、全员互动的全息阅读新形态，正在重塑更新阅读推广的服务链，充分体现出中国公共图书馆人在新环境下化危为机的场景创新、职业坚守、服务韧性和专业智性。

"全景智能"体现出公共图书馆服务的巨大效能，通过融合化的在线阅读和便捷化的远程提供，提升了疫情期间公共图书馆服务的热度，丰富了数量巨大的宅家读者可选择的阅读需求，实现了公共图书馆服务力的又一次飞跃，也提升了公共图书馆的数字化治理水平，可谓事半功倍。以频端推送和线上咨询为例，上海图书馆在疫情期间（2020年1月24日至3月12日），微信平台推文阅读量屡次过10万，微博最高阅读量超90万，抖音点击量在4月更是在24小时内达1 030多万，而且服务成本甚低；依托此前引入的云问智能问答虚拟机器人，疫情期间（1月24日至3月19日）咨询总数达54 947次，其中智能答复51 543次，占比93.8%，足见其效能。① 这些案例和数据充分展示出"全景智能"的独特魅力和"吸粉"效益。"全景智能"借力智能技术使公共图书馆服务频频出圈，不仅吸引了成千上万的忠实读者，也唤醒并吸引了大量的潜在读者，在一定范围和一定程度上取得了前所未有的服务效益。在"万书有声"的环境下，人工智能语音朗读也为公共图书馆减少了录制成本和人力成本。

"全景智能"在公共图书馆服务中也表现出巨大的活力。在线上云端的诸多场景中，图书馆内外各类资源可以按照主题内容和形式特点进行既适合读者需求又适合线上传递的再策划和二次创新，这为激活巨量的服务资源提供了新思路和新渠道，重构了图书馆与读者之间的服务通道和互动形态。"全景智能"

---

① 周德明.编制图书馆"十四五规划"时的一些思考［J］.高校图书馆工作，2020（5）：2.

也为图书馆业界人才培训提供了新场景,如馆员培训通过线上线下结合、现场演讲、全息影像、视频音频等多种形式得以交互进行。疫情发生以来,许多读者"机不离手",手机使用时间比以前更长了。有调查显示,34.2%的受访者每天使用手机在5小时以上,88.5%的受访者坦言手机使用时长增加了;[①]这就为公共图书馆"全景智能"在移动互联端的发展提供了更多的可能性。

"全景智能"还折射出公共图书馆服务的协同融合发展态势。2020年6月20日晚,天津滨海新区图书馆与天津歌舞剧院合作举办了《歌剧魅影》世界经典歌剧舞剧选段专场音乐会,天视文艺频道《艺苑现场》栏目和"津云"客户端对该场音乐会进行了同步直播,使线上读者如身临现场,并享受了最佳C位的观赏效果。这样的协同融合也在国家文化和旅游部层面展开,如在2020年6月13日的文化和自然遗产日,由文化和旅游部主办,中国演出行业协会联合腾讯视频、爱奇艺、优酷、抖音、快手、哔哩哔哩、酷狗、微博等8大网络平台承办的"云游非遗·影像展",1 000多部非遗题材影片在云端集中亮相,通过千百个故事场景为观众走近非遗提供了便捷的通道。[②]这样的新模式为公共图书馆"全景智能"服务提供了可资借鉴的范例。

(三)"全景智能"的诸多启示

1."全景智能"助力低频接触社会的开放服务

疫情加速推动了整个社会数字化、自动化、人工智能化的进程,我们正在逐渐进入一个低频接触社会。[③]在疫情常态化的防控要求下,健康码等人工智能技术的应用为公共图书馆的有序开放提供了精细化的解决方案和精准化的服务路径,也呈现出读者、馆员、志愿者等多元主体参与的新型文化治理模式,为公共图书馆"化危为机"提供了可行方案。在"全景智能"的助力下,面对疫情的常态化,公共图书馆从容应对,以更灵敏高效的指挥、更强大的应急防控能力、更专业的防控网络、更智慧的监测预警系统、更长效的全员防疫力量,正在实现疫情常态化背景下的图书馆服务的"智治"。越来越多的"全景智能"的现实应用,构建起了公共图书馆不断优化的服务生态系统,这不仅在

---

① 杜园春.88.5%受访者最近手机使用时长增加了[N].中国青年报,2020-06-11(10).
② 韩业庭.用新技术诉说古老非遗故事[EB/OL].(2020-06-09)[2020-06-09].http://epaper.gmw.cn/gmrb/html/2020-06/09/nw.D110000gmrb_20200609_3-04.htm.
③ 刘园园.李开复:新冠疫情正加速社会"AI化"[N].科技日报,2020-08-07(4).

一定程度上解决了图书馆闭馆和重新开放后防疫的难点，同时也在诸多方面改善和提高了图书馆的服务与管理水平。

2."全景智能"具有无限可能性

在日新月异的智能技术不断进步的环境下，"全景智能"的场景创新与更新的空间可谓无可限量。如在公共图书馆，出于文献保护和安全保卫等原因，有许多善本珍籍的文化遗产不能常年向读者展示，也有些珍藏特种文献的善本书库难以让读者入内参观体验，但通过"全景智能"所打造出的不落幕的展陈方式，不仅可以让读者远程观赏和参访，以获得很好的线上展陈效果，同时也为图书馆节约了线下展陈成本，为读者提供了观赏参访在时空选择上的自由度。以公共图书馆经常举办的文献大展为例，在"全景智能"的技术支持下，这些展品和讲解文字既可以不受展品空间和展厅展线所限，也可以突破线下策展中主题分类轴线的约束；既可以进行文献展品整体的宏观浏览，也可以按版本、时代、人物、地域、装帧、修复、捐藏等主题轴线进行知识分类集聚式的展陈；既可以就某一特定的文献展品进行多维度立体化的近距离观察，也可以根据读者参展的数据对线上展览进行及时调整，从而提升图书馆展览的丰富度并借以提高读者的观赏体验。2020年7月10日，2020 SODA开放数据创新应用大赛在世界人工智能大会云端峰会数据智能主题论坛上正式启动；会上，SODA大赛携手上海图书馆开放数据竞赛、"慧源共享"全国高校开放数据创新研究大赛等国内其他七大赛事，共同举行了"开放数据赛事联盟"倡议仪式，面向全国发出联盟邀请，共同营造全国开放数据创新应用氛围。[①]这一人工智能的新场景为公共图书馆"全景智能"走向社会提供了新思路。

"全景智能"也可以为国际交流助力，如可以借助人工智能人机协同模式的发展，在原来翻译耳机和同声翻译的基础上，实现对各类语言即时的智能翻译，提高智能技术在国际交流的中的效率和应用。"全景智能"也为跨境的读者服务提供了可能，如美国纽约的法拉盛图书馆，自2020年3月中旬暂停向公众开放后，网上服务和远程节目应运而生，当年4月以来已先后举办了中文文字讲座12次，读者可以通过网络视频连线参与各类远程讲座等服务。[②]新近出

[①] 傅闻捷，韩晓余.2020 SODA开放数据创新应用大赛正式启动［EB/OL］.（2020-07-10）［2020-07-10］.http://www.cnr.cn/shanghai/tt/20200710/t20200710_525163514.shtml.

[②] 思渊堂.法拉盛图书馆中文远程节目［EB/OL］.［2020-07-04］.https://zine.la/article/b07b9409a96d437d93260b82bf14db6e/?from=singlemessage.

现的作为科技时尚秀的3D智能炫屏，也可以作为图书馆服务中智能体验和科技普及的新场景。如此种种，"全景智能"可以有无限的创新可能性。

3."全景智能"为游戏场景带来了新启示

Games for Change 的联合总裁阿斯·布拉克厄（Asi Buark）认为，游戏将会成为21世纪最大的媒体。[①]如李茂编著的《游戏艺术：从传统到现代的发展历程》（清华大学出版社，2019年11月）论述了传统游戏和电子游戏的不同；美国学者格雷·格托波所著的《游戏改变教育：数字游戏如何让我们的孩子变聪明》（华东师范大学出版社，2017年7月）对教育进行了游戏化的重新定义；简·麦戈尼格尔所著的《游戏改变世界：游戏化如何让现实变得更美好》（浙江人民出版社，2012年9月）探索了互联网时代游戏化的力量和未来趋势；凯文·韦巴赫和丹·亨特所著的《游戏化思维：改变未来商业的新力量》（浙江人民出版社，2014年4月）认为未来的管理将更多地建立在员工和消费者的内在动机和自我激励上，而制作精良、设计巧妙的游戏可以最大限度地激发用户的内在动机。这些著作带给我们的启示是：公共图书馆的读者服务特别是对少年儿童的服务，应当在传统游戏以及数字化游戏的基础上向更多智能化游戏的场景发展。同时，"全景智能"为少儿阅读提供了多样化和融合化的路径。无论是读绘本故事还是玩智能游戏，无论是听原创音频还是看IP衍生剧，在少儿阅读中我们可以将看、读、听、玩有机地融合在一起。

4."全景智能"的新境界具有锐不可当的发展趋势

据统计，2016年至2020年，中国的网络云端健身用户从0.35亿人发展至2.61亿人，5年中增加了7倍多。[②]这一数据说明，"全景智能"的新境界具有锐不可当的发展趋势。公共图书馆"全景智能"的新境界不仅是疫情推动的结果，更是在信息化、网络化、智能化基础上所形成的万物感知、万物互联、万物智能的智能时代给予公共图书馆的发展机遇。这一发展趋势和发展机遇呼唤公共图书馆在"十四五"创新发展的进程中，需要有更主动的技术自觉和服务自觉，从而顺势而为并把握风口，持续创设新的服务与管理场景，提供人工智能技术在公共图书馆施展新技术的空间与平台，激发出人工智能在图书馆服务

[①] 腾讯科技.游戏会是21世纪最大的媒体？［EB/OL］.（2011-01-20）［2020-05-04］.http://www.techweb.com.cn/news/2011-01-20/778636.shtml.

[②] 巨云鹏，孙龙飞.运动入"云"端 健身新时尚［EB/OL］.（2020-07-13）［2020-07-13］.http://paper.people.com.cn/rmrb/html/2020-07/13/nw.D110000renmrb_20200713_1-06.htm.

与管理各方面的赋能潜力。公共图书馆20多年来的数字图书馆建设为"全景智能"奠定了良好的信息基础设施和信息技术人才储备,但其更需要与时俱进,并在硬件和软件两方面按下快进键。可以预见的是,在疫情发展的当下和后疫情时代,"全景智能"将会进一步加速,读者将会更加认同无接触式图书馆服务。因此,公共图书馆应持续增强"全景智能"的创新突破和辐射渗透,推动人工智能在图书馆的加速集聚,增加更多的无接触服务,如图书馆停车库的智能泊车、在超大型图书馆书库取书后从借阅柜台至读者阅读桌台间的智能送书、读者餐厅和咖啡吧的智能点餐、图书馆洗手间内镜面中日期和天气的即时智能显示等。正在不断落地的5G技术将给读者带来超高清视频、增强现实、虚拟现实、云桌面、在线游戏等诸多场景服务体验。公共图书馆需要以智能为先、资源为王、场景为要,全力推进"全景智能"的不断进步。

5. "全景智能"与图书馆物理空间的服务并不矛盾

尽管"全景智能"有相当数量的服务会在线上云端实现,但它与物理空间是融为一体的,线上云端服务是物理空间服务的拓展与延伸;同时,物理空间以其宏大的空间气场感、优雅的建筑年代感、各类资源的近距离体验感、与其他读者同场阅读的人际群体感、一览无余的整体感等,为读者提供了难以在线上屏端予以传递和体验的信息。而"全景智能"所形成的巨大流量也呼唤公共图书馆需要在信息基础设施方面拓宽信息路面,配备高速车辆,建造大型数据仓库。以公共图书馆的参考工具书阅览室为例,传统纸质的辞典和百科全书的权威性并没有改变,但将智能科技融入参考工具书,在物理空间中融入知识数据智能检索开放平台已成必然趋势,一卷在手的传统阅读与万卷在屏的智能阅读应有机地融合在一起。2020年8月,第7版《辞海》在上海书展首发,网络版也同步试行上线,只要输入笔画、部首、结构、释义等要查询的条目,就能调出《辞海》中收录的所有内容。查询语词,除了笔画、部首、结构、释义等,还能通过"朗读"听到读音;点击"笔顺"自动显示笔顺;"源流"部分则包含汉字的字形演变;点击"书法",还能欣赏草书、行书等不同字体。[①] 无独有偶,同月发行的第12版《新华字典》在正文每页附有二维码,让纸质工具书有了声音,让笔画有了动态,实现了工具书检索的看听结合、动静相

---

① 施晨露.第七版《辞海》上海书展首日首发[EB/OL].(2020-08-13)[2020-08-13].https://www.jfdaily.com/journal/2020-08-13/getArticle.htm?id=298161.

伴。①令人高兴的是，世纪出版集团正在推出的"聚典数据开放平台"，实现了参考工具书数据的平台智能整合，读者选中的字词在1秒钟即可呈现读音和释义。②可以设想，在图书馆的参考工具书阅览室和读者的移动服务端导入这样的智能工具书和智能检索平台，不仅能为读者提供跨时空检索的便捷，也能为阅读的内容拓展和知识发现创造各种可能，使读者知识检索和文献阅读的质量大大提升。

在公共图书馆"全景智能"的场景下，人工智能不仅为读者和馆员带来了更高的效率和更大的效能，读者和馆员也能在基于场景的大数据中进行自我学习，从而在机器学习的过程中发现知识和创造价值，这将为公共图书馆的智能系统科学决策和精准化服务提供支撑并将不断夯实"全域智能"和"全数智能"。

三、深度均等化目标下的"全域智能"

如果说"全景智能"是以更高效便捷和健康安全的服务为主要导向，那么"全域智能"则有助于激发公共图书馆的整体效能和社会效能，推动形成超越时空的文化服务益贫、共享、普惠的包容性的发展格局。加强数据包容性原则已成为国际关注的命题，联合国于2020年7月公布了"数字合作路线图"，呼吁各国推动数字通用连接，促进数字技术成为公共产品，保证数字技术惠及所有人。③"十四五"时期公共图书馆的发展战略需要以深度均等化为发展理念，这是坚持以人民为中心的发展思想、实现从为读者服务到以读者为中心的转变、提升公共图书馆文化治理水平、不断实现人民对美好文化生活向往的需要。

（一）媒体聚焦东莞和丽水图书馆热点的思考

2020年6月至7月，有两则发生在公共图书馆的故事成为媒体关注的热

---

① 陈菁霞.第12版《新华字典》首发［EB/OL］.（2020-08-12）［2020-08-12］.http://epaper.gmw.cn/zhdsb/html/2020-08/12/nw.D110000zhdsb_20200812_1-01.htm.
② 施晨露.当手机阅读遇到"齉""齾"字时……［EB/OL］.（2020-08-14）［2020-08-14］.https://www.jfdaily.com/journal/2020-08-14/getArticle.htm?id=298232.
③ 刘玲玲，吕强，马菲，沈小晓.多国加快推动电子政务建设［EB/OL］.（2020-07-24）［2020-07-24］.http://paper.people.com.cn/rmrb/html/2020-07/24/nw.D110000renmrb_20200724_1-16.htm.

点。一是2020年6月24日,湖北籍农民工吴桂春在东莞图书馆留下一纸感言:"我来东莞十七年,其中来图书馆看书有十二年,书能明理,对人百益无一害的唯书也,今年疫情让好多产业倒闭,农民工也无事可做了,选择了回乡,想起这些年的生活,最好的地方就是图书馆了,虽万般不舍,然生活所迫,余生永不忘你东莞图书馆……"①无独有偶,2020年7月19日,浙江省丽水市莲都区联城街道金弄口村84岁的朱贞元老人一早坐上公交车,又步行近40分钟到新近落成的丽水市图书馆新馆。头一回到图书馆,老人不熟悉流程,工作人员帮老人挑选了两本书,又为老人免押金办理了借阅证,用小纸条备注好还书日期。谁知第二天早上8点多,老人又来了,当天恰逢图书馆闭馆日,考虑到老人来一趟不容易,图书馆破例打开大门开放借阅区域,又破例将在馆阅读的期刊借出。②

对以上两则故事,众多媒体都从正面进行了表扬;但冷静地思考一下,这两则故事都在一定程度上暴露出公共图书馆在深度均等化方面所面临的地理空间的布局短板,揭示出公共图书馆在地理位置方面因就近可及性障碍所形成的读者服务非均等普惠的现实痛点。那位湖北外来务工者之所以对东莞图书馆留恋不已,恰恰是因为像这样设施先进、环境优美、服务贴心的图书馆,在很多小城市和农村地区是没有的。③有学者在调查了全国的文化惠民工程后得出的结论是:"当前农村文化惠民工程在需求率和满意率方面存在较大的地理空间差异。"④湖北籍农民工吴桂春幸运地成了网红并在大企业有了稳定的工作,但还有成千上万的"吴桂春"却没有如此幸运。同样,84岁的朱贞元老人连续两天要坐公交车加步行40分钟才能到图书馆借阅图书,这是何等的不便捷!公共图书馆如何通过"全域智能",让每一个"吴桂春"和"朱元贞"都有获得感、幸福感和安全感,这应当成为"十四五"期间公共图书馆创新发展的着力点。诚如英国社会科学院院士、英国社会学协会主席马丁·阿尔布劳

---

① 新华网.结局太暖!留言东莞图书馆的农民工,不用告别啦[EB/OL].(2020-06-26)[2020-06-26].http://www.xinhuanet.com/politics/2020/06/26/c_1126163306.htm.
② 窦瀚洋.闭馆日,图书馆为老人开了门[EB/OL].(2020-07-27)[2020-07-27].http://paper.people.com.cn/rmrb/html/2020-07/27/nw.D110000renmrb_20200727_4-12.htm.
③ 张贺."余生永不忘你"!读懂一名农民工对图书馆的深情告白[EB/OL].(2020-06-29)[2020-06-29].http://finance.sina.com.cn/wm/2020-06-29/doc-iirczymk9613005.shtml.
④ 傅才武,刘倩.农村公共文化服务供需失衡背后的体制溯源——以文化惠民工程为中心的调查[J].山东大学学报(哲社版),2020(1):47-59.

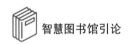

（Martin Albrow）所指出的：“中国的国家治理不仅采纳了治理、民主和公平等古代西方思想，也融合了价值、责任和诚信等现代思维，……中国特色社会主义汇集了中国经典、马克思主义和西方政治经济学等各类理论思想的先进性，它构成了中国治理的基础。”① 在中国实现了全面小康的第一个百年目标之后，尽管赢得了脱贫攻坚战的胜利，但脱贫的可持续化问题及解决相对贫困的问题还仍然存在。从公共图书馆的未来发展而言，就是要通过推进"全域智能"以实现深度均等化的发展目标，努力提供"用得上、用得起、用得好"的"全域智能"服务，以造福每一个读者群体和每一个读者。

（二）"全域智能"为深度均等化赋能

"全域智能"需要实现新一代信息技术与公共图书馆服务的深度融合，这既是信息技术命题，也是公共图书馆"全域服务"的方式和模式问题。所谓"全域智能"，就是将智能元素融入公共图书馆管理与服务的每一个流程，辐射至公共图书馆管理与服务的所有时空节点，从而实现图书馆全资源、全流程、全节点、全空间的紧密互连，突破公共图书馆服务的地域限制和时间局限，实现全空间和全时段的同城、同区域乃至东中西部和东北地区以及跨境的服务资源全域共建共享。以吴桂春读者为例，东莞图书馆可以与吴桂春所在的湖北地区的图书馆实现两地智能联接，充分应用移动互联网、5G、大数据、可视化等先进技术试点推广智慧服务、远程服务等项目，可以因地制宜地推出远程借阅、云端阅读、在线咨询等灵活多样的服务方式，以推进公共图书馆优质资源在服务空间及服务地域上的深度均等化。通过"全域智能"的全景图，我们还应注重识别公共图书馆读者服务中的沉默群体，切实了解这些没有能力或没有时间发声的读者的真实状况，把公共图书馆的主动服务做在这些读者开口之前。中国图书馆学会图书馆扶贫工作委员会、《图书馆杂志》社、国家图书馆出版社以及重庆市图书馆学会、上海市图书馆学会阅读推广委员会等机构于2020年7月至9月开展的全国图书馆扶贫服务案例征集活动，无疑为"全域智能"如何为深度均等化赋能提供了新路径。

通过"全域智能"将实现公共图书馆面向未来的服务愿景：以最好的文

---

① 马丁·阿尔布劳，徐宝锋.后疫情时代，"一带一路"倡议的前景会更好［EB/OL］.（2020-05-27）［2020-05-30］.http://epaper.gmw.cn/gmrb/html/2020-05/27/nw.D110000gmrb_20200527_2-15.htm.

化资源服务每个读者，以更多的智能通道便利每个群体，使每一个读者都有学习的机会并能享受高质量的阅读生活，使每个读者群体都能有机会参与图书馆服务治理并体验感受智能便捷的服务温度，使越来越多的读者增强对公共图书馆的归属认同，从而在实践中不断厚植中国特色公共图书馆服务的人本价值。

（三）努力找准读者所需和图书馆所能的结合点

"全域智能"不仅要体现出创新性，也要注重可操作性，这就需要努力找准读者所需和公共图书馆所能的结合点。国家和各省市区县的数字图书馆工程无疑是重要的结合点。作为我国第一个国家级的数字图书馆工程——国家数字图书馆工程经过多年努力，已初步建成一个内容丰富、技术先进、覆盖面广、传播快捷的数字图书馆，并成功推广至全国公共图书馆，有效地促进了国家公共文化服务的均等性、标准性和便利性，保障了国家文化安全。面对信息技术的快速发展，这一工程需要在数字化的基础上向智能化的高度跃升，形成数字图书馆发展新动能，最终在实现平台、资源和服务的互联互通与融合发展基础上，为广大群众提供丰富便捷的公共数字文化服务。[①]以数字化和网络化为主的数字图书馆创新已经难以满足并适应高质量发展阶段图书馆服务与管理的需要；从"全域智能"的角度观察，国家数字图书馆工程的未来发展需要更加注重大数据、云计算、人工智能等新一代信息技术的发展，在数字化和网络化的基础上重点向数据化和智能化方向发展，着力于公共图书馆一体化的大数据体系和云服务平台建设。国家文化服务示范区中的公共图书馆建设应当积极鼓励创设并努力推进公共图书馆新一代人工智能创新示范馆、新一代人工智能开放创新平台馆、人工智能创新应用先导馆等人工智能馆的先行先试，从而迈向数字图书馆创新的新境界，引领中国公共图书馆在"十四五"期间的深度均等化发展并坚实地迈向2035远景目标。

中国公共图书馆的总分馆数字化建设无疑是另一个重要的结合点。中国公共图书馆的总分馆建设在"全域智能"方面已经取得了一些进展，但面对新一代信息技术具有的快速迭代性和持续动态性，还需要在技术路线上以持续创新的理念不断更新优化，根据同城同区域的总分馆实情和可操作性不断进行各类

---

① 中共天津市委党校图书和文化馆.国家数字图书馆工程验收获专家肯定［EB/OL］.（2020-05-23）［2020-05-28］.http://lib.tjdx.gov.cn/xwdt/show-1238.html.

新技术的快速融合、相互促进和更新换代。如5G被认为是新基建之首和新基建之基，其不仅体现了普惠性和均等化，而且对于"全域智能"具有覆盖延展性的驱动力量，充分利用5G将有助于形成公共图书馆同城、同地区的读者服务的全域式感知和监测，各类服务应急处理也将得到进一步加强。作为顺势而为的创新之举，2020年8月6日，中国国家图书馆、中国图书进出口（集团）总公司、华为公司在京签署战略合作协议，将共同推进5G时代新阅读，国家图书馆将设立5G新阅读体验中心。[①]通过"全域智能"，各层级的总分馆的文献推送将实现从泛众化推送到精准化推送的转型，通过对读者分众及对个体的阅读画像，更多的移动"饭圈"和阅读个体将可能获取度身定制的主动服务；在大数据智能计算下，对海量的服务资源可以进行深入的过滤和筛选，之后在此基础上的智能细化分类，可以为读者带去更有温度和更为便捷的服务。

"全域智能"为疫情期间的公共图书馆社会服务提供了契机。如作为自助图书借阅整体方案提供商的书小驿，集自助借阅书柜、图书借阅数据大屏、云管理平台及小程序为一体。疫情期间，上海长宁区图书馆在长宁区政府大厅、上海长宁区华阳街道办事处、上海浦东机场出入境边防检查站等处纷纷落地"书小驿自助图书借阅书柜"以供读者使用，延伸了公共图书馆"全域智能"的社会服务边界。[②]

"全域智能"也可以脑洞大开地创新推进。以江西寻乌县古坑村的农家书屋为例，该书屋将阅读服务与电商服务融为一体，即除了为村民提供借书、阅览服务，还作为电商服务站，搭建起物流网络，交由电商经营者免费使用，帮助村民每年在网上售出各类产品1 000余万元，带动村民增收致富。电商为古坑村插上了"互联网+"和"智能+"的翅膀，也带动了书屋的人气。[③]这样的服务模式对于公共图书馆推进"全域智能"不无启示。

---

① 陈雪.5G新阅读体验中心将落地国家图书馆［EB/OL］.（2020-08-09）［2020-08-09］.http://epaper.gmw.cn/gmrb/html/2020-08/09/nw.D110000gmrb_20200809_4-04.htm.
② 新华社.公共场所、社区机构纷纷落地自助借阅书柜　城市公共文化资源不断蔓延［EB/OL］.（2020-07-14）［2020-07-15］.https://xhpfmapi.zhongguowangshi.com/vh512/share/9246934?from=timeline&isappinstalled=0.
③ 郑少忠，戴林峰.古坑村这个书屋不简单［EB/OL］.（2020-06-12）［2020-06-12］.http://paper.people.com.cn/rmrb/html/2020-06/12/nw.D110000renmrb_20200612_1-12.htm.

(四)"全域智能"需要特别关注智能鸿沟

据统计,全球不会使用智能手机的人还有5亿,在中国也有相当的数量。①另外由于数字图书馆建设水平的不同和智能化准备的不平等拉大了各公共图书馆之间的智能鸿沟,使原本相对落后的中西部以及农村老少边区的公共图书馆更加落后。因此,在公共图书馆"全域智能"的推进中,必须以包容性、公平性和多样性的发展理念,着力于破解特定群体在智能端接入、智能平台使用和智能综合应用能力等方面可能存在的各种障碍和难题;②对于他们的习惯、诉求、期望和难处应予以充分理解,通过保留适当的传统服务通道为其提供便利,同时积极开辟公共图书馆,为这部分读者提供学习智能应用技术的平台和通道,让人工智能飞入寻常读者家,帮助陷于智能鸿沟中的每一位读者都能获取并享受人工智能的力量。

我们正迎来人工智能无处不在的时代。诚如联合国秘书长古特雷斯所表示的:5G、大数据、云计算和人工智能等新技术是应对疫情等世界上最紧迫挑战的强大工具。信息技术把全世界几十亿人联系在一起,可以成为希望的灯塔。③同样,如果"全域智能"把成千上万的读者、馆员和文献资源联系在一起,也必将成为深度均等化目标下的公共图书馆服务发展的希望灯塔。

四、万物智能化视域下的"全数智能"

公共图书馆的治理体系和治理能力的现代化是一个活力四射的理念与实践,将引导公共图书馆的各类要素向先进服务力集聚,体现公共图书馆的服务能级、创新能级、事业能级和管理能级;而"全数智能"无疑是实现公共图书馆未来发展目标的技术支撑。所谓"全数智能",就是要激发数据要素流通的新活力,推动公共图书馆的所有管理与服务数据的全天候感知,构建数据的跨时空互联,致力于数据的即时性计算,从而创建体现公共图书馆治理体系

---

① 何承波.不会用智能手机的人还有5个亿[EB/OL].(2020-06-26)[2020-06-26].https://user.guancha.cn/main/content?id=335239.
② 张典标.等等跟不上智能时代的老年人[N].新华每日电讯,2020-08-10(06).
③ 刘坤.战胜疫情,信息技术可成为"希望的灯塔"[EB/OL].(2020-05-18)[2020-05-18].http://epaper.gmw.cn/gmrb/html/2020-05/18/nw.D110000gmrb_20200518_1-09.htm.

和治理能力现代化的更加聪明的图书馆大脑;它是集图书馆服务与管理创新、信息基础设施建设、文献资源重组更新、读者服务质量提升等为一体的公共图书馆科学发展的新技术和新实践。这样的愿景并非可以主动送上门来而坐享其成的,需要公共图书馆人登高望远并顺势而为,结合自身的实际砥砺前行,构建起具有良好适应性的公共图书馆智能化服务与管理的新架构。

(一)"全数智能"基于数据化又高于数据化

数据智能被认为是当下人工智能发展阶段最重要的技术特征。"全数智能"将开启智慧图书馆进一步创新发展的新高度。我们之所以将当下所处的时代描绘为数据驱动时代,正是由于数据对整个经济、社会和文化都已经和正在产生巨大的影响和贡献。我们讨论的"全数智能"既基于数据化,又高于数据化。观察"全数智能"不仅要从人工智能的技术层面切入,更需要登高望远,从智慧图书馆创新发展的新境界来加以认知;我们既要以当下的人工智能时代推进"全数智能",同时也要以未来的深度数智世界来引领当下的公共图书馆治理体系和治理能力现代化以及图书馆整体的更新重塑。因为"全数智能"是图书馆治理体系和治理能力现代化的系统工程,将实现跨层级、跨地域、跨行业、跨部门的数据融合、服务融合和管理融合,构建起万物智能化环境下的服务平台智能化、读者服务便捷化、数据治理精准化、事业发展现代化、管理决策科学化的发展目标。

2020年7月,由大数据战略重点实验室全国科学技术名词审定委员会研究基地收集审定的第一批108条大数据新词,由全国科学技术名词审定委员会批准并向社会发布试用;这批大数据新词涉及大数据基础、大数据战略、大数据技术、大数据安全、大数据标准、大数据经济、大数据金融、大数据治理、数权法等领域。目前,第二批新词的征集也已启动。[①]这些新词可以帮助我们动态地认知"全数智能"的丰富内涵。无论是智能化感知还是智能化认知,无论是智能化决策还是智能化举措以及智能化评估,这些服务与管理的所有环节将在"全数智能"的进程中逐步化为现实并不断提升能级,这是令人兴奋的公共图书馆2035发展远景目标,需要我们在"十四五"期间打下坚实的基础。

---

① 知乎.如何看待大数据新词刚刚发布的108个名词试用版?[EB/OL].(2020-07-23)[2020-08-08].https://www.zhihu.com/question/409981854.

（二）构建图书馆大脑是"全数智能"的关键

"全数智能"是推进图书馆文化治理现代化的重要举措，将使图书馆大脑变得更快、更强、更聪明，从感知智能向决策智能跃升，从原来初始的人机融合的增强群智生态提升至万物互联的智能化现代治理生态。人工智能正在催生成千上万的"城市大脑"，同样，"全数智能"也将使一个个图书馆蝶变成一个个智能大脑。全数智能图书馆大脑能将以往巨量的独立孤岛数据相互链接并形成可扩展的高性能计算能力，这种"全数智能"的数据供应链将助力公共图书馆文化治理趋向现代化。较之以往数字图书馆而言，"全数智能"实现了更广的超级链接、更大的超级存储和更强的超级计算，将使公共图书馆服务形成一个可追溯、可计算并可视化的互联过程；既能随时提供动态的整体数据和画像，也能及时地进行提示和预警，从而深刻把握智能创新的服务机理，打通图书馆服务的关节与经脉。"全数智能"能将存量的静态数据智能化和可视化，注重增量数据的更新频度和接入扩容，畅通数据通道，以需求为导向来创设更多应用场景；这些相对静态数据的可视化既可以是宏观的巨图，也可以是中观的大图，还可以是微观的小图；既可以是某一阅读推广活动主题和场景的画像，也可以是某一分众读者服务的画像，还可以是整个图书馆服务的整体画像。通过数据挖掘和深度学习，以及图书馆大脑中软硬件的创新和优化，"全数智能"将助力图书馆将海量的感知数据转换为认知的洞察力，从而再转换为执行力并体现出高速度和高效能；在基于数字图书馆建设的基础上，进一步构建强大的数据中枢系统平台和细密的数据神经网络，统筹推进"全景智能"和"全域智能"，建立跨越时空纵横协同的全数智能架构，构建起体现人机融合和群脑智慧的全脑计算平台。如果说医学大脑可以通过计算分析后做到秒级画像、分钟预警、小时诊断，那么在数据感知、互联、收集、存储基础上，通过"全数智能"的图书馆大脑，以及智能化的检索挖掘、关联分析、聚类评估、综合判断、推理决策、预测建模等算法，在感知智能和认知智能的基础上实现科学的决策智能，进而持续体现出公共图书馆管理的潜在创造力并形成更"聪明"的服务智慧。

当下，"图书馆大脑""一站式服务""图书馆服务众筹""图书馆服务资源跨域远程共享"等大量服务与管理的新案例正在不断涌现，随着智慧数据、智慧讲座、智慧展览、智慧文献等的不断深化，国家公共文化示范区建设中的具有中国特色和地域特点的智慧图书馆建设也在孕育成长并稳步推进，这些都为"全数智能"积累了初步的成功经验和发展基础。然而，"全数智能"的图书馆大脑的形成并不是一蹴而就的，也绝不是一个简单的硬件设施和经费投入所能解决的问题，它需要图书馆、读者及社会各方力量秉持以人民为中心的发展理念不断磨合协同，在读者日益增长的需求中不断发现问题、解决问题。智能发展的趋势和信息环境的变化正在倒逼公共图书馆进行自我改革，在探索中不断前行，以提升图书馆大脑的思考能力。就图书馆学情报学的理论研究而言，目前在智慧图书馆和数字人文等领域已经有了一些最新的研究成果，但如何结合公共图书馆的实践进一步推动"全数智能"在图书馆事业中的发展，这就需要我们下大力气、花真功夫将读者热点、服务痛点、技术难点和学术观点进行有机结合，构建起具有中国特色公共图书馆服务与管理创新的智能生态，描绘出面向未来的"全数智能"路线图。

（三）"全数智能"将极大地提高公共图书馆管理与服务效能

在传统图书馆服务时代，读者服务的痛点和难点经常处于被动发现的状态，服务中一旦出现问题，首先往往需要对信息进行汇总并对各类数据进行比对，展开耗时的人工排查；即使是在进行了数字图书馆建设之后，各类数据也多为事后的集聚和分析。而在"全数智能"的进程中，只要对"全景智能"和"全域智能"的典型场景和空间重点部署算力，通过人、机和文献的实时万物感知和万物互联，便可以在第一时间主动发现、甄别并锁定服务问题所在，实现图书馆一线馆员在独自处置中进行协同应对的服务闭环。在"全数智能"的全生命周期管理中，只要聚焦图书馆服务中最关键、最直观、最核心的体征，构建起图书馆服务与管理的主动态势，对各类服务痛点的把控关口前移，也将形成图书馆管理的闭环。未来几十年将进入并行计算黄金时代，并行计算软件和算法的开发将从技术驱动转向应用驱动；与串行计算不同的是，并行计算是一种一次可执行多个指令的算法，将极大地提高计算速度，在提高并行计算的通用性的进程中，通过扩大问题求解规模，有望解决公共图书馆服务与管理中大型而复杂的计算问题，并积极覆盖整个服务与管理的应用范围。[①]可以肯定的是，"全数智能"的更强算力将为图书馆带来

---

① 刘艳.并行计算有望迎来黄金时代[N].科技日报，2020-04-08（7）.

读者服务的更大效能和更高质量。

公共图书馆的古籍数字化是服务中的难点、痛点之一,尽管目前已有相当规模的古籍实现了数字化,但网络化特别是智能化水平不高。诚如《光明日报》记者所指出的:"对于这些文史专业的硕士生、博士生来说,他们苦苦期待的,不是那些高科技,而只是最基本的数字化——实现古籍在线阅览、全文检索'自由'。……不同地区、不同系统、不同机构,古籍数据库的经费来源不同、建设标准不同、建设目标不同,很难形成合作关系。"[①]以"全数智能"的理念建设一个全国乃至跨境的古籍数字化、网络化和智能化检索系统和平台,激活各类海量的古籍文献资源,构建起业界内外阅读推广的中心节点,是广大专业读者的新期待。从古籍数字化推开去,我们可以看到以往的数字化进程实现了一般意义上超文本的提升,在大数据、云计算和人工智能的融合创新中,人工智能算法的线性进步完全可能实现虚似环境下的超实时提升,并实现以往不可比拟的超融合的管理发展和指数级的服务效能跃升。这些都是"全数智能"将为公共图书馆已经和将要带来的变化。

(四)"全数智能"建设需要进行统筹协调

在"全数智能"建设中,我们不仅需要进行数据汇聚,更需要对跨时空、跨部门、来源多样的数据的标准和接入输出口进行统一,只有这样才能推动数据流程的畅通,建立规范的数据流转机制。在数据共享的前提下,我们要努力实现全国公共图书馆服务共同体的数据互操作框架,并在特定场景和特定需要下,对数据进行即时集聚以形成低成本和高效能的数据价值和应用。在"全数智能"的建设过程中,数据规范化是公共图书馆全数智能发展重要的前提,要对资源数据、服务数据、读者数据、设施数据、馆员数据等进行分级分类管理,如对读者的身份证号码、手机号码、姓名、家庭住址、借阅信息等个人敏感数据应加密存储,而对资源数据和服务数据则可根据管理要求进行全部开放或部分开放。基于各级公共图书馆掌握着大量数据的实际情况,我们要推进服务数据的开放共享,制定出台资源数据共享的清单。此外,由于公共图书馆读者规模大、服务内容广、空间布局节点多,所以我们也要加速推进人工智能开

---

① 杜羽.古籍数字化,难在哪[EB/OL].(2020-06-10)[2020-06-10].http://epaper.gmw.cn/gmrb/html/2020-06/10/nw.D110000gmrb_20200610_2-04.htm.

发利用的应用场景，积极先行先试全国人工智能与图书馆更新发展的行业示范。需要特别强调的是，数据安全已成为事关国家安全与经济社会发展的重大问题；无论是"全景智能""全域智能"和"全数智能"，我们都要始终把数据安全放首位，包括数据的安全漏洞检测、脆弱性检测和敏感数据监测，特别是读者的个人信息安全保护。以人脸识别而言，一旦人工智能"丢脸"或换脸之后，将给读者和图书馆管理带来严重的后果。

2020年5月，中宣部文改办下发了《关于做好国家文化大数据体系建设工作通知》，这是公共图书馆发展"全数智能"的重要指导，是在技术智能化、经济智能化基础上迈向社会智能化过程中的重要举措。文件提出的八大任务中的"国家文化大数据平台建设"，为公共图书馆顺势而为、推进"全数智能"提供了重要机遇。①

五、结语

全程智能的三重境界，回答了处于智能时代的公共图书馆应如何创新发展并顺应科技进步规律之问，回答了如何体现深度均等化并破解智能鸿沟之问，回答了如何实现"十四五"的近期发展与2035远景目标相结合之问。"全景智能""全域智能""全数智能"是公共图书馆基于人工智能全局视野下不断更新重塑的战略引领性理念和实践操作性路径。中国地域广阔，公共图书馆所处环境和条件千差万别，各地区和各图书馆在"全景智能""全域智能"和"全数智能"层层递进的交织与交融中，可以因地制宜、因馆制宜地形成自身的发展路线图，秉持读者为体的理念，遵循在合适的地方融入合适的智能技术的方法路径，形成丰富多样的演进场景并日就月将地形成图书馆服务的智能生态。在构建"全程智能"服务生态圈的进程中，有许多存量要更新，有许多变量要把握，有许多增量要争取，还有一些常量要保存。由于全程智能是在探索中前行，所以我们要给予率先推行的公共图书馆以容错试错的空间，而这既需要公共图书馆界的管理者、技术专家、理论研究者的共同努力，也需要政府主管部门、广大读者和社会各界的支持与协同。

---

① 成琪.重磅！国家文化大数据体系建设呼之欲出［EB/OL］.（2020-05-26）［2020-05-26］.http://www.ce.cn/2012sy/szzh/wh/202005/26/t20200526_34976567.shtml.

从20世纪70年代以来，公共图书馆从信息化发展至数字化，从数字化发展至智慧化，并正在从原来的数字化与智慧化提升至"全景智能""全域智能""全数智能"的新境界，这将是公共图书馆原来意义上智慧图书馆建设的升级版，是未来公共图书馆应当"是什么"的创新追求。在公共图书馆服务体系信息化的进程中，数字图书馆只是上半场，人工智能与图书馆更新重塑才是下半场。"全程智能"的三重境界将实现公共图书馆从服务资源的数量思维、服务要素的信息思维到万物互联的智能化思维的跃升，这一全新机理和主导机制将持续构建起适应"十四五"规划和2035远景目标的公共图书馆事业结构、管理体系和政策框架，大力提升服务效率和效能，努力实现更高质量的发展，并将在世界公共图书馆事业的未来发展中起到示范引领的作用。随着人工智能对公共图书馆更新重塑的深化，未来它对公共图书馆带来的巨大变化，会远远超过今天公共图书馆的格局。

"改变或被改变"，是国际奥委会颁布《奥林匹克2020议程》时的座右铭，同时也是写在"奥林匹克之家"墙上的格言。[①] 在人工智能时代，公共图书馆将改变或被改变，让我们以中国公共图书馆人的使命担当，迎接公共图书馆的智能转向，满怀文化自信地迈向未来公共图书馆"全程智能"的更充分、更均衡、更优质、更可持续的明天和远景目标。

（完成于2020年8月26日）

---

① 托马斯·巴赫.奥林匹克主义与新冠肺炎疫情［N］.光明日报，2020-08-11（12）.

附录

本书作者有关智慧图书馆研究之成果目录
（2010—2022）

著作（辞典）

1. 智慧城市辞典（主编）.上海辞书出版社，2011.
2. 国际大都市图书馆服务体系述略（第一作者）.上海人民出版社，2012.
3. 信息安全辞典（主编）.上海辞书出版社，2013.
4. 上海公务员智慧城市读本（主编）.上海社会科学院出版社，2013.
5. 科技创新辞典（主编）.上海社会科学院出版社，2015.
6. 大数据与云环境下国家信息安全管理研究（第一作者）.上海社会科学院出版社，2018.
7. 专业智库研究.上海社会科学院出版社，2018.
8. 国际大都市图书馆服务体系研究（第一作者）.国家图书馆出版社，2018.
9. 面向未来的公共图书馆问学问道.上海社会科学院出版社，2020.

>>> 附录・本书作者有关智慧图书馆研究之成果目录（2010—2022）

论文（时评）

2010年

1. 全媒体时代的公共图书馆服务及其对图情教育的启示.图书情报工作，2010（21）.
2. 让信息插上智慧的翅膀，载《公共图书馆是什么》.上海社会科学院出版社，2010.
3. 文化共享工程与基本与基本公共服务均等化论略，载《公共文化服务的创新与跨越》.国家图书馆出版社，2010.

2011年

4. 上海市中心图书馆的十年发展与未来愿景.图书馆杂志，2011（1）.
5. 未来图书馆的新模式——智慧图书馆.图书馆建设，2011（12）.
6. 建设绿色、泛在和协同的智慧城市.文汇报，2011-12-05.

2012年

7. 说智慧城市.图书情报工作，2012（2）.
8. 再论智慧图书馆.图书馆杂志，2012（11）.
9. 论智慧图书馆的三大特点.中国图书馆学报，2012（6）.
10. 中国国家信息安全的新特点与文化发展战略.图书情报工作，2012（6）.

2013年

11. 被互联网挑战的时代.社会观察，2013（3）.
12. 大数据与云环境下的信息安全.文汇报，2013-10-28.
13. 社会信息化发展的新趋势与产业变革.情报资料工作，2013（5）.
14. 亚洲智慧图书馆的发展与共享合作2012中国-东盟文化论坛——亚洲图书馆的资源共享与合作发展.图书与资讯学刊，2013（5）.
15. 基于数据信息的公共图书馆发展分析与展望.图书情报工作，2013（6）.
16. 国际大都市图书馆服务空间发展的功能融合趋势论略.国家图书馆学刊，2013（6）.

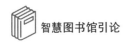

2014年

17. 构建面向未来的国际大都市图书馆互联网——关于大都市图书馆创新发展的思考.图书情报工作，2014（1）.
18. 论数字阅读.图书馆杂志，2014（4）.
19. 运用大数据思维深化智慧城市建设.社会观察，2014（9）.
20. 论习近平"网络治理观".中国信息安全，2014（11）.
21. 中国需要公共数据开放的创新环境.社会观察2014（12）.
22. 全球大都市图书馆服务的新环境、新理念、新模式、新形态论略.图书馆论坛，2014（12）.

2015年

23. 论信息安全、网络安全、网络空间安全.中国图书馆学报，2015（2）.
24. 给数据驱动插上智慧的翅膀.社会科学报，2015-03-05.
25. 从"互联网+"看信息化战略制高点.文汇报，2015-03-18.
26. 大数据的特点与精髓：多维度观察，载《国外社会科学前沿2014》（第18辑）.上海人民出版社，2015.
27. 略论网络文化的六重融合趋势及应对策略.中国信息安全，2015（4）.
28. 万物互联时代的中国大趋势——对"互联网+"的多维度观察.人民论坛·学术前沿，2015（10）.
29. 大数据环境下信息安全交织特征及其政策路径选择.信息安全通讯保密，2015（6）.
30. 论网络安全的发展意识.中国信息安全，2015（7）.
31. 打造智慧安全大城市.中国建设信息，2015（15）.
32. 以共建、共治、共赢文化构建中美网络空间命运共同体.中国信息安全，2015（12）.

2016年

33. 乌镇世界互联网大会给图书馆创新发展的启示.图书馆杂志，2016（1）.
34. 融合图书馆初探.图书与情报，2016（1）.
35. 数据驱动的时代特征与图情教育的创新转型.图书情报知识，2016（1）.

36. 智慧城市——城市治理方式的新理念与新设计.文汇报，2016-04-01.

37. "互联网+"行动计划在"数字立国"格局中的重大牵引作用.中国信息安全，2016（4）.

38. 论大数据时代信息安全的新特点和新要求.图书情报工作，2016（6）.

39. 科技革命和产业变革下的融合发展趋势及对图情工作的启示.图书情报工作，2016（11）.

40. 再论信息安全、网络安全、网络空间安全.中国图书馆学报，2016（5）.

41. 网络空间的信息化进程与全球转型发展的新态势.情报资料工作，2016（5）.

42. 以文化的力量构建全球网络空间治理的规则体系.中国信息安全，2016（11）.

43. 向着网络强国砥砺前行.文汇报，2016-11-16.

2017年

44. 新一轮中国城市创新发展论略.图书馆建设，2017（1）.

45. 图书馆应当弘扬"智慧工匠精神".图书馆论坛，2017（3）.

46. 略论智慧图书馆的五大关系.图书馆杂志，2017（4）.

47. 信息文明与图书馆发展趋势研究.中国图书馆学报，2017（5）.

48. 人工智能与图书馆的服务重塑.图书与情报，2017（6）.

49. 智慧社会是智慧图书馆建设的新境界.图书馆杂志，2017（12）.

2018年

50. 大数据战略是新时代建设网络强国的着力点.网信军民融合，2018（2）.

51. 论公共图书馆的全域服务.图书馆建设，2018（4）.

52. 乘势而上打造全球卓越的数字城市.文汇报，2018-06-08.

2019年

53. 网络空间与全球转型发展的新态势，载《信息文明时代的社会转型》.上海人民出版社，2019.

54. 关于人工智能与图书馆服务重塑的五个问题——再论人工智能与图书馆的服务重塑.图书与情报，2019（1）.

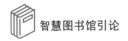

55. 信息化具有全域赋能作用.人民日报，2019-04-12.

56. 基于生动实践的中国公共图书馆理论创新——以"我嘉书房"为例.国外社会科学前沿，2019（7）.

57. 论人工智能与图书馆更新.图书情报知识，2019（4）.

2020年

58. 数据驱动的图书馆学情报学——2019年图书馆学情报学热点鸟瞰.情报资料工作，2020（1）.

59. 面向未来的公共图书馆问学问道.图书馆论坛，2020（3）.

60. 略论"信息疫情"的十大特点.图书馆杂志，2020（3）.

61. 为公共图书馆抗疫十大主题作为点赞.公共图书馆，2020（3）.

62. 深化人工智能与图书馆更新的若干问题——再论人工智能与图书馆更新.图书与情报，2020（3）.

63. 论"十四五"期间公共图书馆"全程智能"发展的三重境界.图书馆建设，2020（6）.

2021年

64. "十四五"时期公共图书馆高质量发展应具备的五大指向.图书馆理论与实践，2021（1）.

65. 以七大结构优化提升"十四五"时期公共图书馆服务水平.图书馆论坛，2021（1）.

66. 在新发展格局中推进公共图书馆的创新和高质量发展.中国图书馆学报，2021（2）.

67. 加快数字发展中的中国智慧图书馆建设，载《全球信息社会发展报告（2021）——后疫情时代的社会数字化转型》.社会科学文献出版社，2021.

2022年

68. 重新认知中国智慧图书馆发展的历史方位.图书馆理论与实践，2022（1）.

69. 论数字中国背景下的图书馆智慧化转型.中国图书馆学报，2022（1）.

70. 图书馆智慧体是对图书馆有机体的全面超越.图书馆建设，2022（3）.